ein Ullstein Buch

Ullstein Buch Nr. 2956
im Verlag Ullstein GmbH,
Frankfurt/M – Berlin – Wien
Der in diesem
Ullstein-Taschenbuch
veröffentlichte Beitrag erschien als
Kapitel I des Werkes
*Main trends of research in the social and human sciences – Part I: Social sciences,*
das 1970 von der
Unesco in Zusammenarbeit mit
dem Verlag Mouton
herausgegeben wurde.
Titel des Originalbeitrages:
Sociology
Übersetzt von Angelika Jaeger

Deutsche Erstausgabe

Umschlagentwurf:
Kurt Weidemann

Printed in Germany 1973
Gesamtherstellung:
Ebner, Ulm
ISBN 3 548 02956 6

# Paul F. Lazarsfeld

# Soziologie

## Hauptströmungen der sozialwissenschaftlichen Forschung

Herausgegeben von der Unesco

ein Ullstein Buch

INHALT

die angewandte Soziologie, die in dem Beitrag von Professor de Bie enthalten ist, und an »Die allen Sozialwissenschaften gemeinsamen Mechanismen« von Professor Piaget. Obwohl einige meiner Ansichten sich wahrscheinlich von denen unterscheiden, die meine berühmten Kollegen zum Ausdruck brachten, schien es trotzdem nicht gerechtfertigt zu sein, derartigen Abweichungen Raum zu widmen.

Andererseits bat mich das Komitee, meinem ersten Text einige Seiten über die Sozialpsychologie hinzuzufügen. Dieses Gebiet wurde in Professor Piagets Beitrag über die Psychologie nicht behandelt, und es schien unangemessen, einen gesonderten Beitrag anzufordern. Man definierte meine Aufgabe nicht als einen vollständigen Überblick über die Trends in der Sozialpsychologie. Statt dessen wählte ich verschiedene Themen aus, die mir die besondere Beachtung durch Soziologen zu verdienen schienen. Selbst dieses begrenzte Vorhaben hätte ich nicht ohne den großzügigen Rat meiner Kollegen wie Professor Schachter und Professor Moscovici ausführen können.

Der Überblick über nationale Unterschiede zwischen soziologischen Tätigkeitsbereichen stützte sich in der Hauptsache auf die Antworten auf Fragebogen, die vom Sekretariat der UNESCO verschickt wurden. Ich bin Herrn Tom Shepard für all die Arbeit zu Dank verpflichtet, die er für diese Zusammenfassung leistete. Der Abschnitt sollte als Maßstab dienen, an dem die Vorträge beim letzten internationalen Kongreß in Varna zu messen sind.

Kein einzelner Forscher kann behaupten, alle Sektoren der eigenen Disziplin zu kennen. Im Rückblick, zum Beispiel, bedaure ich, daß ich das wachsende Interesse an sozialen Indikatoren nicht erörtert habe. Die Untersuchung sozialer Organisationen scheint, auf Grund der wachsenden Bemühungen um die Einführung quantitativer Methoden, voraussichtlich in der nahen Zukunft eine Veränderung zu erfahren. Die politische Soziologie dringt von der Analyse des Wahlverhaltens zur Untersuchung von Parteien und Gesetzgebungskörperschaften vor. Die Wissenschaftssoziologie gewinnt auf Grund unseres Interesses an den Einflüssen der Technologie auf unsere Gesellschaft neue Bedeutung. Wenngleich dies gewichtige Trends sind, die in unseren Berichten nicht enthalten sein sollten, könnten sie sehr wohl den gesamten Charakter unserer

Disziplin beeinflussen. Ein zu einem bestimmten Zeitpunkt geschriebener Überblick kann nicht mehr leisten als die Bewußtheit des Forschungsgebietes über sich selbst dadurch zu vermehren, daß er Kontroversen und weitere Leistungen anregt.

Paul F. Lazarsfeld

*Einleitung*

Augenblickliche Strömungen in der Soziologie kann man nur durch den Rückgriff auf ihre Geschichte verstehen. Hier trifft das wahrscheinlich mehr zu als auf jede der anderen Sozialwissenschaften. Wirtschaftswissenschaften und Psychologie haben ihren Themenbereich verändert und ihre Methoden verfeinert, aber der Kern ihrer Probleme bleibt nach wie vor der gleiche. Aber es besteht wenig Ähnlichkeit zwischen dem, was die Soziologie vor fünfzig Jahren war, und dem, was sie heute ist; was sie nach einigen weiteren Jahrzehnten sein wird, kann man nur ungefähr erkennen.

Als eine formelle Disziplin begann die Soziologie nicht, weil sich ein bestimmter Themenbereich darbot, sondern eher, weil andere Sozialwissenschaften bestimmte Gebiete entwickelten, die neue Arten intellektueller Betätigung erforderten. Hobhouse spricht von drei Wurzeln. Zwei von ihnen, politische Philosophie und die Geschichtsphilosophie, sind ein alter Jahrgang. Diese Gebiete entdeckten langsam ihren Bedarf an konkreteren und an derart geordneten Fakten, die über die Zeiten hinweg und zwischen den Ländern verglichen werden konnten. Die systematische Suche nach – und die begriffliche Fassung – solcher Erkenntnis regte die Bildung einer neuen Disziplin an. Ihr volles Wachstum war auf eine dritte Wurzel zurückzuführen: den Beginn evolutionärer Ideen in der Biologie.

Während der Engländer Hobhouse argumentiert, daß die Soziologie geschaffen werden mußte, um andere Untersuchungen menschlicher Angelegenheiten zu komplementieren, meint der Deutsche Schelsky, daß sie gerade aus der entgegengesetzten Richtung kam. Sein Standpunkt ist, daß die Wirtschaftswissenschaft und die Psychologie sich in ihrer eigenen inneren Entwicklung immer mehr spezialisierten. Wirtschaftswissenschaftler konzentrierten sich auf wenige, in mathematischen Begriffen zu handhabende Variablen. Die allgemeineren Probleme, die Adam Smith in *The Wealth of Nations* behandelt hatte, blieben liegen. Philosophen konzentrierten sich auf formale Aspekte des Denkens, und auch hier verlor sich das allgemeine Interesse an der menschlichen Existenz. Die Überreste mußten von jemandem in die Hand genommen werden, und so entstand der Soziologe.

Der Amerikaner Nesbit hat eine pragmatischere Ansicht. Die

Industrielle Revolution löste die alte Ordnung der Dinge auf; die rationalistischen Ideen der Aufklärung, besonders in der Form, in der sie durch die Französische Revolution Verbreitung fanden, leisteten bei der Schaffung einer neuen Ordnung keine Hilfe. Ein Gemeinschaftsgefühl mußte geschaffen werden, neue Formen sozialer Schichtung mußten verständlich gemacht werden, der Entfremdung der industriellen Massen mußte begegnet werden. Die großen Gestalten der Soziologie des neunzehnten Jahrhunderts wollten Antworten auf die Probleme liefern, die die Auflösung der vorkapitalistischen Struktur geschaffen hatte.

Welches Bild auch immer diese Autoren zeichnen, sie sind alle darin einer Meinung, daß sich die Soziologie nicht um ein positives Thema entwickelt hat, sondern als ein zusätzliches Betätigungsfeld, das die weißen Flecken auf einer intellektuellen Landkarte füllte. Die Metapher ist nicht umsonst gewählt worden, denn sie beleuchtet einen charakteristischen Zug der zeitgenössischen Soziologie. Leere Räume können entweder gefüllt oder überbrückt werden, und tatsächlich wird die Aufgabe des Soziologen oft in zwei Arten gesehen, die eigentlich beide auf seine Arbeit angewendet werden können. Einige Soziologen betrachten die Gesellschaft als Ganzes und suchen dabei nach den Wechselbeziehungen zwischen ihren Hauptteilen und Institutionen: das Staatswesen, die Wirtschaft, das geistige Leben, usw. Andere sind mehr an Elementen interessiert, die allen diesen »Subsystemen« gemeinsam sind: das »Wahlverhalten«, ob nun des Wählers oder des Verbrauchers, die Rolle der Primärgruppe, ob nun für die Bildung individueller Einstellungen oder für die Stabilität großer Organisationen, usw. Aron hat bemerkt, daß die Soziologie sich darum bemüht, die Gesamtheit der Gesellschaft zu erfassen und doch parallel zu den anderen Sozialwissenschaften einen spezifischen Themenbereich zu haben. Das sich verschiebende Gleichgewicht dieser beiden Tendenzen – er nennt sie die »synthetische« gegenüber der »wissenschaftlichen« – kennzeichnet die Strömungen, die zu einem bestimmten Zeitpunkt in verschiedenen Ländern vorherrschen.

Unter dieser Voraussetzung schienen zwei Verfahren für das vorliegende Kapitel nicht ratsam zu sein. Ein Überblick über die empirischen Ergebnisse würde zu einem endlosen Katalog führen. Denn es gibt die Äußerung, daß es nur eine Bindestrich-Soziologie gibt: die politische, medizinische, Rechts- und Familiensoziologie, die der Stadt usw. Wenn man sich statt auf die empirischen Ergebnisse auf die hauptsächlichen Begriffe konzentrieren wollte, würde es einem nicht besser ergehen. Bezugsgruppen, Rollen, Schichtung, Sozialisierung usw. sind wichtige Werkzeuge der Analyse, aber sie hängen sicherlich nicht in einer systematischen Art zusammen, die eine »Theorie der Gesellschaft« liefern würde.

Aus dieser unsteten Geschichte und diesen unterschiedlichen Aktivitäten ergibt sich ein Punkt deutlich: es gibt jetzt eine soziologische Art des Denkens, eine Art, Probleme aufzuwerfen und Erklärungen zu geben, die zu einer Disziplin mit neuen Forschungstechniken und einem vielversprechenden Bestreben nach intellektueller Kohärenz zusammengewachsen ist. Aber ihr eigentliches Wesen, diese soziologische Orientierung, ist nicht leicht zu kodifizieren, selbst wenn man die Richtung feststellen kann, in der sie sich im Augenblick bewegt. Wir können die Topoi im einzelnen genau untersuchen, welche die Disziplin im allgemeinen, von spezifischen Vorhaben abgesehen, zu beschäftigen scheinen.

Die Auswahl dieser Themen wird unvermeidlich vom Ermessen des Autoren abhängen. Ich habe mit einem Abschnitt begonnen, in dem ich versuche, eine Reihe von Mißverständnissen zwischen amerikanischen Soziologen und ihren Kollegen in anderen Ländern zu klären. Leider erregt die Vielzahl von empirischen Studien, die in den Vereinigten Staaten veröffentlicht wurden, wenig Interesse bei Wissenschaftlern mit eher humanistischen und philosophischen Neigungen. Das ist ungerechtfertigt, wenn man die methodologischen Ideen in Betracht zieht, die aus einer Art von empirischer Sozialforschung erwuchsen, und die ich aus Mangel an einem besseren Begriff Übersichtsforschung (Survey-Forschung) nennen will. In diesem Abschnitt werde ich die Geschichte dieses Betätigungsfeldes verfolgen sowie die Beiträge, die es zum allgemeinen soziologischen Denken liefert. Konkrete Beispiele wurden nicht wegen ihres speziellen Inhalts ausgewählt, sondern als gute Illustrierungen der grundlegenden begrifflichen Probleme, über die ich zu berichten versuche.

Im Abschnitt II beschäftigte ich mich weiterhin mit empirischen Arbeiten, aber in einer anderen Phase ihrer Entwicklung. Die sehr weite Verbreitung von Surveys hat eine Gegenbewegung hervorgerufen: eine erneute Aufmerksamkeit für die großen, komplexen sozialen Einheiten, mit denen die Soziologie begonnen hat. Während die Vervollkommnung der empirischen Methoden die Disziplin sicherlich auf bestimmte Probleme gelenkt hat, die man mit großer Präzision angehen konnte, ist in den letzten Jahren die »Makrosoziologie« für Soziologen wieder zu einem beherrschenden Interessengebiet geworden. Weshalb das so ist und zu welcher Arbeit diese Strömung führt, wird im Abschnitt II diskutiert.

Zwischen Abschnitt II und dem vorhergehenden besteht ein deutlicher Unterschied. Die Technik der Survey-Analyse ist wohl etabliert; neu ist das Bewußtsein ihrer weiteren Implikationen. Aber die Makrosoziologen sind eben dabei, ihre Werkzeuge zu schmieden. Sie nehmen zu einem Zeitpunkt alte Probleme auf, in dem die Empfindsamkeit für methodologische Zuständigkeit gewachsen ist und in dem sich das Tatsachenwissen vervielfältigt und differenziert hat. Abschnitt II ist ein Versuch, diesen Trend zu beschreiben und zu klären.

Man könnte erwartet haben, daß unsere Darstellung traditionell mit dem Entwicklungsstand der sozialen Theorie und der zu ihrer Überprüfung unternommenen empirischen Arbeiten beginnt. Aber das hätte bedeutet, daß man den Aspirationen und nicht der Wirklichkeit der zeitgenössischen Soziologie folgt. Mit voller Absicht ist der Abschnitt III mit »Die Suche nach der Theorie« überschrieben. Natürlich gibt es keine allgemeine Übereinstimmung darüber, was eine Theorie ist. Wissenschaftstheoretiker haben ihre Prinzipien aus einer Untersuchung der Aktivitäten von Naturwissenschaftlern abgeleitet; ihr Theoriebegriff hängt gerade von dem Teil der Naturwissenschaften ab, in dem sie zu Hause sind. Auf jeden Fall ist nichts davon auf das anzuwenden, was unter dem Namen soziale Theorie läuft. Sollte man von einer ersten Annäherung an eine zukünftige Theorie in einem klassischen Sinn sprechen? Ich möchte nicht vorhersagen, ob der Theoriebegriff in den Sozialwissenschaften eine neue Bedeutung annehmen wird. Auf jeden Fall lassen sich die Strömungen, die ich beobachten kann, am besten als Bemühungen statt als Errungenschaften beschreiben. Ich bin sicher, daß all jene Kollegen mein Unbehagen teilen, die so eifrig den Begriff einer »Theorie mittlerer Reichweite« übernommen haben. Ich beginne Abschnitt III damit, diesen Trend zu erläutern, und gehe dann zu den zwei Systemen über, die einem traditionellen Theoriebegriff am nächsten gekommen sind: dem Marxismus und dem Funktionalismus. In beiden Fällen vermeide ich eine lehrbuchartige

Darstellung zugunsten einer Beschreibung jener Entwicklungen, die ich der besonderen Aufmerksamkeit für wert erachte. In der marxistischen Soziologie ist es die allmähliche Rezeption der empirischen Sozialforschung. Für den Funktionalismus habe ich versucht, aus der in Gang befindlichen Diskussion einige Hauptthemen herauszugreifen, die wahrscheinlich zu einem festen Bestandteil der soziologischen Analyse werden. Da der Marxismus und der Funktionalismus vor allem die Sowjets beziehungsweise die Amerikaner beschäftigt, habe ich versucht, einen dritten theoretischen Ansatz von allgemeiner Relevanz herauszuheben, der in einem anderen Land wurzelt. Ich habe das Problem der »kritischen Soziologie« ausgewählt, das unsere deutschen Kollegen so sehr bewegt. Es hat in Frankreich ein gewisses schwaches Echo gefunden, aber vor allem werden die revolutionären Studenten auf der ganzen Welt davon beeinflußt, ob wir es wahrhaben wollen oder nicht.

Die Diskussion der sozialen Theorie hat nationale Unterschiede aufgedeckt. Der Abschnitt IV verfolgt sie mit größerer Genauigkeit. Dieser Abschnitt wurde in Zusammenarbeit mit Thomas Shepard, einem Mitglied des UNESCO-Sekretariats, geschrieben.

Jedes Land hat gewisse Befürchtungen über die Expansion der empirischen Arbeiten geäußert, die auf dem basieren, was man als amerikanische Forschungstechniken ansieht. In Wirklichkeit aber wurden diese Techniken in Europa entwickelt, wo sie niemals zu größerem akademischen Ansehen gelangten[1]. Aus verschiedenen Gründen trafen sie in den Vereinigten Staaten auf fruchtbaren Boden. Der Mangel an öffentlichen Institutionen für die soziale Buchhaltung übertrug viel von dieser Aktivität an private Initiative; zur gleichen Zeit machte das rasche Anwachsen der Städte, die ununterbrochen von Einwanderungswellen gefüllt wurden, das Bedürfnis nach soziologischen Informationen besonders dringend. Als eine Folge wurde die Soziologie zu einem Teil des Universitätslehrplanes. So bildete Amerika zu einem Zeitpunkt Tausende von Soziologen aus, zu dem die europäischen Länder nur ein paar Dutzend hatten.

1 In den Werken über die Geschichte der Soziologie wird die Blüte der Enqueten kaum erwähnt, die stattfand, bevor Amerikaner begannen, sich solchen Arbeiten zu widmen. Erst kürzlich hat Raymond Aron die Frage gestellt, warum Männer wie Quételet und Le Play im Vergleich zu Montesquieu und Comte vernachlässigt worden sind.

Der Rückimport empirischer Techniken nach Westeuropa und ihr Gebrauch in anderen Teilen der Welt kann teilweise durch die Nachahmung und durch die überall stattfindende Entwicklung ähnlicher Bedingungen erklärt werden. Aber jedes Land hofft auf eine individuelle Ausprägung, und lokale Unterschiede sollten der gegenwärtigen Eintönigkeit der internationalen soziologischen Szene Farbe geben. Die Inder pflegen ihre jahrtausendealte philosophische Tradition; die Sowjetrussen sind Marxisten; die Briten versuchen, die Soziologie mit den Problemen des Wohlfahrtstaates in Verbindung zu bringen; und die Franzosen möchten gerne, daß die Soziologie dem Problem der Macht mehr Aufmerksamkeit widmet. Offensichtlich sind die wesentlichen Themen verschieden. Nur in Indien kann man die Rolle des Kastensystems untersuchen, nur in Frankreich oder Italien die Rolle starker kommunistischer Parteien. Erweitert das den Vorrat an Begriffen und Forschungstechniken? Wir würden das gerne annehmen, aber bisher gibt es dafür nur wenige Anzeichen. Eine »Soziologie der Soziologie« wird gebraucht, und die vorliegende Untersuchung muß dieses Problem aufwerfen, selbst wenn es darauf noch keine klare Antwort geben kann.

Schließlich wende ich mich der Beziehung zwischen der Soziologie und den anderen Sozialwissenschaften zu. Nach einer allgemeinen Diskussion des Trends gebe ich einen kurzen Überblick über die Anthropologie, die Politikwissenschaft und die Wirtschaftswissenschaft, soweit sie sich auf unser Hauptthema beziehen. Die Sozialpsychologie wird recht ausführlich behandelt; oft ist es unmöglich zu sagen, wo sie endet und wo die Soziologie beginnt. Das Thema dieses Abschnittes ist wirklich ein Spezialfall der »Anwendungen der Soziologie«. Eine wachsende Zahl sozialer Gruppen, unter ihnen wichtige Teilhaber des politischen Systems, wird von der soziologischen Analyse und Forschung beeinflußt oder wendet sie an. Solche Anwendungen werfen neue Probleme auf und üben einen wichtigen Rückkoppelungseffekt auf den Kern der soziologischen Arbeit aus.

# I BEGRIFFLICHE BEITRÄGE DER SURVEY-ANALYSE ZUR ALLGEMEINEN SOZIOLOGIE

## *Der Hintergrund*

In allen Perioden der Geschichte ist es für Verwaltungsfachleute und Intellektuelle wichtig gewesen, Informationen über soziale Angelegenheiten zu erhalten. Die »intendants« des *Ancien Régime* führten genauso wie die Berater der Nationalversammlung »enquêtes« mit den ihnen zur Verfügung stehenden Techniken durch. Im England des 18. Jahrhunderts waren Mitglieder der *Royal Commissions* eifrig dabei, soziale Fakten zu sammeln, und später führte ein Disput zwischen Charles Booth und verschiedenen sozialistischen Freunden zu seinem berühmten Überblick über die Armut. Im frühen zwanzigsten Jahrhundert leitete Max Weber in Deutschland Untersuchungen über die Landwirtschaft und die Fabrikarbeit. In einem etwas anderen Rahmen publizierte der Italiener Nicefero viel und ausgiebig über das Wesen des Messens in den Sozialwissenschaften, ein Interessengebiet, das sich zweifellos aus seinen Erhebungen über die unterentwickelten südlichen Teile seines Landes ergeben hatte.

In dieser Forschungstradition gibt es grob *drei Phasen.* In der *ersten* wurde der Survey unternommen, um zur Diskussion unmittelbarer und drängender sozialer Probleme beizutragen. Aber selbst damals wurde eine grundlegende methodologische Frage nicht übergangen, das heißt das Problem der *Quantifizierung* im weitesten Sinn. Le Play erfaßte die religiösen Gefühle der von ihm untersuchten Familien, indem er ihren Haushaltsplan prüfte und feststellte, wieviel Geld sie für Kerzen für die Messen in der Kirche ausgaben. Man machte den Einwand, daß die Teilnahme an kirchlichen Veranstaltungen ein besserer Indikator für die religiösen Gefühle sein könnte, die Le Play zu messen versuchte, und so entwickelte sich langsam die Vorstellung von Zeitbudgets, – zusätzlich zu den finanziellen Haushaltsplänen. Es wurde dann weiter argumentiert, daß die Teilnahme an kirchlichen Veranstaltungen vielleicht nur die Konformität mit sozialen Bräuchen anzeigt; was wirklich wichtig ist, ist die Einstellung gegenüber der Religion. Und so begann das Messen von Einstellungen seinen siegreichen Lauf[2].

2 Die Literatur über diese erste Phase wächst sehr schnell. Vgl. *H. Rigaudias-Weiss,* Les Enquêtes Ouvrières en France entre 1830 et 1848, Paris,

Die *zweite Phase,* die man die *Survey-Bewegung* nennen könnte, begann um 1930 in den Vereinigten Staaten. Wegen der politischen Ereignisse in den dreißiger und vierziger Jahren in Europa kamen immer weniger Untersuchungen aus den europäischen Ländern, und die Survey-Bewegung wurde vorübergehend zu einem eigentlich amerikanischen Monopol.

Im Prinzip gibt es keine Grenze für die Vielzahl von Data, die für den Soziologen relevant sind: Was Leute denken, was sie tun, was sie kaufen und besitzen, mit wem sie Umgang pflegen, all dies und noch vieles mehr kann in soziologischen Surveys mit Gewinn untersucht werden. Um mit dieser langen Reihe von Problemen fertig zu werden, wurden technische Verbesserungen gebraucht – und sie entstanden. Die zweite Phase der Survey-Analyse wurde durch bedeutende Entwicklungen in der Sampletechnik, Meinungsumfrage und verfeinerten Methoden des Fragebogenentwurfes gekennzeichnet.

Weitgehend als Ergebnis eines solchen methodologischen Fortschritts wurden immer mehr begeisterte Forscher auf das Gebiet des Survey gezogen. Auf Grund des bloßen Umfangs der in Angriff genommenen Arbeit und der Begeisterung, mit der sie manchmal angegangen wurde, wurde das Gebiet allmählich eher chaotisch. Um das Ende des Zweiten Weltkriegs war eine Systematisierung wirklich dringend nötig. So wurde die *dritte Phase* der Survey-Analyse begonnen, die man als die der *Kodifizierung* charakterisieren könnte. Unter den dringendsten Fragen, denen man sich stellen mußte, war an erster Stelle die Art der Begriffe, mit denen der Survey-Analytiker arbeitet, und an zweiter Stelle, unter der Voraussetzung solcher Begriffe, die Bestimmung, wie die Beziehungen zwischen ihnen genauestens analysiert werden können.

Diese Phase der Kodifizierung und ihre Bedeutung für die allgemeine Soziologie ist das Hauptthema des vorliegenden Abschnittes. Bevor wir aber weitergehen, sind einige terminologische Klärungen nötig.

Der deutsche Soziologe Toennies schlug einmal vor, die Soziologie in drei Teile zu teilen: soziale Theorie, angewandte Soziologie und Soziographie. Er verstand die soziale Theorie im wesentlichen

Librarie Félix Alcan, 1936; und *A. Obershall,* Empirical Research in Germany 1870–1914, Amsterdam, 1966.

als die Schaffung von begrifflichen Unterscheidungen. Seine eigene »Gesellschaft oder Gemeinschaft« oder Parsons' »pattern variables« wären ein typisches Beispiel. Mit der angewandten Soziologie meinte er den Gebrauch solcher Unterscheidungen in der Analyse sozialer Phänomene, so wie er selbst die Rolle der Religion in der Gemeinschaft und der öffentlichen Meinung in der Gesellschaft diskutierte; Parsons' Analyse der Arzt-Patient-Beziehung im Rahmen von »pattern variables« wäre ein anderes Beispiel. Mit Soziographie meinte er die detaillierte und systematische Beschreibung jeder zeitgenössischen sozialen Situation[3].

Zwei von diesen Begriffen sind Veränderungen unterworfen worden. Heute meinen wir mit angewandter Soziologie Arbeiten, die der Prägung des politischen Systems und praktischen Entscheidungen nahe kommen. Dies nimmt dem zweiten Denktyp die Bezeichnung, obwohl es viel von der Arbeit einschließt, die das allgemeine Publikum als typisch soziologisch betrachtet, zum Beispiel, den Rollenkonflikt der arbeitenden Mutter, die Anomie des Stadtbewohners, den Einfluß von Bezugsgruppen auf die Meinung der Menschen.

Der Begriff Soziographie ist aus dem Gebrauch gekommen, weil er allmählich eher eine mechanische Beschreibung bedeutete statt eine systematische Analyse von konkreten Daten, was er ursprünglich bezeichnete. In einem frühen Entwurf dieses Kapitels schlug ich den Begriff empirische Sozialforschung vor, aber es wurde der Einwand erhoben, daß offensichtlich auch der Makrosoziologe empirisches Material behandelt. Schließlich blieb ich bei »Survey-Analyse«, da der Begriff eine große Anzahl von Einheiten umfaßt, die einheitlich mit einer Anzahl von Merkmalen beschrieben werden können. Man muß bloß im Auge behalten, daß die Einheiten eines Survey Organisationen oder Länder wie auch Menschen sein können.

In Wirklichkeit wäre noch ein anderer Begriff sehr angebracht.

3 Eine ähnliche Dreiteilung der soziologischen Arbeit wurde auch von anderen Autoren gebraucht. So unterscheidet Girod allgemeine Theorie, konkrete Forschungsuntersuchungen und was er die typologische Analyse sozialer Systeme nennt. Das letzte ist ein Sonderfall von Toennies' Anwendung theoretischer Ideen auf allgemein soziale Phänomene. Lévi-Strauss unterscheidet drei Phasen der anthropologischen Forschung: Ethnographie, Ethnologie und soziale oder kulturelle Anthropolgie. Die erste ist deskriptiv, die zweite ein erster Schritt zur Theorie, die dritte eine systematische Synthese. Das ist die Umkehrung von Toennies.

Ein Survey setzt die verschiedenen Merkmale seiner Einheiten zueinander in Beziehung, und oft muß der Forscher vor solchen statistischen Arbeiten das für sein Vorhaben relevante Merkmal finden. Eine kurze Merkliste ist für sein Vorgehen nötig, und das erfordert eine zweite terminologische Konvention. Einige Merkmale sind »natürlich«, zum Beispiel Männer und Frauen, Sprachen, in denen bestimmte Lautbildungen gebraucht werden, und solche, in denen sie nicht gebraucht werden; so sprechen wir von Dichotomien. Für andere ist die Quantifizierung leicht herzustellen, zum Beispiel das Alter der Menschen oder der Anteil der Wähler in einer Reihe von Ländern; der Begriff Variable ist hierfür gebräuchlich. Aber es gibt auch vorgegebene Rangfolgen, zum Beispiel bei der französischen *agrégation,* oder die sorgfältig aufgebauten Maßstäbe und Listen, die in bestimmten angelsächsischen Schulsystemen gebraucht werden. Für all diese Klassifizierungsschemata wird ein gemeinsamer Begriff gebraucht und Variate* (*variate)* wird allmählich allgemein akzeptiert. Man sollte im Auge behalten, daß solche Variate von verschiedenen Typen sein können, weitaus stärker als die eben erwähnten, und daß sie Kollektive wie auch Individuen charakterisieren und sich auf verschiedene Zeitabschnitte beziehen können; sie können das Verhalten wie auch Berichte von »inneren« Erfahrungen und so weiter betreffen. Wann immer wir eine Anzahl von Einheiten klassifizieren, werden wir vom *Messen* sprechen. Das ist ein eher weiter Gebrauch des Begriffs, aber er führt zu keinen Schwierigkeiten; wenn wir eine Reihe von Einheiten durch eine quantitative Variate (Variable) klassifizieren, haben wir den Sonderfall des konventionellen Messens.

*Die Entwicklung von Begriffen zu Variaten*

Eine der Hauptaufgaben der empirischen Sozialforschung ist es, begriffliche Vorstellungen in Variate zu übersetzen. Manchmal ist man an bestimmten Variaten auf Grund des vorliegenden Problems direkt interessiert. Wenn man etwa die Einkommensverteilung untersucht, ist die lokale Währung eine naheliegende Variate.

* Anmerkung des Übersetzers: Die hier von Lazarsfeld entwickelte Differenzierung von *variables* und *variates* entspricht weitgehend der, die in der älteren Literatur zwischen quantitativen Variablen, spezifischen Werten einer quantitativen Variablen und den Kategorien qualitativer Variablen gemacht wurden. Der neue Terminus Variate wurde hier im folgenden ins Deutsche übernommen.

Die Angelegenheit wird komplexer, wenn man sich mit dem »Lebensstandard« beschäftigt. Die Literatur über die verschiedenen Indices des Lebensstandards wird die Schwierigkeiten bezeugen, die der Übertragung eines solchen Begriffes in eine Variate anhaften. Die Feststellung, daß Angestellte und Arbeiter mit dem gleichen Einkommen einen verschiedenen Lebensstandard haben, kann man nur machen, wenn man Kombinationen aus einer Vielzahl von elementareren Daten sorgfältig in Betracht zieht. Die gleiche Situation besteht, wenn der medizinische Anthropologe von Körpertypen oder der Soziologe von kohäsiven oder integrierten Kollektiven spricht. Die Entwicklung von Begriffen zu Variaten vollzieht sich generell in vier Stufen.

1. *Bildliche Vorstellungen.* Das Denken und Analysieren, das in einem Klassifizierungsinstrument gipfelt, beginnt mit einem eher vagen Bild oder Gebilde. Der Forscher mag erkannt haben, daß ungleichartigen Phänomenen irgendein gemeinsames Merkmal zugrunde liegt, oder er mag bestimmte Regelmäßigkeiten beobachtet haben und versucht nun, sie zu belegen. Auf jeden Fall ist der Begriff, wenn er zum ersten Mal geschaffen wird, ein etwas vage begriffenes Ding, das den beobachteten Relationen Sinn verleiht.

Nehmen wir an, jemand möchte die »Integration« von Gemeinden »messen«. Er könnte an Menschen denken, die sich gegenseitig mögen, die zur Verbesserung ihrer Stadt zusammenarbeiten, die in Frieden leben und höchst ungern woanders leben möchten. Verschiedene Autoren werden verschieden präzise Vorstellungen haben. Sie werden auch verschiedene Probleme im Auge haben. Was zählt für den Integrationsgrad? Welche Folgen hat er für das Leben der Bürgerschaft? Was immer der Ausgangspunkt ist, ein zweiter Schritt in der Bildung von Variaten wird sich als notwendig erweisen.

2. *Begriffsbestimmung.* Mit diesem Schritt werden die bildlichen Vorstellungen in Komponenten zerlegt. Der Begriff wird durch »Aspekte«, »Dimensionen« usw. spezifiziert. Sie werden manchmal soziologisch von dem übergeordneten Begriff abgeleitet, manchmal von den empirisch festgestellten Korrelationen deduziert. Es wird gezeigt, daß der Begriff aus einer komplexen Kombination von Phänomenen besteht statt aus einer einzelnen direkten Beobachtung.

Im Fall der Integration von Gemeinschaften zum Beispiel, hat

Landecker[4] den folgenden Gedanken geäußert. Die Grundeinheiten sozialer Gruppen sind Normen und Menschen. Integration muß dann bei zwei Dimensionen beginnen: einer *kulturellen*, die erfordert, daß die vorherrschenden Normen einander nicht zu stark widersprechen, und einer *persönlichen*, die sich auf die Beziehungen zwischen den Menschen bezieht. Die letztere führt zu einer *kommunikativen* Dimension, die den Austausch von Symbolen erfordert, und zu einer *funktionalen*, die sich auf den Austausch von Gütern und Dienstleistungen bezieht. Schließlich ist es nötig, daß die Menschen den vorherrschenden Normen gehorchen, was eine *normative* Dimension der Integration hervorbringt. Das nächste Problem ist dann, für diese Dimensionen konkrete Indikatoren zu finden.

3. *Auswahl der Indikatoren.* Wie fallen einem Indikatoren ein? Das Problem ist alt. William James schrieb in *The Meaning of Truth:* »Angenommen wir sagen, ein Mann ist klug. Konkret bedeutet das, daß er Versicherungen abschließt, Wetten für beide Fälle abschließt, hinsieht, bevor er springt ... Als eine konstante Gewohnheit an ihm ist es naheliegend, ihn in Abstraktion von seinen einzelnen Taten klug zu nennen.« James geht von einem Bild zu einer Serie von Indikatoren über, die direkt von der allgemeinen Erfahrung angeregt werden. In Wirklichkeit würde man nicht erwarten, daß ein »kluger« Mann immer Wetten für beide Fälle abschließt oder Versicherungen für alle nur möglichen Risikofälle; statt dessen würde man von der Wahrscheinlichkeit sprechen, daß er eine bestimmte Handlung im Vergleich zu einer weniger klugen Person vollziehen wird. Und man würde wissen, daß die angemessenen Indikatoren beträchtlich variieren könnten – je nach der sozialen Umwelt der einzelnen Person.

Um für die Integrationsidee Indikatoren zu finden, liefert die Dimensionsanalyse gute Beispiele. Welche Normenkonflikte – liebe deinen Nächsten, aber maximiere den Gewinn – finden in der Belletristik, in Gerichtsentscheidungen statt? Wieviel Kommunikation gibt es zwischen den Menschen, wieviel Vorurteile zwischen Gruppen? In welchem Ausmaß hängt das tägliche Leben jedes einzelnen von anderen ab, wie oft und wie leicht wird der Kreislauf

4 *W. S. Landecker,* Types of Integration and their Measurement, in: American Journal of Sociology, 56 (4), 1951, S. 332.

dieser Dienstleistungen unterbrochen? Wie hoch ist die Verbrechensrate, wie großzügig beteiligen sich die Menschen an der öffentlichen Wohlfahrt[5]?

4. *Bildung von Variaten.* Nachdem für jede Dimension Indikatoren ausgewählt worden sind, müssen sie neu geordnet werden, weil man nicht mit all diesen Dimensionen und Indikatoren getrennt operieren kann.

Für manche Situationen bildet der Forscher einen generellen Index. Wenn ein Professor sechs Studenten, aber nur ein Stipendium zu vergeben hat, muß er die sechs generell abschätzen. Ein anderes Mal mag er mehr daran interessiert sein, in welcher Beziehung jede einzelne von verschiedenen Erfolgsdimensionen zu einer äußeren Variate steht.

In der Literatur bestehen viele Indices für die Güte von Städten, einige sind eindimensional, einige multidimensional und wieder andere beziehen sich lediglich auf eine spezifische Dimension. Die endgültigen Vorteile einer solchen Variate können oft erst beurteilt werden, wenn sie über einen langen Zeitraum hinweg gebraucht worden ist; alles hängt von dem Wert der Urteile ab, zu denen sie führt, und davon, wie gut sie sich umgekehrt zu größeren Systemen kombinieren lassen. Oft hört man, daß eine bestimmte Variate nicht »wirklich« die beabsichtigten Begriffe wiedergibt. Dies ist oft für die Suche nach überzeugenderen Dimensionen oder zusätzlichen Indikatoren hilfreich[6].

Natürlich stellt unsere Zusammenfassung eine stark vereinfachte Version der beteiligten Operationen dar und läßt viele Probleme undiskutiert. Aber es ist ausreichend, die für das vorliegende Vorhaben relevanten Hauptpunkte hervorzuheben. Die folgenden Bemerkungen sind in dieser Beziehung wichtig: a) die beteiligten Operationen sind auf individuelle Personen wie auch auf Kollektive und auf leblose Objekte anzuwenden; man muß Klassifikationssysteme entwerfen, in die dann ein konkretes, gegebenes Objekt ein-

5 In einer detaillierteren Diskussion müßte hier das Problem der Gültigkeit der Konstruktion aufgeworfen werden. Aber für die folgenden Themen ist es ohne Bedeutung.

6 Was man tun kann, ist, die beteiligten Verfahren zu klären. Zu diesem Zweck wurde eine größere Zahl von mathematischen Modellen entwickelt, vor allem um den vierten Schritt, die Kombination von Indikatoren, zu verdeutlichen. Sie werden in Kap. VIII der vorliegenden Studie untersucht (Raymond Boudon, Mathematische Modelle und Methoden, Frankfurt/M.–Berlin–Wien 1973 [= Ullstein Buch Nr. 2942]).

gefügt werden kann. b) Diese Klassifikationen sind immer beabsichtigt oder latent; Kombinationen von Indikatoren werden gebraucht, um zu entscheiden, wohin ein Objekt am wahrscheinlichsten gehört. c) Die Beziehung zwischen den offensichtlichen Beobachtungen und der beabsichtigten Klassifizierung beruht auf Wahrscheinlichkeit.

Die Schaffung von Variaten ist der erste Schritt in der Art von Forschungsarbeit, die ich als Übersichtsanalyse beschrieben habe. Die Variaten bilden das Material, auf das feste Ergebnisse aufgebaut werden. Die Bedeutung dieser Art von Forschungsarbeit für die allgemeine Soziologie liegt in der Tatsache, daß sie zu einem Grad von Klarheit und Präzision zwingt, der auf andere Art nicht erreicht werden kann. Sie betrachtet die soziale Welt sozusagen, als ob sie aus Objekten besteht, die spezifizierbare Merkmale haben. Ereignisse bestehen aus Wechselwirkungen zwischen Variaten, die sich mit der Zeit ergeben. Eine solche Darstellung wird zutreffend eine Variaten-Sprache genannt. Obwohl dieser Begriff etwas unhandlich ist, muß er gebraucht werden, um die Kernfrage dieses Abschnitts zu beantworten.

*Die Variaten-Sprache*

Die Ergebnisse der empirischen Sozialforschung haben einen wichtigen Punkt mit der gewöhnlichen Sprache gemeinsam. Genauso wie wir Worte und Sätze unterscheiden, haben wir Variate und die Sätze, zu denen sie kombiniert werden. Die »Sätze« sind notwendigerweise alle tabellarische Querverbindungen zwischen Variaten. Diese Tabellen können recht komplex werden, wenn viele Variate darin enthalten sind. Selbst wenn wir nur drei Variate verarbeiten, wird eine beachtliche Mannigfaltigkeit durch den Gebrauch der *contingent cross-tabulations* erreicht, wie zum Beispiel in dem folgenden Satz: In oberen sozialen Schichten wählen Männer und Frauen wahrscheinlich gleichermaßen; in unteren Schichten zeigen Männer eine höhere Wahlbeteiligung als Frauen. Offensichtlich entsteht diese Feststellung, indem man zunächst ein Sample von Leuten nach dem Status bildet und dann Tabellen für jede Untergruppe und jedes Wahlverhalten.

Man könnte mißtrauisch vermuten, daß eine solche Variaten-Sprache ziemlich monoton wird. Dies ist jedoch nicht der Fall, weil die Variate selbst von sehr unterschiedlicher Art sein können. Sie können Kollektive wie auch Einzelpersonen bezeichnen, aus verschiedenen Zeitperioden genommen sein, sich auf Verhalten wie auch auf Berichte über »innere« Erfahrungen usw. beziehen. Indem man den Formalismus der Tabellen mit einer angemessenen Klassifizierung der Arten von Variaten kombiniert, erreicht man eine Typologie der Lehrsätze in der Variaten-Sprache, die weitreichende intellektuelle Implikationen hat.

Ich habe drei Begriffe ausgewählt, die in der soziologischen Diskussion eine beträchtliche Rolle spielen: Prozeß, Kontext und Typologie. Ich werde für jeden ein konkretes Beispiel anführen, um zu zeigen, daß diese drei Begriffe, die gewöhnlich ziemlich vage gebraucht werden, in der Variaten-Sprache eine präzise Bedeutung haben. Es wird nicht behauptet, daß all die Nuancen auf diese Art erfaßt werden, die eine Reihe von Autoren essayistisch mit diesen Begriffen verbinden. Es wäre korrekter zu sagen, daß die Variaten-Sprache ein Minimum an gemeinsamem Inhalt ausdrückt, der in den verschiedenen Anwendungen enthalten ist. Aber eine solche Übertragung hat einen doppelten Vorteil. Erstens kann man in jedem speziellen Fall testen, ob der gebrauchte Begriff ein Kernkriterium erfüllt. Wenn es, zweitens, zusätzliche Bedeutung gibt, wird man sehr viel besser in der Lage sein, sie ans Licht zu heben.

Die aus einer Vielzahl von Forschungsgebieten entnommenen konkreten Beispiele werden, so hoffe ich, die Diskussion stärker beleben. Ihrem spezifischen Inhalt wird keine Bedeutung beigemessen. Der Leser wird leicht an ähnliche Fälle aus seinem eigenen Erfahrungsbereich denken.

### *Sozialer Prozeß*

Es ist nicht nötig, sich auf eine komplizierte Diskussion der Kausalität einzulassen, um einen Punkt allgemeiner Übereinstimmung zu erreichen: Beim Studium von sozialen Prozessen kann man nicht einfach von einem einen anderen verursachenden Faktor sprechen oder ein einfaches Modell von Ursache und Wirkung anwenden. Jeder institutionelle Wandel hat Folgen für die Einstellungen der Menschen, und diese wiederum schaffen das Bedürfnis für weitere institutionelle Veränderungen. Zum Beispiel wählt die Mehrheit der Bevölkerung eine Regierung; die Aktionen dieser Regierung schaffen die öffentliche Meinung, die in ihrer Verteilung ganz anders als die ist, die ursprünglich existierte; die Bereitschaft der Bevölkerung zur Unterstützung der Regierung ist dann anders, als sie zunächst war. Einige von diesen Veränderungen vollziehen sich ziemlich schnell; andere innerhalb eines beträchtlichen Zeitraums und durch eine lange Kette von mediatisierenden Faktoren, die ungeahnte Folgen mit sich bringen. Der Bereich der an solchen sozialen Prozessen beteiligten Faktoren und die Unmittelbarkeit ihres Vollzuges kann, mit anderen Worten, stark variieren.

Das Bild eines solchen Prozesses ist am besten in einem Diagramm zu erfassen, das an sich schon eine interessante Geschichte hat. Es wurde ursprünglich von dem niederländischen Volkswirtschaftler Tinbergen benutzt, um die moderne Analyse von Wirtschaftszyklen zu erklären; der Autor dieses Aufsatzes hat es dann auf soziologische Probleme angewendet; noch später wurde es von dem Psychologen Hovland benutzt, um die Unterschiede zwischen Laborexperimenten und dem Studium von »natürlichen« Veränderungen zu diskutieren.

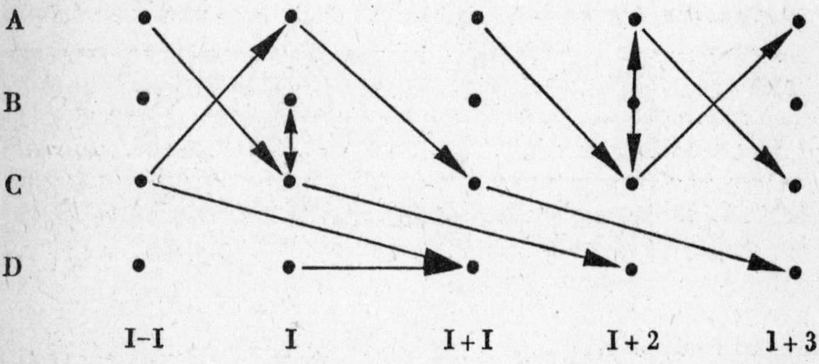


Auf der horizontalen Achse des Diagramms sind die aufeinanderfolgenden Zeitperioden eingetragen, in denen Beobachtungen gemacht werden. Auf der vertikalen Achse sind Buchstaben, die die beobachteten Variablen bezeichnen. Bei politischen Untersuchungen können diese Variablen Wahlabsichten, Einstellungen zu verschiedenen Wahlkampfthemen, die Meinungen der Familienmitglieder usw. sein. Die Pfeile des Schemas stellen die Beziehungen zwischen diesen Variablen dar. Einige dieser Pfeile haben »zeitliche Phasenverschiebungen«; wir könnten zum Beispiel wissen wollen, ob die Wahlabsicht einer Einzelperson davon beeinflußt wird, was sie zu einem früheren Zeitpunkt gelesen hat. Andere Pfeile verbinden verschiedene Variablen im gleichen Zeitraum; wir könnten zum Beispiel feststellen wollen, ob jemand die Meinung seiner Freunde teilt. Wieder andere Pfeile durchkreuzen mehrere Zeiträume und mehrere Variablen; zum Beispiel kann dem Einfluß der Meinung eines Freundes zur Zeit *t* eine neue Betrachtungsart des Wahlkampfes zur Zeit $t + 1$ und schließlich eine veränderte Wahlabsicht zur Zeit $t + 2$ folgen.

Wie komplex auch immer eine Forschungssituation sein mag, ihre Analyse kann auf eine in Variaten-Sprache ausgedrückte Elementarform reduziert werden. Um das mit einem Beispiel zu belegen, haben wir die Ergebnisse einer Untersuchung von College-Studenten ausgesucht[7]. Sie wurden innerhalb eines Zeitraums von zwei Jahren zweimal interviewt; beide Male wurden ihnen Fragen über zwei zentrale Variate gestellt – über ihre Berufswahl und über einige ihrer wichtigsten Werte.

»Umweltorientierte« Berufswerte und Berufswahl 1950 und 1952

| | | | 1952 | | | | |
|---|---|---|---|---|---|---|---|
| | Wahl | | UO | UO | NUO | NUO | |
| | Werte | | UO | NUO | UO | NUO | insgesamt |
| 1950 | UO | UO | 163 | 15 | 30 | 18 | (226) |
| | UO | NUO | 31 | 29 | 8 | 21 | ( 89) |
| | NUO | UO | 39 | 8 | 73 | 49 | (166) |
| | NUO | NUO | 6 | 14 | 43 | 168 | (231) |
| | insgesamt | | (236) | (66) | (156) | (256) | (712) |

Quelle: M. Rosenberg, Occupational Values and Occupational Choice, Columbia University Dissertation, 1953.

Um die Darstellung zu vereinfachen, ist jede der Variate auf eine Dichotomie reduziert worden. In ihrer Berufswahl wurden die Stu-

7 *M. Rosenberg,* Society and the Adolescent Self-Image, Princeton, Princeton University Press, 1965.

denten als umweltorientiert (der Ehrgeiz, Lehrer, Arzt, Sozialarbeiter, Psychologe usw. zu werden) oder als nicht-umweltorientiert klassifiziert. Ähnlich wurden die Studenten in ihrer Haltung zu den wesentlichen Vorteilen eines Berufes als von an Personen orientierten Motiven geleitet (von dem Wunsch, Menschen zu helfen, Selbstbefriedigung zu erreichen, die eigenen Fähigkeiten zum Ausdruck zu bringen usw.) oder wieder als nicht von an Personen orientierten Motiven geleitet (von dem Wunsch, reich, erfolgreich, wirtschaftlich gesichert usw. zu werden) klassifiziert. (Die Zahlen aus Rosenbergs Studie wurden leicht modifiziert, um das Argument so klar wie möglich zu machen.)

Wir konzentrieren uns zuerst auf die Randzahlen der Tabelle, die in der Kolumne »insgesamt« erscheinen. Wir kommen zu dem ersten Ergebnis: die Studenten »harmonisieren« ihre Wahl und ihre Einstellung; die Zahl der Fälle, die zwischen der Berufswahl und den Werten Dissonanz aufweisen, ist am Ende der College-Zeit (1952) kleiner als sie in der Mitte der College-Zeit (1950) gewesen ist.

Wir konzentrieren uns dann auf die mittleren Zahlen in der zweiten und dritten Reihe der Tabelle. Dies sind die Leute, deren Bild ursprünglich Dissonanz aufwies. Eine Anzahl dieser Befragten sind in die erste oder letzte Kolumne übergegangen; ihre Berufswahl und Werte haben sich einander angepaßt. Aber wohin sind sie gegangen? Wir kreisen die Veränderungen ein, die am relativ häufigsten sind. *Es geschieht öfters, daß die Berufswahl konstant bleibt und daß sich die genannten Werte ihr anpassen,* als daß Werte zu einer Veränderung der Berufswahl führen.

Natürlich hängt eine solche Struktur nicht nur von zwei Variaten ab. In einem vervollständigten Modell würden weitere Elemente hinzugefügt werden. Die erste und letzte Reihe der Tabelle deuten an, daß das Schema unvollständig ist. Das sind die Leute, für die Berufswahl und Werte zunächst übereinstimmen. Aber einige von ihnen erhalten diese Harmonie nicht aufrecht – sie werden von den Zahlen mit Dreiecken dargestellt. Wieder greifen wir zwei Zahlen heraus, dieses Mal durch Dreiecke, und wir erhalten eine weitere Information. *Wenn die Harmonie zerstört wird, sind die Werte wahrscheinlich weniger stabil als die Berufswahl.* Die vier besonders markierten Zahlen zeigen das Ausmaß an, in dem die zwei Punkte, Berufswahl und Werte, den ganzen Prozeß nicht belegen können. (Einige dieser Bewegungen können, nebenbei, auf die Unzuverlässigkeit des Messens zurückgeführt werden.)

Hier ist nicht der Ort, um die unendlichen Details zu erörtern, die in solchen relativ einfachen Tabellen enthalten sind. Der Hauptpunkt, um den es geht, ist der, daß die Wiederholung von *Surveys* mit den gleichen Themen eine sehr präzise Analyse des Begriffes Prozeß erlaubt. Es bestehen bereits viele solcher Studien: die Interaktion zwischen Parteizugehörigkeit und der Haltung zu bestimmten politischen Fragen; zwischen dem Gebrauch kommerzieller Produkte und der Einwirkung der Werbung auf den Verbraucher; der militärischen Einstellung von Soldaten und ihren Beförderungschancen, usw. Es ist nicht der eigentliche Inhalt solcher Untersuchungen, der an diesem Punkt von Bedeutung ist. Es ist das Verfahren selbst, daß so manche verfahrene Diskussion um das Problem der Kausalbeziehungen zu klären hilft. Dies trifft nicht nur für die Analyse von Prozessen zu. Es trifft auch auf andere Themen zu, die in der allgemeinen Soziologie kontrovers sind. Ein weiteres Beispiel aus dem Kernbereich der allgemeinen soziologischen Diskussion wird diesen allgemeinen Trend verdeutlichen.

*Soziale Kontexte*

Trotz ihrer entscheidenden Beiträge hat sich die *Survey*-Bewegung eine Zeitlang auf die Entwicklung der allgemeinen Soziologie behindernd ausgewirkt. Das wird am besten durch das Schicksal der einst dominanten Tradition der Gemeindeuntersuchungen verdeutlicht. Deutsche Soziologen wie von Wiese schickten ihre Studenten in Dörfer, so daß sie soziale Bezüge aus erster Hand beobachten konnten. Österreichische und britische Soziologen beobachteten das Leben von Arbeitslosen in heruntergekommenen Industriestädten. Polnische Forscher werteten Briefe und Autobiographien aus, um Bauern vor und nach ihrer Emigration in die Vereinigten Staaten zu untersuchen. Im frühen zwanzigsten Jahrhundert beherrschte die Chicagoer Schule die amerikanische Soziologie wegen ihrer Fähigkeit, die Probleme von solchen Gruppen wie Jugendbanden und in großen Städten untergetauchten ethnischen Minoritäten zu analysieren.

Das Hauptverdienst dieser Tradition war, daß sie die Kriterien aufspürte, die Schlüsse auf die soziale Organisation und auf die Normenstruktur von Kollektiven zuließen. Die Bemühungen, derlei Arbeiten zu systematisieren, haben eine beachtliche Geschichte. Der belgische Astronom Quételet versuchte, allgemeine statistische

Gesetze in den Kriminalakten zu entdecken, die von der französischen Verwaltung geführt wurden. Der Bergbauingenieur Le Play grub nach Goldkörnern, die ihn in die Lage versetzen sollten, eine Psychologie der Kultur zu konstruieren. In allen Fällen lag das Interesse solcher Bemühungen eher bei der Kollektivität als beim Individuellen.

Aber eine Zeitlang verdrängte die Begeisterung für neuentwikkelte Sample-Techniken und von Verfahren, Einstellungen und Verhaltensmuster zu messen, das Interesse an der Weiterentwicklung dieser älteren Methoden. Denn allein auf Grund ihres Wesens drohte die *Survey*-Technik die Soziologie zu atomisieren; anstatt das menschliche Kollektiv als Ganzes zu betrachten, neigte der *Survey*-Analytiker dazu, es als ein Aggregat von getrennten Individuen zu sehen.

Wie wir bereits vorhin bemerkten, ließen sich bald Stimmen mit anderer Meinung hören. Sie enthüllten einige der Grenzen, die der *Survey*-Methode in ihrer ersten Entwicklungsstufe anhafteten. Diese »holistische« Opposition erhielt zu dem Zeitpunkt ihren besten Ausdruck, als der große Klassiker der *Survey*-Analyse erschien – Stouffer's *The American Soldier*. Ein Soziologe bemerkte damals, daß es als ein Werk der wirklichen Soziologie den Titel *The American Army* getragen hätte.

Wie alle von einsichtigen Konservativen erhobenen Einwände hatten diese Argumente ein Korn Wahrheit in sich; aber wie die meiste konservative Kritik bemühte sie sich nicht um ein angemessenes Mittel zur Lösung. Was man brauchte, war nicht, die *Survey*-Methode als Ganzes fallenzulassen, sondern eher eine Erweiterung der Variaten-Sprache, so daß man über Kollektive wie auch über Individuen sprechen konnte. Genau das hat sich auch zugetragen, und es stellt einen der wichtigsten Wendepunkte in der empirischen Sozialforschung dar.

Der Gegenstand läßt sich am einfachsten dadurch klären, daß man jüngere Entwicklungen in der Untersuchung sozialer Organisationen aufzeigt. Es gibt keinen Grund dafür, sie nicht in quantitativen Begriffen zu beschreiben, sobald ihr Wesen richtig analysiert ist. Organisationen müssen Personal rekrutieren; die Auswahlkriterien sind einer präzisen Beschreibung klar zugänglich und oft einer relativ präzisen Messung. Sobald die Menschen an der Arbeit sind, muß ihre Produktivität aufrechterhalten werden; das erfordert die Untersuchung von Anreizen und Strafen. Arbeiter müssen geführt und überwacht werden; das verlangt die Untersuchung von Führung, von hierarchischen Ebenen und Kommunikationskanälen. Und schließlich erfordern Organisationen Kontrollen; Rückkoppelungssysteme müssen bewertet werden, die sicherstellen, daß die Richtlinien auf allen Ebenen ausgeführt werden.

Solche Formulierungen erlaubten das Messen von Merkmalen, die komplexer als die zu Individuen gehörigen waren, aber die in ihrer methodologischen Struktur nicht grundsätzlich anders waren. Als solche Messungen erstmals zur Verfügung standen, war es im Prinzip möglich, die Einwirkungen einer Organisation auf das Verhalten ihrer Mitglieder nachzuweisen. Um Generalisierungen aufzustellen, muß natürlich eine ziemlich große Zahl ähnlicher Organisationen in solche Untersuchungen einbezogen werden. Das ist aufwendig, aber stellt eine praktische, keine theoretische Beschränkung dar.

In einem Artikel hat eine russische Soziologin, Andréeva[8], die Notwendigkeit diskutiert, in jede empirische Analyse Variate einzubeziehen, die über individuelle Merkmale hinausgehen. Sie würde wahrscheinlich nicht einmal mit der Art von Organisationsmaßstäben zufrieden sein, die wir in unserem Beispiel gebrauchten. Nach Andréevas Argumentation könnte ein wohlwollender Unternehmer begreiflicherweise dann unbarmherzig werden, wenn sein Unternehmen vom Bankrott bedroht würde. So werden ein auf eine Organisation ausgeübter Druck und andere Merkmale der weiteren sozialen Umwelt in einer Untersuchung manchmal gleichzeitig zu betrachten sein. Aus Andréevas Diskussion wird nicht klar, ob sie glaubt, daß das ganze soziale System in jeder Untersuchung in Betracht gezogen werden muß. Wenn dem so wäre, würde das ganz andere analytische Verfahren erfordern als die, die wir im Moment diskutieren; wir werden diesen Punkt hier nicht weiter verfolgen.

Ein konkretes Beispiel mag diese jüngsten Entwicklungen in der empirischen Sozialforschung zu verdeutlichen helfen. Während der 1950er Jahre führte der Senator Joseph McCarthy in den Vereinigten Staaten eine Reihe von Angriffen auf College-Professoren, indem er ihnen subversive Tätigkeiten und unpatriotische Ideen vorwarf. Es war möglich, die Colleges nach der Anzahl solcher Vorkommnisse in jedem einzelnen zu klassifizieren. Ein solches

8 *G. Andréeva*, L'homme analysé par la sociologie, in: La Sociologie en URSS (Rapports des membres de la délégation soviétique au VIe Congrès international de Sociologie), Moskau, Editions du Progrès, 1966, S. 49–62.

Auszählen von Vorkommnissen ist ein typisches organisatorisches (oder globales) Merkmal. In einer in der McCarthy-Ära an 77 Colleges durchgeführten Untersuchung[9] wurde ein Sample von *Professoren* interviewt und nach zwei individuellen Variaten klassifiziert: a) wie besorgt sie die Situation betrachteten und b) wie eingeschüchtert sie ihre Kollegen sahen[10]. Die Befragten wurden in solche eingeteilt, die um sich selbst besorgt waren, und in solche, die es nicht waren, sowie in solche, die vermuteten, daß die Mehrheit ihrer Kollegen eingeschüchtert oder nicht eingeschüchtert war. Wie erwartet, gab es eine starke Assoziation zwischen den zwei Variaten. Die, die um sich selbst besorgt waren, stellten sehr viel wahrscheinlicher eine Besorgnis auch ihrer Kollegen fest.

Diese Relation kann teilweise durch Projektion und teilweise durch die Tatsache erklärt werden, daß die tatsächliche Situation an den turbulenten Colleges jeden besorgter machen würde. Wenn die Colleges nach der Zahl gefährlicher, tatsächlich stattgefundener Vorkommnisse klassifiziert werden, ist die Häufigkeit von selbst erfahrener Besorgnis und vermuteter Einschüchterung ganz anders.

Die Ergebnisse sind in der folgenden Tabelle zusammengefaßt. In Colleges mit wenig Vorkommnissen berichten etwa

*Selbst erfahrene Besorgnis und Einschüchterung von Lehrern der Sozialwissenschaft an 77 Colleges, klassifiziert nach der Anzahl von Vorkommnissen, die sich auf jedem College-Gelände ereigneten.*

| | Zahl der Vorkommnisse auf dem Gelände | | | |
|---|---|---|---|---|
| | 5 oder weniger | 6–10 | 11–15 | 16 oder mehr |
| Prozentsatz der persönlich besorgten Prof. | 40 % | 51 % | 54 % | 51 % |
| Prozentsatz der Prof., die Einschüchterung der Kollegen vermuten | 23 % | 42 % | 50 % | 52 % |

9 The Academic Mind (mit Wagner Thielens, Jr.), Glencoe, Ill., The Free Press. 1958.
10 Für diese Diskussion ist eine Beschreibung der Art irrelevant, in der diese beiden Skalen konstruiert wurden.

40 Prozent der Professoren über persönliche Besorgnis, aber nur die Hälfte vermutet eine Einschüchterung der Kollegen. Wenn Colleges nicht lokal angegriffen werden, wird die generelle Frage wahrscheinlich nicht sehr diskutiert. Die Fakultät las über anderweitige Vorkommnisse und ist sich der allgemein unerfreulichen Atmosphäre bewußt, aber glaubt, daß die Kollegen gegenüber den betroffenen Berufswerten unempfindlich sind. Wenn sich die beiden Reihen den turbulenten Colleges nähern, zeigt das Zahlenpaar in jeder Kolumne, daß die Vermutung der Einschüchterung genauso häufig auftritt wie die persönlich erfahrene Besorgnis. Die erstere ist in den turbulentesten Colleges sogar etwas häufiger als die letztere, in denen viele Gespräche über die Gefahren für die akademische Freiheit stattfinden und jeder Professor glaubt, daß er im Vergleich zu der ihn umgebenden »Hysterie« ruhig ist.

Das Wesentliche an diesem Beispiel ist, daß es gleichzeitig auf ein Sample von Organisationen und innerhalb von ihnen auf ein Sample von Einzelpersonen gestützt ist. Es ist üblich geworden, von Kontext-Sätzen *(contextual propositions)* zu sprechen, wenn kollektive und individuelle Merkmale gemeinschaftlich untersucht werden. In den letzten Jahren hat sich die Zahl der Publikationen rasch vervielfältigt, die solche Kontext-Sätze berichten und behandeln. Man hat Skalen entworfen, um das Minderwertigkeitsgefühl von jungen Menschen zu messen, und ihre Punktwerte auf der Skala sind zu ihrer Religion in Beziehung gesetzt worden. Die religiöse Zusammensetzung der Nachbarschaft, in der der Befragte lebte, wurde ebenfalls festgestellt; auf diese Art konnte man sagen, ob die jungen Menschen in einer harmonischen Umwelt lebten, in der Personen ihres eigenen religiösen Glaubens dominierten, oder in einer unharmonischen, in der ihre Familien zu einer religiösen Minorität gehörten. Man stellte durchwegs fest, daß jede religiöse Gruppe, die in einem sozialen Kontext von vorwiegend gleicher religiöser Ausrichtung lebte, einen festigenden Einfluß auf die Selbstachtung des einzelnen ausübte.

In einer anderen Untersuchung lag das Problem darin, Faktoren zu entdecken, die die Anerkennung von Schadensersatz durch die Geschworenen in Fällen von Verkehrsunfällen beeinflussen. Der Wohlstand eines jeden Geschworenen wurde festgestellt (eine individuelle Variate) wie auch der durchschnittliche Wohlstand des Bezirkes, in dem der Fall abgehandelt wurde (eine Variate, die zu einem Kollektiv, dem Bezirk, gehört). Je wohlhabender der Bezirk war, um so höher waren die Schadensersatzleistungen, die in den Fällen anerkannt wurden. Aber *innerhalb* der Bezirke erkannten reiche Geschworene weniger an, vermutlich weil sie zu Gunsten der Versicherungsgesellschaften eingestellt waren, deren Valuten die Erhaltung des Wohlstandes repräsentierten. Diese Interpretation zeigt das Zusammenspiel zwischen sozialen Normen und individuellen Bezugsrahmen auf.

Dann widersprechen sich also, zusammengefaßt, Survey-Techniken und das soziologische Interesse an größeren Kollektiven nicht gegenseitig. Es gibt nichts in der Entwicklung der Meßtechniken oder in der Logik der quantitativen Analyse, was eine fruchtbare Koexistenz der beiden stören würde. Ihr Zusammengehen wird nur durch praktische Erwägungen eingeschränkt. Wenn sich das Interesse auf eine sehr große Einheit oder auf sehr komplexe Probleme richtet, können andere Methoden gebraucht werden müssen. (Diese Methoden, die gewöhnlich unter den Namen »Makrosoziologie« subsumiert werden, haben in den letzten Jahren wachsende Aufmerksamkeit erregt; unser nächster Abschnitt ist ihnen gewidmet.)

*Typologien*

Viele Schriften von Soziologen beziehen den Gebrauch von Typologien ein. Persönlichkeiten, soziale Systeme, Organisationen gibt es in so vielen Variationen, daß irgendeine Art, sie zu ordnen, eine unerläßliche Voraussetzung jeder weiteren Analyse ist. Einige Autoren wie Weber sahen die Konstruktion von spezifischen Typen sogar als den Kern der soziologischen Erkenntnis an. Auch hier ist es wieder nützlich zu fragen, was mit einem Typus gemeint sein könnte, wenn man die Idee auf die spärliche Variaten-Sprache reduziert.

Logiker haben den Begriff des Merkmalraumes geschaffen. Es ist offensichtlich möglich, eine Reihe von Variaten zu nehmen und alle möglichen Kombinationen zu finden. Jede einzelne Kombination könnte ein Typus genannt werden oder einige Untergruppen solcher Kombinationen. Weber zum Beispiel hat acht Attribute einer perfekten Bürokratie angegeben. Offensichtlich kann man sich soziale Strukturen vorstellen, die nur einige jener Merkmale haben, und sie als Typen beschreiben. Linguisten haben Typologien von Sprachen durch die Kombination verschiedener phonetischer

Merkmale aufgestellt. Für den Zweck dieses Überblickes ist der umgekehrte Aspekt relevanter. Angenommen, ein Autor hat eine Reihe von Typen intuitiv entwickelt. Würde es möglich sein, ein System von Variaten aufzustellen, von dem eine solche Typologie abgeleitet worden sein könnte? Weil dieser Gedanke in folgenden Abschnitten relevant werden wird, wird hier ein Beispiel der sozialen *Substruktion* angeführt werden.

Erich Fromm ist davon ausgegangen, daß sich die Beziehung junger Menschen zu ihren Eltern in vier Typen klassifizieren läßt: vollständige Autorität, einfache Autorität, Mangel an Autorität und Rebellion. So kam es, daß für die Aufstellung eines Sample von jungen Menschen Fragebogen zur Verfügung standen, um Informationen darüber zu liefern, was sie gegenüber ihren Eltern empfanden.

Die Autoritätsbeziehung in einer Familie wird nach der Art klassifiziert, in der die Eltern ihre Autorität ausüben, und nach der Art, in der die Kinder sie anerkennen. Durch Fragebogen wurde die elterliche Autoritäts*ausübung* entweder als stark, mäßig oder schwach eingestuft; gleichermaßen wurde die *Anerkennung* der Autorität durch die Kinder als hoch, mittel oder niedrig eingestuft. Logischerweise werden dadurch neun Kombinationen möglich:

*Ein Variaten-Raum, für eine Typologie von Familienbeziehungen aufgebaut*

| | | Anerkennung durch die Kinder | | |
|---|---|---|---|---|
| | | hoch | mittel | niedrig |
| | stark | 1<br>I | 2<br>I | 3<br>IV |
| Ausübung der Eltern | mäßig | 4<br>II | 5<br>II | 6<br>IV |
| | schwach | 7 | 8<br>III | 9 |

Dieses Schema kann man mit den vier Typen von Fromm in Beziehung setzen, die natürlich ursprünglich aus ganz anderen qualitativen Erwägungen entwickelt wurden.

| Fromms Typus | Variaten-kombinationen | Ausübung | Anerkennung |
|---|---|---|---|
| I Vollst. Autorität | 1 und 2 | stark | hoch oder mittel |
| II Einfache Autorität | 4 und 5 | mäßig | hoch oder mittel |
| III Mangel an Autorität | 8 | schwach | mittel |
| IV Rebellion | 3 und 6 | stark oder mäßig | niedrig |

Die Kombinationen 7 und 9 in der Tabelle sind in Fromms Typologie nicht enthalten. Offensichtlich ging man von der Annahme aus, daß weder eine sehr hohe noch eine sehr niedrige Anerkennung einer Autorität möglich wäre, die kaum ausgeübt würde. Aber die Substruktion kann als eine Erkenntnisquelle nützlich sein. Sie weist auf die logische Möglichkeit hin, daß es Kinder geben kann, die sich eine Autorität wünschen, die durch ihre Eltern nicht wirklich ausgeübt wird – die Kombination 7. Die Entdeckung dieser Kombinationen legt weitere Forschungen nahe.

Das eben verdeutlichte Verfahren besteht darin, *einen Multivariaten-Raum für eine intuitiv erfaßte Typologie zu substruieren.* Der Vorteil einer solchen Substruktion ist zweifach: sie erlaubt es, die logische Folgerichtigkeit der Typologie zu überprüfen, und sie regt empirische Verfahren an, durch die die intuitive Klassifizierung in einer objektiveren Art erstellt werden kann. Dieser Prozeß des »Substruierens« wird oft, aber nur implizit in der allgemeinen Soziologie gebraucht, zum Beispiel bei Parsons berühmten Verhaltensvariablen (*pattern variables).* (Er bildet auch die Brücke zur Typologie großer sozialer Systeme und zu dem, was immer die Soziologie mit dem Strukturalismus anfangen kann – vgl. Abschnitt III.)

Die in diesem Abschnitt beschriebenen hauptsächlichen Verfahren sind den Methodologen bekannt, die fortgeschrittene Studenten anleiten. Aber oft sind sie sich ihrer allgemeinen Implikationen nicht bewußt. Den Soziologen, die sich weniger mit empirischer Forschung beschäftigen, liegen sowohl die Verfahren wie auch die daraus zu ziehenden intellektuellen Lehren etwas fern. Doch das Problem »Theorie und empirische Arbeit« hat jeder vor Augen. Es schien angebracht, diesen Überblick mit einem Trend zu beginnen, der es möglich macht, auf ein besseres Verstehen zu hoffen.

# II MAKROSOZIOLOGIE

Im vorhergehenden Abschnitt versuchte ich zu zeigen, daß sich die Survey-Analyse grob in drei Phasen entwickelte. Zuerst eine verzweigte Aktivität, die von sozialen Bedürfnissen geleitet und oft von Laien betrieben wurde. Dann eine Professionalisierung, die auf die Entwicklung verfeinerter und spezialisierter Techniken zurückzuführen war. Schließlich eine Kodifizierung des Gebietes, die seinen Beitrag zur allgemeinen Soziologie hervorbrachte.

Im jetzigen Abschnitt werde ich einen weiteren Trend behandeln, bei dem sich klare Phasen unterscheiden lassen, bei dem aber das Zusammenspiel verschiedener Faktoren etwas komplizierter ist. Der Ursprung der formalen Soziologie ist eng mit der Industrialisierung von Westeuropa verbunden. Die Entwicklung einer wirtschaftlich mächtigen Mittelklasse, die bittere Not der neuen Lohnarbeitermassen und das Wachstum demokratischer politischer Institutionen waren die Hauptthemen der europäischen klassischen Werke des frühen neunzehnten Jahrhunderts. Die zwei Weltkriege verlangsamten die Entwicklung der Sozialwissenschaften in Westeuropa. Zwischen 1920 und 1950 wurden keine größeren Arbeiten in der klassischen Tradition in Europa veröffentlicht.

In den Vereinigten Staaten hatte kein entsprechendes Übergangsstadium jemals Fuß gefaßt. Als das Land aus dem kolonialen Status herauswuchs, hatte die Industrialisierung bereits eingesetzt. Das Problem ihrer Bewältigung wurde durch das Auftreten von immer neuen Einwanderungswellen kompliziert. Die Aufgaben des Tages waren zu dringend, um Zeit für die historische Perspektive zu lassen. Die Untersuchung ethnischer Minderheiten, die Verbesserung sozialer Dienstleistungen, das Verständnis der riesigen neuen städtischen Zentren waren der Hintergrund, auf dem sich die Soziologie entwickelte. Empirische Forschungsmethoden wurden zu einem unersetzlichen Werkzeug in Amerika und wurden in Hunderten von Colleges gelehrt.

Allmählich aber war ein gewisses Unbehagen zu bemerken. Noch vor dem Zweiten Weltkrieg forderten einige amerikanische Autoren mehr »soziale Theorie«. Später wurden diese Stimmen sehr viel lauter. Einige Soziologen bedauerten es, daß in den meisten Studien die großen sozialen Streitfragen nicht behandelt würden. Sie befürchteten, daß die Untersuchung von Spezialthemen zur Aufrechterhaltung des Status quo beitragen könnten. Die Übersetzung der Werke von Weber, Durkheim und Simmel ließ die amerikanischen Pioniere eher provinziell erscheinen. Die neue internationale Rolle der Vereinigten Staaten lenkte die Aufmerksamkeit auf die unterentwickelten Länder. All diese Elemente fügten sich zu einem Trend zusammen, den wir aus Mangel an einem besseren Namen die *makrosoziologische Bewegung* nennen möchten.

Eine neue Art von Studien beginnt nun zu erscheinen, die große soziale Einheiten behandeln. Die Themenbereiche sind komplex: Was bedeutet es, unter dem Sozialismus in der UdSSR zu leben? Warum hat die Demokratie in Deutschland keine tiefen Wurzeln? Warum war die europäische Wirtschaftsgemeinschaft erfolgreich, während es so schwierig zu sein scheint, die arabische Welt zu vereinigen? Solche Fragestellungen legen die Wiederbelebung der klassischen Tradition nahe, aber es gibt zwei deutliche Unterschiede: obwohl die Probleme weit gefaßt sind, sind sie in Zeit und Raum stärker umschrieben; konkretes Material steht sehr viel zahlreicher zur Verfügung und wird mit mehr Umsicht behandelt. Wir können nicht nur deswegen von einer Bewegung sprechen, weil so viele Untersuchungen zur Verfügung gestellt werden, sondern weil wir Ähnlichkeiten mit der Survey-Bewegung feststellen können. Die erste makrosoziologische Phase ist das eher allgemeine Interesse an der sozialen Analyse, die von der europäischen Soziologie des neunzehnten Jahrhunderts repräsentiert wird. Die zweite Phase wird hier als eine Bewegung dargestellt werden, in der Soziologen aller Länder versuchen, ihre Ziele zu entwickeln, ihre Forschungstechniken zu verfeinern und die Methoden der Schlußfolgerungen zu skizzieren.

Die dritte Phase, das Stadium der Kodifizierung, ist noch nicht erreicht worden. In Wirklichkeit wurde dieser Abschnitt mit der Absicht geschrieben, sie in Gang setzen zu helfen. Das Vorgehen wird induktiv sein. Ich werde nicht versuchen, Makrosoziologie zu definieren; statt dessen werde ich kurz eine Reihe von Untersuchungen beschreiben, um das zugrundeliegende Verfahren hervorzuheben, das ihnen gemeinsam zu sein scheint. Die Beispiele werden einer Liste entnommen werden, die diesem Abschnitt als Anhang angefügt ist. Die Titelliste mag als vorläufige stillschweigende

Definition des Forschungsgebietes dienen[11].

Der spezifische soziologische Aspekt der neuen Bewegung der Makrosoziologie scheint sich aus zwei Elementen herzuleiten. Auf diesem Gebiet arbeitende Wissenschaftler sind sich wohl bewußt, daß sie sich normalerweise auf eine eher kleine Zahl von Variablen konzentrieren. Ihre Auswahl wird deutlich von den Traditionen der allgemeinen Soziologie beeinflußt. Allein die Tatsache, daß eine Art verallgemeinerter Variaten-Sprache benutzt wird, zeigt den starken Einfluß der Survey-Analyse. Das zweite Merkmal, das die Arbeit der Makrosoziologen charakterisiert, ist nicht so offensichtlich, aber eine sorgfältige Untersuchung ihrer Schriften zeigt, daß ausgewählte Vorstellungen von Prozessen die Auswahl der Themen und ihre Interpretation beeinflussen.

Diese zwei Beobachtungen schrieben die Gliederung dieses Abschnittes vor. Ich werde zuerst vier bestimmte Untersuchungen benutzen, um recht detailliert vier Typen von makrosoziologischen Variaten herauszuarbeiten. Zusätzliche, kürzer abgehandelte Studien werden dann die ursprünglichen Beispiele bestätigen. Hier sollte ein Unterschied zur Abhandlung in Abschnitt I hervorgehoben werden. In Abschnitt I habe ich die Herausbildung von Survey-Variaten nicht im einzelnen erörtert, weil zu diesem Punkt eine breite Literatur zur Verfügung steht. Die Logik des makrosoziologischen »Messens« ist bisher nicht sehr entwickelt; in Wirklichkeit liefert auch unser Überblick eher Anregung zum Nachdenken als eine endgültige Klärung. Die Geschichte wendet sich dann den makrosoziologischen Erklärungen zu. Der vorhergehende Abschnitt war zu den entsprechenden Punkten ganz präzis. Es ist möglich zu zeigen, daß komplexe Begriffe wie Prozeß und Struktur auf Kombinationen von Variaten reduziert werden können, solange man Survey-Daten behandelt. In makrosoziologischen Arbeiten scheint es noch keine klare Beziehung zwischen den individuellen

11 Hier schließe ich die vergleichenden Studien nicht ein, die sich auf große internationale Datenbanken stützen und in Kap. X dieser Studie behandelt werden (Stein Rokkan, Vergleichende Sozialwissenschaft, Frankfurt/M.–Berlin–Wien [= Ullstein Buch Nr. 2918]). Makrosoziologische Autoren behandeln eine kleine Zahl von Fällen und legen den Ton auf viele qualitative Details. Noch ist es schwierig, die Grenzlinien zu ziehen. Eisenstadt hatte genügend historische Verwaltungsstudien, um wirkliche numerische Tabellen zu bringen; Etzioni behandelt nur vier Fälle, aber er bringt seine Sätze in einer quasi-quantitativen Sprache. Trotzdem liegt ihr Ton so stark auf der Interpretation, daß sie in diese Besprechung einbegriffen worden sind.

Variaten und den Erklärungsentwürfen zu geben, in die sie sich einfügen. Das beste, was ich tun konnte, war deshalb, die Hauptwege inventarisch festzustellen, auf denen sich der makrosoziologische Trend zu bewegen scheint.

*Makrosoziologische Variate*

Wir beginnen mit dem verhältnismäßig einfachen Fall einer einzelnen makrosoziologischen Variate. Eckstein analysiert, warum Norwegen ein solches Vorbild einer stabilen Demokratie ist. Unter anderen Faktoren betont er den langen *tiefen Gemeinschaftssinn* des Landes. Welches sind die Kriterien, die er für diese Charakterisierung gebraucht? Der Grundbegriff wird in drei Elemente geteilt: Norweger a) vermeiden es, andere Menschen als nützliche Objekte zu behandeln, und möchten ihre gesellschaftlichen Beziehungen von wirtschaftlichen Erwägungen freihalten; b) vermeiden Konkurrenzsituationen; c) sind zu kooperativen Tätigkeiten geneigt und bevorzugen Organisationen, die diesem Ziel dienen. Hier sind einige der Kriterien, die Eckstein anführt, um die Vorliebe für nicht-wirtschaftliche, gesellschaftliche Beziehungen zu beweisen: Mediziner bekämpfen die öffentliche Gesundheitspflege nicht und mögen Arbeitsstellen mit festen Gehältern; einige Zeit im öffentlichen Dienst verbracht zu haben, ist nahezu eine Vorbedingung für politischen Erfolg. Eckstein stützt sich auf einen übernationalen Survey der öffentlichen Meinung, in dem Menschen gefragt wurden, ob man ihren Landsleuten trauen könnte; Norwegen führt die Liste mit 77% positiven Antworten an. Eckstein benützt persönliche Interviews, um zu verdeutlichen, wie Norweger es vermeiden, andere Menschen zu erniedrigen; er interpretiert ihren sprichwörtlichen Wunsch nach Einsamkeit als ein Mittel, die eigenen feindseligen Gefühle zu unterdrücken.

Die Abneigung gegen Konkurrenzsituationen wird aus ähnlichen Kriterien geschlossen. Die Norweger bevorzugen solche Sportarten wie das Skifahren, wo sie nicht gegeneinander aufgestellt werden. Viele norwegische Organisationen wenden das Verfahren der Probeabstimmung an, um dann zu einer einstimmigen Entscheidung zu kommen. Im Parlament werden zwischen den Parteien Absprachen getroffen, um Antagonismen herunterzuspielen.

Die Bedeutung der Organisationen wird durch ihre Zahl und durch den breiten Tätigkeitsbereich belegt, den sie abdecken. Selbst viele Handelserhebungen und Marktforschungen werden auf kooperativer Basis durchgeführt. Gewerkschaften und Unternehmerorganisationen sind stark zentralisiert; Eckstein glaubt, daß dies die Verhandlungen erleichtert. (Hier besteht eine interessante Parallele zu Lipset, der, wie wir sehen werden, die Dezentralisierung der amerikanischen Gewerkschaften als Kriterium für ihre im Grund asoziale Militanz gebraucht.)

Um diesen Begriff des »Gemeinschaftssinnes« zu füllen, stützt sich Eckstein auf eine Reihe von anderen Kriterien, unter denen das Material über Selbstmord das interessanteste ist. Mit anderen skandinavischen Ländern verglichen ist die norwegische Selbstmordrate besonders niedrig; psychiatrische Fallstudien scheinen zu zeigen, daß für Selbstmordabsichten eher Schuldgefühle als frustrierter Erfolg verantwortlich sind. Wir wenden uns jetzt einem zweiten Beispiel zu.

Runciman führt nicht nur makrosoziologische Variate ein, sondern versucht zu zeigen, daß ihre Werte sich im Laufe der Zeit ändern. In einem Kapitel versucht er die These zu beweisen, daß die *Ungleichheit des Status* zwischen körperlich und nicht-körperlich arbeitenden Menschen in England sich seit dem Zweiten Weltkrieg objektiv verringert hat, während das Gefühl des relativen Mangels sich unter den körperlich Arbeitenden vermehrt hat. Ich diskutiere hier nicht den zweiten Teil der Aussage – den Zuwachs an relativem Mangel. Außerdem unternimmt Runciman keinen ernsthaften Versuch, das zu beweisen. Die Veränderung im objektiven Status dagegen wird gut dokumentiert. Aus einer großen Anzahl von Surveys zeigt er, daß die Zahl der Studenten aus Arbeiterfamilien zugenommen hat. Eine wachsende Zahl von Arbeiterkinder streben Angestelltenberufe an und erreichen sie auch. Umgekehrt zeigt Runciman mit Budgetzahlen und Beschäftigungsdaten, daß der Gebrauch von Hausangestellten in Familien der Mittelklasse abgenommen hat. Heiraten zwischen Lohnempfängern und Gehaltsempfängern nehmen zu. Ein Kriterium für den Mangel an Veränderung stammt aus Gemeindeuntersuchungen, wonach nach wie vor eine strenge Trennung der Wohngebiete zwischen körperlich und nicht-körperlich Arbeitenden besteht.

Es ist charakteristisch für die britische Tradition, daß viel Material zum schichtbezogenen Verhalten zur Verfügung steht; direkte Fragen zu Meinung und Einstellung, die in amerikanischen Surveys eine größere Rolle spielen würden, scheinen selten zu sein. Runciman verwendet auch Kriterien aus einer ungenauen Art von Inhaltsanalyse. Karikaturen im *Punch* stellen in zunehmendem Maß prosperierende Arbeiter und Familien der Mittelklasse dar, die die Arbeit in ihrem Haushalt selbst erledigen müssen, während die Autobiographien von Arbeiterführern Befriedigung über das Erreichen eines mittelständischen Lebensstils zeigen[12].

Ein Vergleich zwischen den Untersuchungen von Eckstein und Runciman zeigt einen Unterschied. Wenn Veränderungen in einer makrosoziologischen Variate beobachtet werden sollen, müssen die Kriterien für diese Verschiebungen wirklich flexibel sein: der Inhalt der Massenmedien, die soziale Zusammensetzung einer Studentenschaft, etc. Wenn andererseits irgendein beständigeres Merkmal einer Gesellschaft zur Debatte steht, werden Kriterien angemessener sein, die sich auf organisatorische Regelungen und Präferenzen beziehen, die einen institutionellen Ausdruck gefunden haben.

In einem dritten Typ von Untersuchungen ergeben sich die makrosoziologischen Variate aus der Beobachtung von Unterschieden nicht über Zeiträume hinweg, sondern zwischen Ländern. Lipset verteidigt in seinem Buch *The First New Nation* eine ziemlich komplexe These. Im Verlauf der ganzen Geschichte der Vereinigten Staaten waren zwei Werte dominant: Das Recht auf Gleichheit und die Belohnung für Leistung. Diese zwei makrosoziologischen Variate werden zunächst durch Bezugnahme auf die Schriften von historischen Beobachtern eingeführt. Es werden keine Kriterien vorgeschlagen, um die zwei Variate direkt zu erhärten, wenn auch anregende Spekulationen über ihr Zusammenspiel gebracht werden. Zum Beispiel wird der Standpunkt vertreten, daß eine solche Gesellschaft eher zum Konformismus führt als eine andere, die mehr Schichtung akzeptiert und mehr Ton auf den Stil als auf den Erfolg legt. Empirische Daten kommen nur dort ins Spiel, wo Lipset Institutionen charakterisiert und sie auf der Grundlage dieser beiden Grundbegriffe zu erklären versucht. Man beachte die beeindruckende Vielzahl von Kriterien, die er für den Vergleich der

12 Runcimans Kapitel könnte als Teil der britischen Diskussion über die Verbürgerlichung der Arbeiter gesehen werden. Es gibt bisher noch wenige Kriterien für einen solchen Begriff, besonders da sie aus verschiedenen Zeitabschnitten kommen und auf Wandel ziemlich leicht reagieren müßten. Es ist daher nicht überraschend, daß der Gegenstand noch kontrovers ist.

amerikanischen Gewerkschaften mit den Gewerkschaften in anderen, modernen, westlichen Ländern anbietet; Streikstatistiken beweisen, daß amerikanische Gewerkschaften militanter sind; die Zahl der bezahlten Angestellten übersteigt in amerikanischen Gewerkschaften die der anderen Länder; Mitgliederkomitees üben nicht viel Kontrolle über amerikanische Gewerkschaftsangestellte aus; der Lohnabstand zwischen gelernten und ungelernten Arbeitern ist in den Vereinigten Staaten sehr viel größer; besondere Vereinbarungen in den US-Gewerkschaften gegen den gelernten Mitgliedern mehr Macht in der Organisation.

Die meisten der Kriterien sind quantitativer Natur und aus der operationalen Statistik abgeleitet; gelegentlich bezieht man sich auf institutionelle Einrichtungen. Vergleiche mit anderen Ländern betonen den unternehmerischen Charakter der amerikanischen Gewerkschaften im Gegensatz zu den ideologischen Elementen auf dem europäischen Schauplatz; australische und kanadische Gewerkschaften stehen etwa in der Mitte. Oft erfordert die Verknüpfung eines konkreten Kriteriums mit der makrosoziologischen Variate mehrere Schritte. Eine egalitäre, leistungsorientierte Gesellschaft wird sich nicht über die Mittel übermäßig Gedanken machen, mit denen der Erfolg erreicht wird. Auf der einen Seite kann das zur Duldung von Korruption in den Gewerkschaften führen – eines von Lipsets Kriterien – und auf der anderen Seite zu dem Gefühl, daß der absolute Betrag des persönlichen Einkommens wichtiger ist als die Quelle, aus der es kommt. Zum letzten Punkt ist das entscheidende Kriterium eine interessante Reihe von Meinungsumfragen, in denen europäische und amerikanische Antworten verglichen werden. Die zur Debatte stehende Frage war, ob die Leute ein höheres Einkommen als Arbeiter oder den Angestellten-Status mit niedrigerem Einkommen vorziehen würden. Europäische Arbeiter bevorzugen das letztere, Amerikaner das erstere.

Der direkteste Gebrauch eines Systems makrosoziologischer Variate findet sich bei Dahrendorf, wenn er die Frage aufwirft, warum die Demokratie in Deutschland immer gefährdet war. Er beginnt mit vier Hauptfaktoren, von denen einer das deutsche Wertsystem ist. Während sich Eckstein auf Norwegen beschränkte, stützt Dahrendorf sein Argument auf einen Vergleich zwischen Deutschland und den angelsächsischen Ländern. In diesem Sinn ist sein Verfahren dem von Lipset ähnlich. Aber während Lipset das Wertsystem nicht in eine makrosoziologische Variate verwandelt, tut Dahrendorf das. Er unterscheidet zwischen öffentlichen und privaten Werten. Zu den öffentlichen Werten gehören Ermahnungen zum freundlichen Umgang, zum fairen Verhalten gegenüber anderen, zum Respekt der Rechte der anderen; und so weiter. Unter den wichtigsten privaten Werten sind Wahrhaftigkeit gegen sich selbst, Liebe für die Familie, Beständigkeit auch im Unglück. Ein besonders gutes Kriterium wurde in einem Vergleich der Arten gefunden, wie Deutsche und Angelsachsen über die Einsamkeit denken. Für den Deutschen ist das Alleinsein eine Art heroische Haltung; für einen Angelsachsen ist es ein Zeichen mangelhafter Sozialisation. Dahrendorf gibt zu, daß dies aphoristisch ist, und macht es sich zur Aufgabe zu beweisen, daß private Werte in der deutschen Kultur vorherrschend sind. Er wendet das allgemeine Argument an, daß private Werte wahrscheinlich von der Familie vermittelt werden und öffentliche Werte durch die Schulen. Danach muß er Beweise dafür finden, daß in Deutschland die Familie vor der Schule Vorrang hat, indem er das Gewicht dieser beiden Sozialstrukturen vergleichen kann.

Hier folgt eine kurze Zusammenfassung seiner Kriterien. Die Verfassung der Bundesrepublik ist die einzige, die das Recht und die Verantwortung der Familie zur Erziehung der Kinder erwähnt; wenn Konflikte zwischen Schule und Familie vor die Gerichte kommen, fällt die Entscheidung in der Regel zugunsten der Familie aus. Dahrendorf fügte dem gewisse Merkmale der Schulorganisation hinzu: der Unterricht nimmt nur den halben Tag in Anspruch, so daß die Kinder zum Mittagessen nach Hause gehen können und dort auch am Nachmittag bleiben können; Sport und andere gesellschaftliche Aktivitäten gehören nicht zum Unterrichtsplan.

Wie in jedem Land bringen Auseinandersetzungen über die Erziehung eine Unmenge von Dokumenten hervor. Bei der Untersuchung ihres Inhaltes stellt man fest, daß eine Einstellung vorherrscht: Die Schule, besonders auf der höheren Ebene, kümmert sich um die allgemeine Geistesbildung, die nicht auf irgendeinen bestimmten Nutzen oder auf irgendeine bestimmte Verantwortung bezogen wird. Der restliche Sozialisationsprozeß wird der Familie überlassen. Äußerungen von Lehrern über Schüler, die aus dem Gymnasium entlassen werden, weisen auf den Mangel an wirklichem Interesse und auf die ungenügende Motivation hin; immer wird dabei impliziert, daß es nicht die Aufgabe der Schule ist, solche Haltungen zu entwickeln, die eher von der Familie entwickelt werden sollen. Der Autor erwähnt auch einige Meinungsumfragen zu dem Thema, welche Qualitäten die Befragten bei sich selbst am wünschenswertesten finden. Beinahe die Hälfte der Befragten geben dem *Familiensinn* den Vorzug[13].

Der Gebrauch von linguistischen Kriterien in Dahrendorfs Untersuchung verdient eine besondere Kommentierung. Die Soziallinguistik ist zu einem neuen Interessengebiet geworden. In der elementarsten Form fragen Soziallinguistiker danach, wie Sozialstrukturen sich in Sprachgewohnheiten widerspiegeln. Auf einer fortgeschritteneren Ebene untersuchen sie die umgekehrte Richtung. Das heißt, während die Sprache, die Kinder lernen, die Art beeinflußt, in der sie ihre soziale Umwelt wahrnehmen, beeinflußt das, was sie wahrnehmen, den Modus, in dem sie soziale Beziehungen handhaben. Daher beeinflußt im Laufe von Generationen die Sprache soziale Strukturen. Die Untersuchung der Interaktion zwischen Sprache und Sozialstruktur ist ein neues Thema der soziologischen Analyse. Für den Makrosoziologen verdienen linguistische Kriterien besondere Aufmerksamkeit, selbst wenn sie noch durch andere Arten von Kriterien gestützt werden müssen. Der amerikanische Kandidat »läuft« für die Wahl (runs for election); der Brite »stellt sich auf« für das Parlament (stands for Parliament); der Franzose »präsentiert« sich der Wählerschaft. Der Unterschied zwischen diesen Begriffen ist sicherlich feiner als die bloße Feststellung, daß Eskimos genauso viele Worte für Schnee haben wie die Araber für Kamele. Aber man wird eine beachtliche Sammlung von Beispielen brauchen, bevor eine systematische Analyse möglich sein wird[14].

13 Alle diese Kriterien sind keinem raschen Wandel unterworfen. In den Vereinigten Staaten verlangen im Augenblick Negeraktivisten eine größere Beteiligung der Familienorganisationen an der Verwaltung der lokalen Schulen. Der Grund ist hier der Schutz der Bürgerrechte, aber als unvorhergesehene Folge könnte sich das Gleichgewicht zwischen Familie und Schule verschieben. Wenn man solche Veränderungen in den folgenden Jahren beobachten sollte, würde Dahrendorfs Art von Daten nicht allzu hilfreich sein, so überzeugend sie bei der Beschreibung einer bestehenden Grundstruktur sind.

14 Ich möchte hier die Aufmerksamkeit auf ein durchdachtes und informatives Koreferat von *J. A. Fishman* lenken, Sociolinguistics and the Language Problems of Developing Countries, später veröffentlicht in: International Social Science Journal, 20 (2), 1968, S. 211.

Schließlich noch ein Wort über die Rolle des Survey-Sampling in der makrosoziologischen Arbeit. Im Abschnitt I wurde betont, daß die Marginalverteilung von Antworten auf eine einzelne Frage nur ein Ausgangspunkt für die *Survey*-Analyse ist. Um einen einzelnen Survey signifikant zu machen, ist eine ausgearbeitete Quertabellierung zwischen Antworten auf verschiedene Fragen und deren Beziehung auf Hintergrundmaterial unerläßlich. Im Zusammenhang dieser Diskussion können wenige Marginalverteilungen einen wichtigen Beweispunkt liefern. Eckstein zeigte, daß die Norweger eher bereit sind, ihren Landsleuten zu trauen; Lipsets Beweis, daß Angestelltenberufe in den Vereinigten Staaten kein Prestige haben, und Dahrendorfs Bezugnahme auf die Bedeutung des Familiensinns in Deutschland sind gute Beispiele hierfür.

Die obige Diskussion darüber, wie makrosoziologische Variate gebildet werden, umfaßte Beispiele der Art von Sätzen, in die sie eingehen. Es wird das Gesamtbild abrunden, wenn ich für jeden der vier Fälle weitere parallele Beispiele anführe.

*Makrosoziologische Sätze*

Ecksteins Studie befaßte sich mit der Stabilität eines sozialen Systems. Dieses altehrwürdige soziologische Thema ist in den letzten Jahren zum Streitobjekt geworden. Autoren wie Coser fordern mehr Aufmerksamkeit für die Untersuchung von Konflikten[15], und das ist in die makrosoziologische Arbeit durch eine andere Reihe von Variaten eingedrungen, gewöhnlich *Widerspruch* genannt. Ein gutes Beispiel ist Eisenstadts Untersuchung von dem, was er historische, zentralisierte, bürokratische Reiche nennt, wie das mittelalterliche China und das ottomanische Reich. Er sieht sie als Systeme, die besser organisiert als die Feudalstaaten sind, aber weniger differenziert als moderne Industrieländer. Wenn sie keine moderne Form der Wirtschaftsorganisation entwickeln können, werden sie zur feudalen Vergangenheit zurückkehren. Ihr vorübergehender Charakter ist auf eine Anzahl von Widersprüchen zurückzuführen. Eine Reihe von Widersprüchen ergibt sich aus der Politik des Herrschers, die sich gegen irgendeine Schicht der Bevölkerung richtet, während sie andere begünstigt. Eine andere Reihe gruppiert sich um die Tatsache, daß die bürokratischen Organe

15 *L. Coser*, The Study of Conflict, Glencoe, Ill., Free Press, 1962.

besondere eigene Orientierungen und Interessen entwickelten, die oft den Interessen der Herrscher widersprachen. Zwei Bereiche, in denen die Widersprüche am ehesten ausgesprochen wurden, waren die der Legitimation und der Schichtung, in denen sich die neuen Mittelgruppen, unfähig sich von traditionellen Symbolen zu befreien, ganz einfach aristokratisierten. Weiterhin gab es innerhalb des wirtschaftlichen und administrativen Gebietes den Gegensatz zwischen langfristiger und kurzfristiger Politik. Zusammen mit den wachsenden Trends zu einer autonomen Bürokratie, die eine zentrale regulative Funktion in diesen Systemen hatte, legten diese Widersprüche die Grundlagen für ein »Anti-System«, das die ins System eingebaute Tendenz zum Wandel anzeigte.

Aus Runcimans Studie ist das Interesse der Soziologen an der *Segmentation von Systemen* herauszuhören. Der Begriff hat in Wirklichkeit zwei Bedeutungen. In einer bezieht er sich auf die Untersuchung besonderer Gruppen innerhalb einer Bevölkerung; der Vergleich zwischen körperlich und nicht-körperlich Arbeitenden ist tatsächlich ein Grundstein in Runcimans Buch. Jüngere Arbeiten zur Untersuchung der Elite behandeln Segmente in diesem Sinn[16].

Aber Soziologen befassen sich noch mit einer zweiten Bedeutung des Begriffs Segmentation; sie sprechen von den politischen, den wirtschaftlichen, den geistigen Subsystemen. Eine Person kann viel Macht und wenig Geld oder Reichtum ohne Macht haben. Es war Max Weber, der die Unterscheidung zwischen Einkommen, Prestige und politischer Macht vorgeschlagen hat. Obwohl sie oft gemeinsam auftreten, können sie unabhängig voneinander variieren. Der Gedanke selbst erscheint in vielen Formen. Die einflußreichste moderne Version ist Thomas Marshalls Studie über die Entwicklung der Bürgerschaft in England. Nach der Meinung dieses Autoren entstehen Bürgerrechte zunächst im Rahmen des Frühkapitalismus. Um diese Rechte zu erhalten, werden Gerichtshöfe errichtet, die ihren Sitz weit entfernt von den lokalen Gemeinden haben. Die Art, in der die Gerichte arbeiten, ist ein politisches Problem, und so kommt der Kampf um politische Rechte als nächstes. Soziale Rechte entwickeln sich zum Teil als ein Ergebnis der Erziehung, zum Teil durch die Instrumentierung der politischen und

16 *S. Keller,* Beyond the Ruling Class, Toronto, Random House, 1968

bürgerlichen Rechte. Marshalls Aufsatz gehört wahrscheinlich zu den am häufigsten zitierten Titeln der makrosoziologischen Literatur.

Das aus Lipset ausgewählte Beispiel ist ein besonderer Fall eines dritten soziologischen Interessengebietes: *die Rolle von Werten beim Funktionieren eines sozialen Systems.* Die Menschen sind der Meinung, daß bestimmte Ziele und bestimmte Arten zu handeln richtig sind; diese Werte werden dann Determinanten bei ihren Entscheidungen und in ihren Beziehungen untereinander. Sicherlich ist es nicht ganz klar, wie sich die zwingende Rolle der Werte entwickelt. Man ist einer Meinung darüber, daß sie ihren Ursprung in der Sozialisation des Kindes hat. Aber sie kann durch eine Vielzahl von Mitteln aufrechterhalten werden: durch Furcht vor Strafen, durch die Nachahmung anderer, durch ein Über-Ich usw.[17]. Trotz dieser ideologischen Unsicherheit spielen Werte in vielen makrosoziologischen Untersuchungen eine beachtliche Rolle. Als ein weiteres Beispiel habe ich Lucian Pyes Diskussion der Politik in Burma ausgewählt. Ich kann hier der Breite seiner Analyse nicht gerecht werden und führe nur einen Punkt an, weil er sich auf einen linguistischen Gebrauch bezieht.

Pye diskutiert zwei Werte im Detail. Einer umfaßt die Vorstellung von machtvoll ausgeübter Führerschaft. In Burma betrachten alle Schichten sie als höchst wünschenswert; Führerschaft ist romantisch und gefährlich – in etwa der Liebe in der westlichen Gesellschaft ähnlich. Gleichzeitig erwartet man, daß jemand mitleidig ist, sich um seinen Nachbarn kümmert, nicht offensiv ist und den seelischen Frieden der anderen nicht stört. Der andere Wert umfaßt ein »Gefühl, das sich im Inneren des Burmesen aufbaut, ihn daran hindert, sich für sein eigenes Interesse einzusetzen, und ihn veranlaßt, sich den Forderungen anderer zu fügen«. Die Parallele zu Lipsets Werten der Gleichheit und des Erfolges ist offensichtlich. Pyes Untersuchung setzt den sich daraus ergebenden Wertkonflikt zu einer besonderen Familienstruktur in Beziehung und leitet umgekehrt daraus viele der Schwierigkeiten ab, denen sich Burma bei der Organisation seines politischen Lebens gegenübergestellt sieht.

17 Eine sehr gute Diskussion der hier tangierten Probleme ist bei *S. Nowak* zu finden, The Cultural Norms as Elements of Prognostic and Explanatory Models in Sociological Theory, in: The Polish Sociological Bulletin, 14 (2), 1966.

Eine vierte makrosoziologische Variate ist die *Organisation*. Dahrendorf versucht, die Bedeutung von zwei Institutionen zu »messen« – der Familie und der Schule. Das ist eine breit angelegte Organisationsforschung. In zunehmendem Maß charakterisiert die soziologische Literatur Organisationen in der gleichen Art, in der ein Psychologe Persönlichkeiten charakterisiert. Es werden viele Anstrengungen unternommen, um zu beschreiben, wie viele Autoritätsebenen eine Organisation hat, in welcher Beziehung ihre Leistungsfähigkeit zur Moral ihres Personals steht, und so weiter[18].

In der Anwendung auf ganze Länder ist diese Kunst erst im Entstehen begriffen. Eines der interessantesten Beispiele liefert Shils in seiner Studie der indischen Intellektuellen. Es ist sein Bild von Zentrum und Peripherie. Das Zentrum besteht aus den Institutionen und Rollen, die Autorität in irgendeiner Art ausüben oder Rollenmodelle für das übrige System sind. Die Peripherie besteht aus den Teilen der Gesellschaft, die Befehlsempfänger sind ebenso wie Empfänger von Glaubenssätzen, die sie nicht selbst aufstellen und deren Verbreitung sie nicht selbst veranlassen. Die zwei Begriffe können eine räumliche Bedeutung haben, so wenn wir von den »Provinzen« sprechen, sie können eine soziale Bedeutung haben, die im Begriff »establishment« impliziert ist. Oder sie können einen mehr psychologischen Zusammenhang ansprechen, wenn wir Minderwertigkeitsgefühle bei den westlich erzogenen Intellektuellen voraussetzen, die aus unentwickelten Ländern kommen. Shils diskutiert die möglichen Beziehungen zwischen Peripherie und Zentrum im Detail. Der Abstand zwischen ihnen kann variieren, die Autonomie der Peripherie kann verschieden sein, der Informationsfluß zwischen den beiden kann mehr oder weniger einseitig sein, und so weiter. Dies ist eine wirklich makrosoziologische Variate, die sicherlich wachsende Aufmerksamkeit erregen wird[19].

18 Ein Überblick über diese Literatur findet sich bei *A. Barton*, Organizational Measurement, New York, College Entrance Examination Board, 1961.
19 *E. Shils*, The Macrosociological View, in: American Sociology, hg. von T. Parsons u. a., New York, Basic Books, 1968.

*Makrosoziologische Prozesse*

Das Thema der nächsten paar Seiten liegt zwischen zwei Extremen. Wir können eine präzise Definition des sozialen Prozesses haben, wenn wir spezifische, wiederholt beobachtete Variate behandeln; diese Sache wurde in Abschnitt I diskutiert. Auf der entgegengesetzten Seite haben wir eine ausgedehnte Literatur über die Logik der Erklärung in der Geschichte[20]. Unter den modernen Logikern hat Hempel eine Position bezogen, die uns in ihrer reduzierten Form bei unserem Vorhaben sehr gut weiterhelfen kann. Er geht von einer strengen Definition aus, die er aus den Naturwissenschaften übernommen hat. Die Erklärung eines einfachen Ereignisses vollzieht sich in den folgenden Schritten: es gibt ein allgemeines Gesetz, das eine Anzahl von Variablen verbindet und verschiedene freie Parameter enthält; ein spezifisches Ereignis wird durch spezifische Werte dieser Parameter gekennzeichnet; die Kombination des »übergeordneten Gesetzes« und der spezifischen Parameter liefert die Erklärung.

Hempel ist sich bewußt, daß diese Formel aus einer Vielzahl von Gründen nicht exakt auf komplexe historische Phänomene angewendet werden kann. Er führt deshalb den Begriff der »Erklärungsentwürfe« ein. Dies sind Schemata, in denen das übergeordnete Gesetz nicht eigentlich bekannt ist, die Parameter der konkreten Situation vage sind und bei denen deshalb jede konkrete Erklärung von einer strengen Analyse mehr oder weniger weit entfernt ist. Wie der Name andeutet, sind Erklärungsentwürfe vor allem unvollständige Erklärungsformen, sie erfordern eine weitere Ausfüllung durch empirische Forschung, für die der Entwurf die Richtung angibt. Wie unsere Beispiele zeigen werden, kann die Unvollständigkeit und Ungenauigkeit *in verschiedenen Dimensionen* festgestellt werden. Es gibt stillschweigende Voraussetzungen, die nicht genannt werden; es gibt die Segmentierung eines Prozesses mit der Betonung eines Teiles, mit der Vernachlässigung eines an-

20 Glücklicherweise kann man jetzt schnell einen Überblick über den gegenwärtigen Stand dieser Diskussion bekommen. Eine Anzahl von Sammelbänden zur Wissenschaftstheorie enthalten Beiträge zur Geschichte. Außerdem sind kürzlich zwei Sammelbände über die historische Analyse erschienen, von denen jeder von einem Protagonisten sehr unterschiedlicher Standpunkte herausgegeben worden ist: *W. Dray*, Hg., Philosophical Analysis and History, New York, Harper & Row, 1966; *P. Gardiner*, Hg., Theories of History, New York, The Free Press of Glencoe, 1959.

deren; und es gibt eine breite Variation in der empirischen »Ausfüllung«. Das unseren Beispielen gemeinsame Element ist eine Bewegung oder ein Prozeß, der von einem Strukturelement zu einem früheren Zeitpunkt zu einem gewandelten Strukturelement zu einem späteren Zeitpunkt führt. In der Verbindung der beiden wird ein ursächlicher Auslöser angenommen, der den Prozeß entweder in Gang setzt, seine Richtung bestimmt, verschiedene Kausalfaktoren verbindet oder seine Bewegung in irgendeiner anderen Art aufrecht erhält.

Dieser Begriff des Erklärungsentwurfes läßt sich nutzbringend auf die Arbeit des Makrosoziologen anwenden. Im Zusammenhang dieses Überblicks kann man einen Schritt weiter gehen. Hempel schloß seine Diskussion in der eben beschriebenen, ziemlich unspezifischen, offenen Art. Eine genaue Untersuchung konkreter Studien erlaubt es uns, einige Haupttypen von Erklärungsentwürfen herauszugreifen. Eine solche Klassifizierung spiegelt sehr gut den Geist der meisten üblichen soziologischen Analysen wider. Genauso wie der Makrosoziologe gerne mit einer ziemlich kleinen Zahl von Grundbegriffen arbeitet, so wendet er lieber relativ wenige Erklärungsentwürfe an. Ich werde drei Typen herausgreifen: den linearen Entwurf, die Strategie-Art und den dialektischen Typ.

a. Die primitivste und grundlegendste Form aller Erklärungsentwürfe sind *Muster einfacher Linearität.* Diese nimmt einen Prozeß an, in dem das erste Element als die Ursache des zweiten gesehen wird, das seinerseits die Ursache für das dritte ist, das seinerseits die Ursache für das vierte ist. Sehr oft wird ein solcher kausaler Wandel in vielen Schritten entwickelt, ohne den Bindegliedern zwischen Ursache und Wirkung viel Beachtung zu schenken, die eher höchst spezifisch oder historisch bedingt bleiben. Die Unvollständigkeit dieses Entwurfes liegt zum Teil an seiner höchst spezifischen Natur, die dazu neigt, auf monokausale Erklärungen zurückzugreifen, selbst wenn die unabhängige Variate irgendein vage beschriebener, vermutlich mächtiger »Faktor« ist, zum Teil an seiner segmentierten Natur, die annimmt, daß alle anderen Bedingungen unverändert, unbedeutend oder auf andere Art konstant gehalten sind. Es sind genau diese stillschweigenden Voraussetzungen, die ans Licht gebracht werden müssen, wenn man nach Generalisierungen sucht.

Inkeles behandelt eine Folgeerscheinung des Wandels, der in der Sowjetunion in den 1930er Jahren durchgeführt wurde. Damals wurde die Autoritätsstruktur im Produktionsprozeß von der kollektiven zur individuellen Verantwortlichkeit verändert. Dies führte wiederum zu einer Reorganisierung der Autoritätsbeziehungen im Schulsystem als dem wichtigsten Rekrutierungsreservoir der Fabrik. Die früheren quasi-egalitären Beziehungen zwischen Lehrern und Schülern wurden durch eine klarer gegliederte, hierarchische Struktur ersetzt, die Disziplin kehrte in die Klassenräume zurück, und verschiedene Formen des Experimentierens mit progressiven Ideen fanden ein jähes Ende. Schließlich fand auch in den Familien eine Welle der Veränderung statt, die hauptsächlich der veränderten Autoritätsstruktur im Schulsystem entsprach. Die Eltern wurden angehalten, eine strengere Kontrolle der Kinder auszuüben, und die früheren Freiheiten, die in der Erleichterung von Abtreibung und Scheidung ihren rechtlichen Ausdruck gefunden hatten, hatten strengen Staatskontrollen Platz zu machen. Die Schlußfolgerung ist, daß diese Veränderungen in einem System mit strenger politischer Kontrolle stattfinden, in dem eine Veränderung der Gesetze oder des Status entscheidend ist. Sie setzt auch ein relativ niedriges Niveau der organisatorischen Komplexität voraus, so daß andere Institutionen, deren Autoritätsstrukturen dem allgemeinen Trend widersprechen könnten, entweder fehlen oder keine Wirkung haben.

b. Die zweite Art von Erklärung könnte man den *Strategietyp* nennen. Die Bilder werden aus dem Verhalten einer einzelnen individuellen Person übernommen, die sich in einer bestimmten Situation befindet und entscheiden muß, wie sie weiter zu handeln hat.

Etzioni untersucht die Einigung als einen Prozeß, der von Einheiten mit getrennten Grenzen zu irgendeiner größeren Gemeinschaft führt. Während dieses Prozesses müssen viele strategische Entscheidungen gefällt werden. Einige erweisen sich mit empirischer Einsicht als Schritte in der richtigen Richtung, während andere zum Mißerfolg führten. Eine solche *strategische* Entscheidung in Krisenzeiten ist, ob man die Einigungsbestrebungen beschleunigen oder verlangsamen soll. Folgen werden als direkte Ergebnisse der Entscheidung definiert: die Beschleunigung wird wahrscheinlich die Aussicht auf endgültige Einigung verringern und kann sogar die vorher getroffenen Maßnahmen zerstören, während die Verlangsamung der Einigung auf lange Sicht günstiger ist. Während diese Entscheidung nur eine von vielen ist, liegt Etzionis Problem nicht so sehr in der Berechnung dessen, warum einzelne Entscheidungen gefällt wurden, sondern darin, die verschiedenen Folgen zueinander in Beziehung zu setzen, die sich aus vorhergehenden Weichenstellungen ergaben, und ihr relatives Gewicht im allgemeinen Endergebnis einzuschätzen.

Während im vorigen Beispiel das Entscheidungsfällungsorgan leicht identifiziert werden konnte, trifft dies dann nicht zu, wenn die entscheidende Determinante bei einer herrschenden Elite oder in irgendeiner anderen Schicht der Gesellschaft liegt. Hier wird gesagt, daß sich bestimmte entscheidende Einstellungen entwickelt haben, die in konkreten Aktionen ihren Ausdruck fanden. Moore vergleicht die Reaktion der englischen und französischen landbesitzenden Aristokratie auf die sich neu ergebenden Möglichkeiten der kommerziellen Landwirtschaft. Während der Übergangsprozeß von einer Agrargesellschaft zu einer modernen industrialisierten Gesellschaft sich auf verschiedene Arten vollziehen konnte, waren in den Fällen, in denen die landbesitzende Aristokratie kommerzielle Landwirtschaft betrieb, die Folgen für die Entstehung der Demokratie günstiger als in den Fällen, in denen sie es nicht tat. Hier wird der Strategieentwurf mit einem linearen Schema verbunden. Moore schreibt die Bereitschaft des englischen Adligen, sich diesen neuen Beschäftigungen zu widmen, seiner größeren Unabhängigkeit von der Krone zu; das französische Gegenstück besaß diese Autonomie nicht.

c. Der Strategieentwurf ist differenzierter als das lineare Muster, weil er verschiedene Strategien in Betracht zieht, auch wenn nur eine tatsächlich ausgeführt wird. Man kann einen größeren Spielraum einführen, wenn die Folgen einer Wahl auf die erste Entscheidung rückwirken und zu einer anderen Wahl führen kann. Auf die gleiche Art kann das lineare Muster bereichert werden. Eine Variate, die aus einer vorhergehenden erwächst, kann umgekehrt deren Richtung beeinflußen. In diesen Fällen werden wir von *dialektischen Erklärungsentwürfen* sprechen. Sie konzentrieren sich gleichzeitig auf mehrere Entwicklungslinien. Prozesse entfalten sich und beeinflussen sich gegenseitig. Widerstände entstehen und werden entweder überwunden oder lenken die ursprüngliche Richtung ab oder erzwingen ein Zurückgehen. Wegen ihres Rückkoppelungselementes wird die dialektische Art wahrscheinlich zu zusätzlichen soziologischen Ideen führen: die Grenzen von Systemen, die sie von der Umgebung trennen und den wichtigen Begriff der unvorhergesehenen Folgen.

Diamonds Untersuchung der Umwandlung von Virginia von einer Organisation in eine Gesellschaft liefert ein erstes Beispiel. Hier ergaben sich Unzufriedenheit oder Unruhen, die entstanden, nachdem die Organisation nach dem Modell der East India Company errichtet worden war, aus Frustrationen verschiedener Erwartungen: Rekrutierungsschwierigkeiten, die auf die Knappheit an eingeborenen Arbeitskräften und den Mangel an Bodenschätzen zurückzuführen waren, die die Gesellschaft zwangen, sich landwirtschaftlichen Tätigkeiten statt der ursprünglich geplanten Ausbeutung von Bodenschätzen hinzugeben. Für die aus England eingeführten Arbeitskräfte mußten zusätzliche Anreize geschaffen werden, besonders die Zusage von Land nach einem festgesetzten Zeitabschnitt. Diese Lösung führte umgekehrt zu einer grundlegenden Veränderung im Charakter der Organisation, deren Monopolcharakter dadurch hinfällig wurde und in der eine »Vielzahl von Status« erzeugt wurde, was die Grundlagen für ein gesellschaftliches Netzwerk bildete. Vom Standpunkt derer aus gesehen, die das unternommen hatten, was sie für den einzig möglichen Ausweg aus einem drängenden Problem hielten, war das Ergebnis vollkommen unvorhergesehen. Die Einwirkung der Umgebung hatte neue Probleme geschaffen und dadurch, daß verschiedene alternative Lösungen undurchführbar wurden, führten die Lösungen zum strukturellen Wandel.

Eine größere Präzision in der Identifizierung von strukturellen Bezugspunkten bringt eine größere Präzision in der zeitlichen Festsetzung des beschriebenen Prozesses mit sich. Dies ist ebenfalls ein Merkmal von Smelsers Analyse des Prozesses, der während der Industriellen Revolution in Großbritannien zur Differenzierung der Familie führte. Zu Beginn der Industriellen Revolution befand sich die Familie noch in einem undifferenzierten Stadium mit einer Vielzahl von Funktionen und mit traditionell bestimmten Beziehungen zwischen Erwachsenen und Kindern. Durch verschiedene

Veränderungen im weiteren sozialen Kontext, besonders durch die Einführung technologischer Veränderungen in der Baumwollindustrie, wurde die traditionelle Struktur der Familienwirtschaft bedroht. Verschiedene Unruhen brachen aus. Man suchte Lösungen in einer neuen gesetzlichen Regelung der Arbeitsstunden und -bedingungen in den Fabriken. Nach zwei erfolglosen Versuchen vollendete die Gesetzgebung von 1847 den Differenzierungsprozeß der Familie, indem sie die Kinderarbeit ganz abschaffte und die Arbeitszeit der Frauen verkürzte, um sie für Erziehungsaufgaben der Kinder freizustellen. Vorhergehende gesetzgeberische Versuche waren erfolglos geblieben und hatten nur zu weiteren Unruhen und Agitation geführt: die erste Verkürzung der Arbeitsstunden der Kinder führte zu einem System, in dem sich die Eltern zu deren Beaufsichtigung in der Fabrik ablösten; der zweite Versuch führte die Abschaffung der Kinderarbeit durch, aber brachte keine Reduzierung der Arbeitsstunden der Erwachsenen. Beide Lösungen waren unvollständig und erfolglos, da sie die traditionellen Beziehungen zwischen Eltern und Kindern zerstörten, ohne eine neue Konsolidierungsbasis zu schaffen. Der letzte Gesetzgebungsakt sorgte für einen neuen Gleichgewichtspunkt der Familie. Die Familie konnte sich dem industriellen Zeitalter anpassen, aber erst nachdem ein neues Gleichgewicht zwischen der Familienideologie und den Erfordernissen der Industrialisierung erreicht worden war.

d. Mit dem Begriff des Erklärungsentwurfes eng verbunden ist die Tendenz, *Abläufe* aufzustellen, die zum Teil als »Gesetze« und zum Teil als Erklärungen von spezifischen Fällen behandelt werden. Frühe Soziologen versuchten, bestimmte Phasen zu unterscheiden, durch die sich Gesellschaften hindurchbewegten. Diese Bestrebung ist nicht aufgegeben worden, aber moderne Makrosoziologen geben ihr einen spezifischeren Rahmen. So stellt Smelser sieben Schritte für den Wandel eines »Subsystems« wie der Familie auf. Eine Fehlfunktion, die innerhalb oder außerhalb beginnt, setzt die Suche, Bemühungen um Abhilfe und weitere Unruhen in Gang, bis ein neues »Gleichgewicht« erreicht wird, in dem eine Anzahl von neuen oder gewandelten Subsystemen die Funktion übernimmt, die ursprünglich von einem erfüllt wurde. Aber Smelser betont, daß einige seiner Schritte oft ausgelassen werden können. Bendix betont, daß Veränderungen, je nach der Zeit, in der sie stattfinden, ganz verschieden sein können. Die Industrialisierung sollte in England ein ganz anderer Prozeß als in Deutschland sein, wo später einige der sozialen und technologischen Elemente aus England importiert wurden. Während der Beginn der Industrialisierung in Deutschland und Japan fast gleichzeitig erfolgte, beeinflußte die vorhergehende Geschichte der beiden Länder ganz stark die Struktur des Wandels.

Ein sinnreiches Beispiel für die Notwendigkeit flexiblen Denkens zur Struktur des Wandels hat ein indischer Gelehrter gegeben[21]. Man weiß sehr wohl, daß nach einiger Zeit das, was einmal Innovationen waren, retardierende Wirkungen ausüben kann. So wird die Stadt, die als erste elektrische Straßenbahnen einführte, zu dem Zeitpunkt ein veraltetes System haben, zu dem eine andere, später handelnde Stadt ein wirkungsvolleres System erbaut. Deva wendet dieses Schema in der folgenden Art auf sich neu entwickelnde Länder an. Länder, die zu einem frühen Zeitpunkt industrialisiert wurden, mußten das System der freien Marktwirtschaft in den Vordergrund schieben, um die Reste der mittelalterlichen Wirtschaft zu überwinden. Da jetzt ihre wirtschaftlichen Systeme höchst komplex geworden sind, ist beachtlich viel zentrale Planung nötig. Aber dies trifft auf ideologische Schwierigkeiten – wegen der früheren Betonung des freien Wettbewerbs. Dagegen hatten die neuen Länder, die komplexe Industrien importierten, keine traditionelle Aversion gegen Staatsintervention oder zentrale Planung. Sie können die liberale Marktwirtschaft überspringen – nicht aus politischen Gründen, sondern weil sie direkt zu einem fortgeschritteneren Mechanismus kommen wollen.

e. Ein weiterer Denktyp verdient es, hier behandelt zu werden; die Übertragung von in einem beschränkteren Zusammenhang gemachten Ergebnissen auf eine makrosoziologische Ebene. Wir haben bereits erwähnt, wie Runciman den Begriff des »relativen Mangels« gebraucht, der zunächst entwickelt wurde, um bestimmte *Survey*-Ergebnisse zu interpretieren. Peter Hofstätter argumentiert, daß Kleingruppen, weil sie leichter zu analysieren sind, »als Modelle für die Untersuchung komplexerer Kollektive, wie etwa des

21 *I. Deva*, The Course of Social Change: A Hypothesis, in: Diogenes, 1966, S. 74.

Staates, gebraucht werden können: sie können als Gruppen von Gruppen betrachtet werden«. Indem er ein Ergebnis von Bales übernimmt, daß Kleingruppen zwei Arten von »Helden« haben, einen populären und einen tüchtigen, bemerkt Hofstätter, daß die Deutsche als Nation, als tüchtige Führer angesehen werden. Da sie ihre Tüchtigkeit nicht verbergen können, sollten sie sich mit den Franzosen verbünden, die in der Gruppe der Nationen den wohlgelittenen Typ darstellen[22].

Etzioni hat diese ganze Angelegenheit in systematischer Art diskutiert. Er gebraucht den Begriff »Theorem« für »eine Äußerung über die Beziehung zwischen zwei oder mehr Variablen, die durch irgendwelche Daten gestützt wird«. Seine wichtigste Behauptung ist, daß ein Theorem von einem Untergebiet auf ein anderes übertragen werden kann, in dem ganz andere Daten gebraucht werden. Das erfordert eine beachtliche Neuinterpretation der Indikatoren, aber umfaßt die gleichen Grundvariablen[23]. Seine Illustrationen nimmt er aus dem Gebiet der Friedensforschung. An einem Punkt beginnt er mit einem Theorem, daß Freunde sich in ihren sozialen Merkmalen wie auch in ihren Einstellungen und Neigungen oft ähneln. Umgekehrt werden Gruppen, die aus Leuten mit gemeinsamen Merkmalen gebildet werden, wahrscheinlich mehr Kohäsion beweisen, da ihre Freundschaft der Desintegration mehr Widerstand entgegensetzt. Etzioni überträgt dann diesen Gedanken von der innergesellschaftlichen auf die intergesellschaftliche Ebene. Er bringt einen Überblick über die verschiedenen Einigungsbestrebungen unter europäischen Ländern; warum ist der Gemeinsame Markt erfolgreicher gewesen als andere ähnliche Entwürfe? Einer der Gründe sollte in der größeren Homogenität der sechs Mitglieder liegen. Sie haben eine ähnliche politische Struktur – kein sozialistisches, kein autoritäres Regierungssystem; keines ist überwiegend protestantisch, keines neutralistisch. Ähnliche Beobachtungen kann man an Bemühungen um gemeinsame Märkte in Afrika und Lateinamerika machen. Schließlich wendet Etzioni das Theorem auf die Weltregierung an. Zu Anfang müßte

22 *P. R. Hofstätter,* Gruppendynamik. Die Kritik der Massenpsychologie, Hamburg, Rowohlt Taschenbuchverlag, 1957.
23 *A. Etzioni,* Non-conventional Uses of Sociology as Illustrated by Peace Research, in: *P. F. Lazarsfeld* u. a., Hgg., Uses of Sociology, New York, Basic Books, 1967.

man sich mit der Bildung von regionalen Gemeinschaften zufriedengeben. Nach einer gewissen Zeit werden die Mitglieder dieses regionalen Zusammenschlusses einander ähnlicher werden – Industrialisierung und weltweite Kommunikation arbeiten darauf hin, eine weltweite Homogenität zu fördern. Das wird letzten Endes eine Weltregierung möglich machen. So wird aus der Extrapolation eines einfachen soziologischen Theorems mehr als ein Erklärungsentwurf für vergangene Ereignisse – sie führt zu Ideen für zukünftige Aktionen im makrosoziologischen Maßstab.

Eine Abwandlung der »Übertragung von Theoremen« wird in den Fällen eingeführt, in denen der Sprung von der ursprünglichen Feststellung zu einer höheren Ebene der Aggregation nicht so groß wie in den vorigen Beispielen ist. Die Autoren sprechen dann oft von der »Anwendung« eines Theorems. Soziologen und Sozialpsychologen betonen, daß in Gruppen mit engem menschlichen Kontakt das Verhalten stark von dem Wunsch geleitet wird, die Billigung der anderen zu finden oder zu erhalten. Janowitz und Shils wenden diesen Gedanken zur Erklärung an, warum die deutschen Soldaten weiterkämpften, obwohl sie wußten, daß der Krieg verloren war; sie lebten in kleinen Einheiten, in denen keiner der erste sein wollten, der Schluß machte. Eine Columbia-Untersuchung brachte die gleiche Interpretation dafür vor, daß die Fakultäten der amerikanischen Universitäten der Jagd auf die Roten des verstorbenen Senators Joe McCarthy erfolgreich widerstanden: die Gefahr seines Angriffes war groß, aber entfernt, die Einstellung eines Kollegen aber, der die Stirn über die »Kollaboration mit dem Feind« gerunzelt hätte, hatte die Kraft der Unmittelbarkeit und hätte so den Druck erhöht. Offensichtlich ist das weitere Phänomen von einem Grundgesetz »abgeleitet«, aber die Ableitung ist so vage und läßt so viele Schritte aus, daß man auch hier besser an eine Übertragung denkt.

Die Diskussion von Variaten und Erklärungsentwürfen als den Bausteinen der Makrosoziologie ist damit abgeschlossen. Es sollte noch ein Wort über die Strategie dieses Abschnittes angefügt werden. Der Auftrag, der an die Autoren der verschiedenen, die vorliegende Studie bildenden Kapitel erging, sah vor, daß jeder die Trends hervorheben sollte, die ihm für die gegenwärtige Szene am charakteristischsten erschienen. Deshalb bedarf die Betonung der

Makrosoziologie keiner besonderen Rechtfertigung; sie gibt das Urteil des Autoren wieder. Aber warum die Betonung der methodologischen Aspekte dieser Bewegung?

In der Einleitung dieses Abschnittes erwähnten wir als eine Wurzel der makrosoziologischen Bewegung die Beschäftigung mit den »großen« Fragen und deren politischen Implikationen. Man kann die Gefahr einer sich daraus ergebenden Neigung zum Obskuren nicht übersehen: besser, man stellt Mutmaßungen über wichtige Angelegenheiten an, also man untersucht »kleine« Fragen, bloß weil wir die Methoden beherrschen, mit denen sie bearbeitet werden können. Es gibt eine Möglichkeit, dieser Gefahr zu begegnen. Wollen wir den neuen Trend so akzeptieren, wie er von Autoren repräsentiert wird, die nicht nur für ihn argumentieren, sondern auch die harte Arbeit geleistet haben, konkrete Untersuchungen zu liefern. Verständlicherweise waren sie nicht geneigt, ihre Verfahren zu dem Zeitpunkt zu diskutieren, als sie den neuen Stil schufen. Aber wer von außen beobachtet, sollte es als eine Aufgabe sehen, das zu »erklären«, was vor sich geht. Auf diese Weise können wir das kreative Drängen einer Bewegung mit der Tradition einer Sozialwissenschaft in Einklang bringen, die alle augenblicklichen Trends durch eine allgemeine Systematik überrunden möchte.

Dieses Argument sieht sich noch einem Einwand gegenüber: warum sollte diese Integration auf einem methodologischen statt auf einem »theoretischen« Weg geleistet werden? Wie wählen Makrosoziologen ihre Probleme aus? Welche Rolle spielen bestehende soziologische Systeme in ihrer Interpretation? Welchen Beitrag liefern ihre Studien der Schatzkammer der allgemeinen Soziologie? Solche Fragen führen zu den jüngsten Arbeiten der soziologischen Theoretiker. Das ist das Thema, dem unser nächster Abschnitt gewidmet ist.

*Bibliographie*

*Almond, G.* und *Coleman, J.*, Hgg., The Politics of Developing Areas, Princeton, N. J., Princeton University Press, 1969.

*Almond, G.* und *Verba, S.*, The Civic Culture, Boston, Mass., Toronto, Little, Brown and Co., 1963.

*Apter, D.*, The Politics of Modernization, Chicago, I11., University

of Chicago Press, 1965.
*Aron, R.*, 18 Leçons de la Société Industrielle, Paris, Gallimard, 1966.
*Bailyn, B.*, The Origins of American Politics, in: Perspectives in American History, Bd. I, 1967.
*Bellah, R.*, Tokugawa Religion, New York, The Free Press, 1957.
*Benedict, R.*, The Chysanthemum and the Sword, Cleveland, New York, The World Publishing Company, 1967 (1. Aufl. 1946).
*Bendix, R.*, Nation-Building and Citizenship, New York, John Wiley & Sons (Inc.), 1964.
*Coulborn, R.*, Hg., Feudalism in History, Princeton, N. J., Princeton University Press, 1965.
*Dahrendorf, R.*, Gesellschaft und Demokratie in Deutschland, München, Piper & Co., 1966.
*Diamond, S.*, From Organization to Society: Virginia in the 17th Century, American Journal of Sociology, 63, März 1958, S. 457.
*Eckstein, H.*, Division and Cohesion in Democracy, Princeton, N. J., Princeton University Press, 1966.
*Eisenstadt, S. N.*, Political Systems of Empires, New York, The Free Press, 1963.
*Etzioni, A.*, Political Unification, New York, Holt, Rinehart & Winter, 1965.
*Geertz, C.*, Agricultural Involution, Berkeley, Calif., University of California Press, 1966.
*Goldthorpe, J.*, Social Stratification in Industrial Society, in: *R. Bendix* und *S. Lipset*, Hgg., Class, Status and Power, New York, The Free Press, 1966, S. 648–660.
*Inkeles, A.*, und *Bauer, R.*, The Soviet Citizen, Cambridge, Mass., Harvard University Press, 1959.
*Leach, E. R.*, Political Systems of Highland Burma, Boston, Mass., Beacon Press, 1954.
*Levy, M.*, Modernization and the Structure of Societies, Princeton, N. J., Princeton University Press, 1966, 2 Bde.
*Lipset, S. M.*, The First New Nation, New York, Basic Books, 1963.
*Marsh, R.*, Comparative Sociology, New York, Harcourt, Brace & World, 1967.
*Marshall, T. H.*, Class, Citizenship and Social Development, New

York, Doubleday & Co., 1964.

*Mendras, P.*, Hg., Société et Volonté Générale, Paris, Gallimard, 1966.

*Moore, Jr., B.*, Social Origins of Dictatorship and Democracy, Boston, Mass., Beacon Press, 1966.

*Porter, J.*, The Vertical Mosaic, Toronto, University of Toronto Press, 1965.

*Pye, L.*, Politics, Personality and Nation Building, New Haven, Conn., London, Yale University Press, 1963.

*Runciman, W. G.*, Relative Deprivation and Social Justice, University of California Press, 1966.

*Shils, E.*, Political Development in the New States, in: Conparative Studies in Sociology and History, 2 (3,4), 1960.

*Smelser, N.*, Social Change in the Industrial Revolution, Chicago, I11., University of Chicago Press, 1959.

*Van Den Berghe, P.*, Race and Racism, New York, John Wiley & Sons, 1967.

*Wittfogel, K. A.*, Oriental Despotism, New Haven, Conn., Yale University Press, 1957.

# III DIE SUCHE NACH DER THEORIE

Eine recht klar gefaßte Vorstellung von Theorie hat sich aus den Praktiken der Naturwissenschaften entwickelt. Zunächst wird eine Anzahl von Grundbegriffen aufgestellt. Mit einigen von ihnen werden Maßsysteme in Verbindung gebracht; andere sind Gebilde, deren Gültigkeit zu Anfang unentschieden gelassen wird. Dann werden Operationen zwischen diesen Grundeinheiten definiert, was die Ableitung neuer Schlußfolgerungen erlaubt. Schließlich können diese an konkreten Beobachtungen getestet werden. In ihrer am höchsten entwickelten Form haben diese Theorien wahrscheinlich zwei weitere Merkmale. Das eine ist, daß die Operationen und Ableitungen normalerweise in mathematischer Form gegeben werden; das andere ist eine Tendenz zur »Reduktion«: Eigenschaften von Gasen können durch die Bewegung der Moleküle erklärt werden; Eigenschaften von chemischen Substanzen werden aus den atomaren Strukturen abgeleitet.

Keiner glaubt, daß es diese Art von Theorie zur Zeit in der Soziologie gibt oder daß sie sich in der nahen Zukunft voraussichtlich entwickeln wird. Wenn Autoren von »sozialer Theorie« sprechen, beziehen sie sich gewöhnlich auf die eine oder andere der folgenden Operationen:

sorgfältige Klassifikationsschemata,

komplexe Begriffe, die den Beobachter zu interessanten Fakten führen,

die Formulierung von Forschungsproblemen hoher sozialer Signifikanz,

allgemeine Ideen über den Weg, auf dem sozialer Wandel stattfindet oder herbeigeführt werden könnte,

Erwartungen von empirischen Ergebnissen, die noch nicht bestätigt sind (Hypothesen),

die Verbindung von empirischen Ergebnissen mit anderen, entweder bestätigten oder hypothetischen (Interpretation).

Dies alles sind wichtige intellektuelle Aktivitäten und ohne sie kann keine wissenschaftliche Arbeit durchgeführt werden. Vielleicht wäre es besser von analytischer Reflexion statt von Theorie zu sprechen. Auf diese Art wäre man besser zu charakterisieren in der Lage, wo das systematische Denken in der Soziologie steht. Selbst die beste Klassifizierung ist ein geringerer Beitrag als der Typ von Gesetz, der erklärt, warum Wortlängen in einem geschriebenen Text, die Größe von Städten in einem Land und das Einkommen seiner Bürger eine vergleichbare Verteilung aufweisen. Verschiedene Typen der analytischen Reflexion sollten wirklich als Stufen auf dem Weg zur Theorie im engeren Sinn angesehen werden. Aber es ist unter Soziologen üblich geworden, das Wort Theorie in einem liberalen Sinn zu gebrauchen, und es ergibt keinen Nachteil, diese Gewohnheit zu übernehmen, solange man terminologische Verwirrung vermeidet.

Der erste Trend, den ich ausgewählt habe und über den ich berichten will, spiegelt die ganze Situation sehr gut wider. Robert K. Merton hat eine Idee vorgebracht, die international große Zustimmung gefunden hat, die Theorien der mittleren Reichweite[24]. Wie der Name zeigt, ist es ein Appell, auf einer Analyseebene zu bleiben, die über die bloße Feststellung von Fakten hinausgeht, aber auch grandiose Spekulationen vermeidet, die an keinem Punkt mit der Beobachtung der Realität verknüpft sind.

Mein Bericht wendet sich dann einer zweiten Entwicklung zu, einer ziemlich unheimlichen Gegenüberstellung. Die Geschichte der Welt wurde durch die indirekten Wirkungen einer Theorie verändert: durch den Marxismus. Ihre Macht war so groß, daß die Länder unter ihrer Herrschaft sich einige Zeit lang jeder empirischen Sozialuntersuchung enthielten. Aus einer Anzahl von Gründen hat sich diese Situation verändert und in allen kommunistischen Ländern wird die Soziologie im westlichen Sinn jetzt akzeptiert. Aber das geschah nicht ohne Vorbehalte. An bestimmten Punkten wurde die marxistische Formulierung modifiziert, so daß für die empirische Arbeit Platz gefunden werden konnte, und die westliche Soziologie wird ihrerseits von diesem Zusammenstoß profitieren. In meiner Analyse habe ich versucht, die positiven Aspekte in der Entwicklung dieser Angelegenheit hervorzuheben[25].

24 Für »theories of the middle range« sprechen die Franzosen von »théories de portée moyenne«; die Deutschen von »Theorien der mittleren Reichweite«. Dieser letzte Begriff findet in den Sozialwissenschaften viele Anwendungen und wurde manchmal mit »effective scope« übersetzt.

25 An dieser Stelle läßt sich gut eine andere terminologische Schwierigkeit erwähnen. Marxistische Autoren in Osteuropa sprechen von sich selbst als von Kommunisten und bezeichnen die Arbeit ihrer westlichen Kollegen als bürgerliche Soziologie. Aber kein westlicher Sozialwissenschaftler würde sich selbst als bürgerlich, als Bourgeois, bezeichnen. Man muß deshalb das etwas unlogische Gegensatzpaar kommunistisch-westlich gebrauchen. Ein sogar noch

Das dritte Thema, das in diesem Abschnitt behandelt werden soll, könnte das für die gegenwärtige Szene charakteristischste sein. Die Theorie, die in der soziologischen Literatur am ausführlichsten und am ausdauerndsten diskutiert wird, ist der Funktionalismus. Und doch ist es fast unmöglich zu definieren, was Funktionalismus ist. Seine Popularität kann gerade dadurch am besten erklärt werden, daß er so viele Formen annehmen kann, und damit eher die Suche nach als das Wesen der sozialen Theorie symbolisiert. Die Mehrheit der modernen Soziologen hält sich selber für »Funktionalisten, aber ...« Wieder werde ich versuchen, die positiven Folgen dieses Trends herauszuheben.

Schließlich werde ich die Idee einer kritischen Soziologie in ihren historischen Zusammenhang stellen. Der Grund für dieses Bestreben wurde in der allgemeinen Einleitung kurz erklärt.

*Theorien der mittleren Reichweite*

Empirische Ergebnisse werden gewöhnlich im Rahmen von Kovariationen zwischen einer Anzahl von Variaten wiedergegeben. So wurde zum Beispiel während des Zweiten Weltkriegs festgestellt, daß Soldaten mit höherer Schulbildung den Mühen des Krieges besser gewachsen waren als weniger gebildete Männer. Diese grobe, aber überraschende Beobachtung kann in einer Vielzahl von Arten interpretiert werden. Plausibel ist die folgende: Leute, die flexibler sein können, um mit Schwierigkeiten fertigzuwerden, werden sich unter Streß besser behaupten; eine höhere Schulbildung vermittelt diese Fähigkeit. In dieser weiteren Form wird das Ergebnis gewöhnlich eine empirische Generalisierung genannt, weil sie wahrscheinlich zusätzliche Feststellungen auf niederer Ebene aus anderen, nicht zum militärischen Leben gehörenden Bereichen subsumiert.

Man kann einen Schritt weiter gehen und die Ebene einer Theo-

komplizierteres Dilemma wird von den Soziologen geschaffen, die stark bedauern, daß analytische Reflexionen von vielen ihrer Kollegen vernachlässigt werden, die sie Positivisten nennen. Aber kein moderner Soziologe, wie sehr auch immer er sich auf empirische Arbeiten konzentriert, würde diesen Begriff heutzutage gebrauchen. Er würde niemals verneinen, daß all die oben aufgezählten analytischen Verfahren für gute empirische Arbeit unerläßlich sind. (Samuel Stouffer wird oft als ein Erzpositivist zitiert; der Titel seiner Aufsatzsammlung lautet »Social Theories to Test Ideas«). Im Geist dieses Abschnittes wird das Gegensatzpaar Theoretiker-Positivist nicht gebraucht werden.

rie der mittleren Reichweite erreichen. Eine solche Theorie könnte wie folgt aussehen: in den westlichen Gesellschaften erhält sich die soziale Schichtung durch eine Vielzahl von sozialen Mechanismen; die Vererbung von Reichtum, die Kraft von sozialem Einfluß, usw. Einer dieser Mechanismen, der Kinder mit höherer Schulbildung hervorbringt, hat mindestens zwei Konsequenzen: er führt zu besseren Jobs wie auch zu einer höheren Überlebenschance in Streß-Situationen. Jetzt ist die ursprüngliche Beobachtung nicht nur ein spezifischer Fall des Verhaltens unter Streß, sondern auch ein spezifischer Fall eines sozialen Mechanismus, der für die Festigung von Elitepositionen über mehr als eine Generation hinaus verantwortlich ist.

Der Vertreter einer Theorie der mittleren Reichweite wird uns dringend raten, hier Halt zu machen, damit sich die Diskussion nicht in immer höhere Ebenen spekulativer Konstruktionen auflöst. Man könnte zum Beispiel zu spekulieren anfangen, ob soziale Systeme aus Notwendigkeit stabile und lang dauernde Schichtungssysteme erfordern; wenn dem so wäre, würde das ursprüngliche Ergebnis auf ein »Gesetz« zurückzuführen sein, das sich auf jede Gesellschaft überall anwenden läßt. Das, so sagt der Theoretiker mittlerer Reichweite, geht zu weit; nichts wird wirklich erklärt, und wir enden schließlich da, wo wir begonnen haben.

Statt bei einem imaginären Beispiel Halt zu machen, werden wir zwei konkrete Fälle analysieren. Der erste stammt von Merton selbst. Sein Begriff des »Rollen-Set« beginnt mit der Beobachtung, daß mit jedem sozialen Status nicht nur eine einzelne Rolle, sondern eine ganze Reihe davon verbunden ist. Der Lehrer, zum Beispiel, muß mit seinen Schülern umgehen, dem Schuldirektor und den Eltern. Jeder von ihnen hat eine andere, oft widersprüchliche Erwartungskette. »Der Begriff des Rollen-Set wirft das allgemeine, aber entscheidende Problem der Identifizierung von den sozialen Mechanismen auf, die die Erwartungen von den am Rollen-Set Beteiligten so ausreichend artikulieren, daß sie den Konflikt für den Inhaber eines Status verringern[26].« Einige dieser Mechanismen könnten wie folgt sein:

1. Die Mitglieder des Rollen-Set könnten über einen verschiedenen

26 *R. K. Merton*, On Theoretical Sociology-Five Essays, Old and New (das Teil I von »Social Theory and Social Structure« enthält), New York, Free Press, 1967, S. 42.

Grad an Macht verfügen; der Lehrer muß sich vor dem Direktor mehr in acht nehmen als vor den zwei anderen Rollenpartnern.

2. Die Intensität, mit der die Mitglieder des Rollen-Sets beteiligt sind, wird wahrscheinlich den Statusinhaber beeinflussen; während die Kinder am wenigsten Macht haben, muß der Lehrer ihnen jeden Tag gegenübertreten, und ihre Reaktionen könnten ihn selbst angesichts einiger Schwierigkeiten mit den anderen zwei Gruppen im Drama leiten.
3. Einander widersprechende Erwartungen können benutzt werden, um Mitglieder des Rollen-Sets gegeneinander auszuspielen; so könnte der Lehrer progressiv gesinnte Eltern gegen einen Direktor mobilisieren, der konservative Erziehungsideen hat.
4. Die Abschirmung von Rollenaktivitäten vor der Beobachtung durch Mitglieder des Rollen-Sets; ein Lehrer, der moderne biologische Ideen unterrichten möchte, kann die Benutzung eines Lehrbuches vermeiden, um nicht moralische Vorurteile konservativer Eltern hervorzurufen.

Merton diskutiert eine ganze Anzahl solcher Kniffe, die eine Hilfe bei der Bewältigung konkreter Situationen sind, so daß »ein merklicher Grad sozialer Regelmäßigkeit erreicht wird, der ausreicht, damit die meisten Leute die meiste Zeit ihren Geschäften nachgehen können, ohne von extremen Konflikten in ihren Rollen-Sets gelähmt werden«[27].

In Mertons Diskussion finden wir verschiedene Elemente unserer Grundliste. Durch bloße Ankündigung lenkt der Begriff des Rollen-Sets die Aufmerksamkeit zwingend auf ein komplexes und wichtiges soziales Phänomen. Die Liste der Bewältigungsmechanismen ist eine Klassifikation von beachtlicher analytischer Kraft. Die zwei zusammen deuten klar auf interessante Forschungsprobleme hin: unter welchen Bedingungen wird welcher Mechanismus Erfolg oder keinen Erfolg haben? Das ganze ist keine Theorie im klassischen Sinn, sondern bildet eine Brücke zwischen rationaler Reflexion und empirischer Beobachtung.

Während die Idee des Rollen-Set im wesentlichen Beziehungen zwischen Individuen behandelt, bezieht sich unser zweites Beispiel auf eine höhere Ebene der Komplexität. Das Augenmerk richtet sich auf die Beziehung zwischen großen Organisationen wie öffent-

27 Ebenda.

lichen oder privaten Bürokratien und Primärgruppen, besonders der Familie. Bürokratien werden durch Unpersönlichkeit, festgesetzte Kommunikationswege, den wirkungsvollen Einsatz von Experten, usw. charakterisiert. Primärgruppen gründen sich auf Improvisationen und die Wärme direkter zwischenmenschlicher Kontakte; sie erhalten das innige Lebensgefühl, das Bürokratien nicht berücksichtigen können. Kürzlich aber ist der antithetische Charakter dieser zwei Strukturen in Frage gestellt worden und das Interesse richtete sich auf ihre komplementären Rollen.

Der Ausgangspunkt ist die Vorstellung, daß Experten – die größten Aktivposten einer Bürokratie – nutzlos werden bei dem, was Litwak und Meyer nicht-uniforme Ereignisse nennen. Dieses sind Situationen von drei Arten: solche, die so einfach sind, daß jeder Experte genug ist, um sie gut zu bewältigen, zum Beispiel, ein Kind aus dem Weg eines Autos zu ziehen; auf der extremen Gegenseite haben Experten selbst ein sehr begrenztes Wissen, zum Beispiel, in der moralischen Erziehung von Kindern; die dritte Klasse nicht-uniformer Ereignisse sind die, die so selten oder unerwartet geschehen, daß es unmöglich zu sein scheint, sie mit einer stabilen Expertenorganisation anzugehen – Erdbeben zum Beispiel oder Ausbrüche von Massenhysterie.

Primärgruppen, besonders die Familie, sind für die Behandlung von nicht-uniformen Ereignissen bestens ausgestattet. »Es scheint für Bürokratien wirkliche Nachteile zu geben, wenn sie nicht-uniformen Ereignissen gegenüberstehen. Größere Personenzahlen und lange Kommunikationsketten werden zu Hindernissen im Gegensatz zur unmittelbaren, direkten Kommunikation zwischen der kleineren Zahl der Primärgruppe[28].«

Das wirkliche Leben besteht sowohl aus nicht-uniformen wie auch aus regelmäßigen Ereignissen in komplexen Kombinationen. Eine flexible Interaktion zwischen Primärgruppen und groß-angelegten Organisationen wird gebraucht. Das Hauptproblem liegt in der Errichtung von Kommunikationsarten zwischen den zwei Strukturen, um ihre Zusammenarbeit zu erleichtern. In einer Reihe von Aufsätzen haben Litwak und seine Mitarbeiter solche Kommunikationsmechanismen aufgezählt. Um uns wieder auf den Be-

28 *E. Litwak* und *H. J. Meyer*, The School and the Family: Linking Organizations and External Primary Groups, in: *P. F. Lazarsfeld*, u. a., Hgg., a. a. O., S. 252.

reich der Erziehung zu beschränken, die Schule hat eine Vielzahl von Wegen zur Herstellung von Kontakten mit den Familien, denen sie dient: durch objektive Experten wie etwa Sozialarbeiter, oder durch formelle Vertreter wie etwa Schulschwänzen-Beauftragte; durch freiwillige Gruppen wie Eltern-Lehrer-Vereinigungen, oder durch Massenmedien wie etwa Broschüren, die die Ziele der Schule erklären; durch den Gebrauch der eigenen Möglichkeiten für staatsbürgerliche Betätigungen; oder dadurch, daß die Kinder Botschaften übermitteln.

Jede dieser Kontaktarten hat ihre charakteristischen Vor- und Nachteile. Der Inhalt der institutionellen Probleme der Schule variiert umgekehrt beträchtlich – es geht etwa darum, die Gemeinde zu überzeugen, daß höhere Schulsteuern nötig sind, den Eltern zu helfen, die Lernprobleme ihrer Kinder zu verstehen, Zusammenarbeit für eine Maßnahme der öffentlichen Gesundheitspflege zu erreichen. Das Hauptziel der Balance-Theorie ist es, den Kommunikationstyp festzustellen, der für bestimmte Problemgruppen am angebrachtesten ist. In den Schriften von Litwak und seinen Mitarbeitern wird dies zum Teil durch Reflexion über allgemein bekannte Fälle und zum Teil durch Vorschläge zu zusätzlichen empirischen Forschungsarbeiten erreicht. Während hier nur Erziehungsinstitutionen betrachtet worden sind, stellt Litwak eine allgemeinere Anwendbarkeit auf: »Die vorgeschlagene Balance-Theorie sollte in der Lage sein, alle Typen von bürokratischen Organisationen in Industriegesellschaften in Betracht zu ziehen[29].«

Trotz des Wechsels von der individuellen auf die institutionelle Ebene ist die Balance-Theorie im Grunde der Theorie des Rollen-Sets ähnlich. Die Aufmerksamkeit wird auf eine Reihe von Fakten gelenkt, die in neuem Lichte betrachtet werden. Sorgfältige Klassifikationen bringen Ordnung in die vorbereitenden Beobachtungen. Neue Forschungsideen entstehen. Im Geist dieses Überblicks wird weiter keine Betonung auf den etwas großzügigen Gebrauch des Begriffs Theorie gelegt. Aber um diesen spezifischen Trend in der Suche nach der Theorie zu erfassen, sind zwei Anmerkungen angebracht. Während Theorien der mittleren Reichweite allgemein gelobt werden, sind bisher wenige Beispiele sorgfältig vorgebracht

29 *E. Litwak* und *H. Meyer,* A Balance Theory of Coordination between Bureaucratic Organizations and Community Primary Groups, in: Administrative Science Quarterly, (1) Juni 1966, S. 47

und analysiert worden. Außerdem ist nicht ganz klar, wann eine empirische Generalisierung sich von dem niederen Status in die vornehmere Ebene der mittleren Reichweite erhebt. Man sollte Beiträge zu beiden Punkten erwarten.

Theorien der mittleren Reichweite sind am besten auf Organisationen der mittleren Reichweite anzuwenden. Wir wenden uns jetzt einer anderen Wirkung zu, die den Gesamtbereich der Gesellschaft umfaßt.

*Die Rezeption der empirischen Sozialforschung durch marxistische Soziologen*

Dieses Kapitel war bereits im Druck, als der Autor einen wichtigen Aufsatz von Professor P. N. Fedoseev erhielt, der den wichtigsten Forschungstrends in der marxistischen Soziologie gewidmet ist. Er möchte hier betonen, daß es sein Ziel ist, diejenigen Trends in der zeitgenössischen Soziologie zu behandeln, die ihm wichtig erscheinen, und daß er nicht sonderlich versucht hat, das ganze Gebiet der marxistischen oder sowjetischen Soziologie zu bearbeiten. Aber der Autor las mit großem Interesse die sehr ausführliche Bibliographie, die Professor Fedoseev den verschiedenen, in seinem Aufsatz behandelten Themen anfügte; sie wird unten in der Hoffnung wiedergegeben, daß der Leser sich ermuntert fühlt, die Literatur eines Gebietes gründlicher zu studieren, das hier nur leicht gestreift worden ist.

Marxistisch inspirierte Arbeiten, die allgemeine soziologische Probleme behandeln:

*G. E. Glezerman,* O akonah obščestvennogo razvitija (Über die Gesetze sozialer Entwicklung), Moskau, Politizdat, 1960;

*P. N. Fedoseev,* Kommunizm i filosofija (Kommunismus und Philosophie), Moskau, Academy of Sciences Publishing House, 1962;

*V. P. Rožin,* Vvedenie v marksistskuju sociologiju (Einführung in die marxistische Soziologie), Leningrad University Press, 1962;

Istorija i sociologija (Geschichte und Soziologie), Moskau, Nauka, 1964;

*D. I. Cesnokov,* Istoričeskij materialiszm (Historischer Materialismus), Moskau, Mysl, 1964, 2. Aufl.;

*G. P. Frantsev,* Puti razvitija social'noj mysli (Entwicklungswege des sozialen Denkens), Moskau, Mysl, 1965;

Sociologija v SSSR (Soziologie in der UdSSR), 2 Bde., Moskau, Mysl, 1965;
Metodologičesckie voprosy obščestvennyh nauk (Methodologische Fragen in den Sozialwissenschaften), Moskau, 1966;
Osnovy naučnogo kommunizma (Grundlagen des wissenschaftlichen Kommunismus), Moskau, Politizdat, 1967;
Problemy poznanija social'nyh javlenij (Probleme der Erkenntnis sozialer Phänomene), Moskau, Mysl, 1968;
*V. I. Vojtko,* Marksists'ka sociologija jak nauka (Wissenschaftliche marxistische Soziologie), Kiew, Naukova Dumka, 1968;
Sociologija i ideologija (Soziologie und Ideologie), Moskau, Nauka, 1969.

Wissenschaftliche Planung und soziale Administration:
*A. G. Aganbegjan,* Modelirovanie processov proizvodstva i upravlenija (Die Gestaltung der Produktionsprozesse und Management), Novosibirsk, 1966;
*A. K. Belyh,* Političeskaja organizacija obščestva i socialističeskoe upravlenie (Politische Organisation der Gesellschaft und sozialistische Verwaltung), Leningrad University Press, 1967;
*Ž. T. Toščenko,* Social'noe planirovanie v sisteme naučnogo upravlenija obščestvom (Soziale Planung in einem System wissenschaftlicher sozialer Verwaltung), Moskau, Znanie, 1967;
Neučnoe upravlenie obščestvom (Wissenschaftliches Management der Gesellschaft), Moskau, Mysl, 1967;
Upravlenie obščestvennymi processami pri socializme (Management sozialer Prozesse unter dem Sozialismus), Leningrad, 1967;
*V. G. Afanas'ev,* Naučnoe upravlenie obščestvom (Wissenschaftliches Management der Gesellschaft), Moskau, Politizdat, 1968.

Klassen und sozialer Wandel:
Izmenenie v čislennosti i sostave rabočego klassa (Der Wandel in Umfang und Zusammensetzung der Arbeiterklasse), Moskau, Academy of Sciences Publishing House, 1961;
*S. A. Kugel',* Zakonomernosti izmenenija social'noj struktury obščestva pri perehode k kommunizmu (Gesetze, die die Veränderungen in der Sozialstruktur während des Übergangs zum Kommunismus leiten), Moskau, Ekonomika, 1963;
O čertah ličnosti novogo rabočego (Persönlichkeitszüge des neuen

Arbeiters), Moskau, Academy of Sciences Publishing House, 1963;
Ot socialističeskih obščestvennyh otnošenij k kommunističeskim (Vom Kommunismus zum Sozialismus in den sozialen Beziehungen), Moskau, Mysl, 1966;
Stroitel'stvo kommunizma i razvitie obščestvennyh otnošenij (Der Aufbau des Kommunismus und die Entwicklung sozialer Beziehungen), Moskau, Nauka, 1966;
*G. E. Glezerman,* Istoričeskij materializm i razvitie socialističeskogo obščestva (Historischer Materialismus und die Entwicklung der sozialistischen Gesellschaft), Moskau, Politizdat, 1967;
*V. S. Semenov,* Velikij Oktjabr'i razvitie novyh obščestvennyh otnošenij (Der Große Oktober und die Entwicklung neuer sozialer Beziehungen), Moskau, Znanie, 1967;
Klassy, social' nye sloi i gruppy v SSSR (Klassen, soziale Schichten und Gruppen in den UdSSR), Moskau, Nauka, 1967;
Problemy izmenenija social'noj struktury sovestskogo obščestva (Probleme der Veränderungen in der Sozialstruktur der Sowjetgesellschaft), Moskau, Nauka, 1968.

Entfremdung und das Individuum:
Ličnost', obščestvo i gosudarstvo (Das Individuum, die Gesellschaft und der Staat), Moskau, Nauka, 1966;
*L. V. Sohan',* Duhovnyj progress ličnosti i kommunizm (Der geistige Fortschritt des Individuums und der Kommunismus), Kiew, Naukova dumka, 1966;
*I. S. Kon,* Sociologija Ličnosti (Soziologie des Individuums), Moskau, Politizdat, 1967;
Otčuždenie i gumannost' (Entfremdung und Humanismus), Moskau, Progress, 1967;
Duhovnoe razvitie ličnosti (Geistige Entwicklung des Individuums), Sverdlovsk, 1967;
Čelovek, tvorčestvo, nauka (Mensch, Schöpfung, Wissenschaft), Moskau, Nauka, 1967;
*L. P. Bueva,* Social'naja sreda i soznanie ličnosti (Die soziale Umwelt und das Bewußtsein des Individuums), Moskau, Universität, 1968;
Ličnost' pri socializme (Das Individuum unter dem Sozialismus), Moskau, Nauka, 1968.

Die Arbeit in Fabriken und in Industrieunternehmen im allgemeinen:

*A. K. Kurylev,* Preodolenie suščestvennyh različij mezdu umstvennym i fizičeskim trudom – problema stroitel'stva kommunizma (Die Überwindung der wesentlichen Unterschiede zwischen intellektueller und physischer Arbeit: ein Problem beim Aufbau des Kommunismus), Moskau, University Press, 1963;

*V. P. Žeželenko, N. E. Ovčinnikov* und *H. Saripov,* Tehnika, trud i čelovek: Nekotorye problemy stanovlenija kommunističeskogo truda (Die Technologie, die Arbeit und der Mensch: einige Probleme in der Errichtung der kommunistischen Arbeit), Moskau, 1963;

*D. A. Parfenov,* Umstvennyj i fizičeskij trud v SSSR: ekonomičeskie predposylki preodolenija syščestvennyh različij (Intellektuelle und physische Arbeit in der UdSSR: Wirtschaftliche Voraussetzungen für die Eleminierung der wesentlichen Unterschiede), Moskau, Mysl, 1964;

*D. P. Kajdalov,* Zakon peremeny truda i vsestoronnee razvitie čeloveka (Das Gesetz der Arbeitsveränderung und die ausgewogene Entwicklung des Individuums), Moskau, Mysl, 1968.

Arbeitszeit und Freizeit:

*G. A. Prudenskij,* Vremja i trud (Zeit und Arbeit), Moskau, Mysl, 1964;

*V. I. Bolgov,* Venrabočee vremja i uroven' zini trudjaščihsja (Freizeit und der Lebensstandard der Arbeiter), Novosibirsk, Nauka, 1964;

*V. G. Bajkova, A. S. Dučal* und *A. A. Zemcev,* Svobodnoe vremja i vsestoronnee razvitie ličnosti (Freizeit und die ausgewogene Entwicklung der Persönlichkeit), Moskau, Mysl, 1965;

*V. D. Patrušev,* Vremja-ekonomičeskaja kategorija (Zeit als eine ökonomische Kategorie), Moskau, Mysl, 1966;

Metodika izučenija bjudžetov vremeni trudjaščihsja Novosibirska (Methode zur Untersuchung von Zeitbudgets der Arbeiter von Novosibirsk), Moskau, Nauka, 1966;

*V. G. Krjažec,* Vnerabočee vremja i sfera obsluživanija (Freizeit und Dienstleistungen), Moskau, Ekonomika, 1966;

*B. A. Grusin,* Svobodnoe vremja: aktual' nye problemy (Freizeit: aktuelle Probleme), Moskau, Mysl, 1967.

Was als marxistische Soziologie bekanntgeworden ist, kommt dem strengen Modell einer Theorie näher als jeder andere Versuch dieser Art. Es gibt Grundbegriffe, wie etwa Klasse und Produktionsweise; es gibt Operationen, wie etwa die dialektische Analyse und die Beziehung von Unter- und Überbau. Während in dieser Tradition stehende Autoren sich in Kontroversen über die genaue Bedeutung dieser Elemente engagieren, macht die allgemeine Struktur ihrer Vorhaben sie recht vergleichbar.

Im Jahre 1956 beginnend, hat die kommunistische Welt die empirische oder, wie sie oft genannt wird, die konkrete Soziologie in wachsendem Maß akzeptiert. Der Wandel vollzog sich zunächst in Osteuropa, aber ist jetzt auch in der UdSSR durchgeführt. Ihm ging eine ausgedehnte Diskussion über den der konkreten Soziologie innerhalb des Systems des historischen Materialismus angemessenen Platz voraus. Man einigte sich entlang der folgenden Linien:

a. Die vorherrschende Produktionsweise bestimmt menschliches Verhalten und Einstellungen. Aber aus theoretischen wie auch aus praktischen Gründen verdient das Bindeglied zwischen beiden empirische Untersuchungen.
b. Es ist die Aufgabe der kommunistischen Partei, als Avantgarde der Arbeiterklasse das wirtschaftliche und kulturelle Leben des Landes zu leiten. Ihre Aufgabe kann dadurch erleichtert werden, daß konkrete Daten über den Zustand der Nation geliefert werden. In zunehmendem Maß wurde auch die Bewertung der tatsächlichen Wirksamkeit der Parteidirektiven als ein legitimes Betätigungsfeld akzeptiert.
c. Kommunistische Länder sind ein neues historisches Phänomen, die in ihrer eigenen Gesetzmäßigkeit untersucht werden sollten.
d. Es gibt keinen Widerspruch zwischen der marxistischen Tradition und der konkreten Soziologie. Das wird zum Teil durch eine Reihe von Zitaten aus den marxistischen Klassikern belegt; zum Teil wird argumentiert, daß Marx sich immer weigerte, im Detail vorauszusagen, wie eine kommunistische Gesellschaft aussehen würde. Er gab eine scharfsinnige Analyse des kapitalistischen Systems, wie es zu seiner Zeit bestand; man muß auch jetzt zu analysieren erlauben, was in den Ländern geschieht, die im Geist seiner allgemeinen Ideen regiert werden.

Es ist die jüngere Generation kommunistischer Wissenschaftler, die die Arbeit in der konkreten Soziologie vorantreibt und durchführt. Die sog. Entstalinisierung ist für vieles an dieser Entwicklung verantwortlich, obwohl auch der wachsende Kontakt mit westlichen Soziologen eine Rolle spielt. Im Augenblick lassen eine Reihe von kommunistischen Regierungen der empirischen Sozialforschung relativ mehr Unterstützung zukommen als einige westliche Länder.

Es ist die Aufgabe dieses Trend-Reports, die Wirkung dieser Verbindung von westlicher empirischer Sozialforschung, historischem Materialismus als einem philosophischen System und kommunistischen Ländern als einer sozialen Realität auf die Soziologie zu bewerten[30]. Ich werde meine Beobachtungen wie folgt ordnen:

1. Einstellungsforschung
2. Arbeitsanalyse
3. Kleingruppenforschung
4. Probleme der Systematisierung
5. Trends zur gegenseitigen Befruchtung[31].

Da ich keine slawische Sprache sprechen oder lesen kann, werde ich die von mir benutzten Quellen genau nennen. Eine Anzahl von kommunistischen Veröffentlichungen standen in Französisch zur Verfügung, besonders die ausführliche Reihe von Stellungnahmen zur sowjetischen Soziologie, die beim Sechsten Weltkongreß der Soziologie in Evian (September 1966) verteilt wurden[32]. Soziologen aus dem östlichen Deutschland liefern zahlreiche Literatur, die ich recht sorgfältig studiert habe. Die Arbeit von polnischen und rumänischen Soziologen ist in zahlreichen französischen und englischen Zeitschriftenartikeln erhältlich. Für mein Vorhaben besonders wichtig ist J. Szczepańskis Aufsatz »La Sociologie Marxiste Empirique«[33]. Eine Reihe von westlichen Berichten sind nicht polemisch und können als Quellen benutzt werden, besonders die

30 Regionale Unterschiede sollten immer im Auge behalten werden. So hatte zum Beispiel Polen eine große Vorkriegstradition soziologischer Forschung, was zur Erklärung beiträgt, warum sich die konkrete Soziologie dort nach 1956 so rasch ausbreitete. Jugoslawien hatte eine dezentralisiertere Form des Staatsbesitzes entwickelt, was eine frühere Annahme von empirischen Untersuchungen erleichterte.

31 Ich schließe hier die Probleme der sozialen Schichtung aus. Die ausgedehnte Diskussion über den Begriff der Klasse hatte keinen Einfluß auf die empirische Arbeit. Gute östliche und westliche Untersuchungen sind sich einander ziemlich ähnlich.

32 La Sociologie en URSS, a. a. O.

33 L'Homme et la Société I (1), 1966.

Monographien von Gabor Kiss[34] und Hellmuth G. Bütow[35]. Umgekehrt liefern kommunistische Überblicke zur westlichen Soziologie Anhaltspunkte, zum Beispiel J. Klovac – V. Tlusty[36]. Mein Kollege George Fischer von der Columbia-Universität hat zahlreiche Zusammenfassungen und Analysen von russischen Untersuchungen veröffentlicht. Im Lauf der Jahre hatte ich mit Soziologen aus jedem kommunistischen Land persönliche Kontakte[37].

*1. Einstellungen*[38]. Umfragen zur öffentlichen Meinung sind jetzt in mehreren kommunistischen Ländern ein Gemeinplatz, und sie scheinen sich in der Methodologie von der westlichen Tradition kaum zu unterscheiden. Es gibt natürlich Unterschiede in den Fragen, die gestellt werden oder nicht gestellt werden, aber das ist vor allem auf politische Erwägungen zurückzuführen. Es ist nicht überraschend, daß eine größere Anzahl von Detailuntersuchungen den Einstellungen der Arbeiter gewidmet ist.

> »Das Forschungsinteresse der sowjetischen Wissenschaftler am geistigen Leben der Menschen (*vie spirituelle*) und vor allem der Arbeiter steht in enger Beziehung zu dem Wunsch, Mittel zur Lösung dringender gegenwärtiger Probleme zu finden, zu denen die geistige Bereicherung der Persönlichkeit gehören ... Das Ziel unserer Forschungen ist die Untersuchung der wissenschaftlichen, kulturellen und technischen Ansichten, der gesellschaftlichen und beruflichen Betätigungen, der Ideale und des Geschmacks von verschiedenen Gruppen von Arbeitern, die nach Alter, Geschlecht, Erziehung, Berufsmerkmalen und Wohnort

34 Dortmunder Schriften zur Sozialforschung, 33, 1966.
35 Zentralstelle für Gesamtdeutsche Hochschulfragen, 5, 1966.
36 Empirische Soziologie, 1964.
37 Es ist natürlich bedauerlich, daß entscheidend wichtige sowjetische Untersuchungen nicht im Original untersucht werden konnten. In bestimmten Fällen aber war es möglich, ein ziemlich gutes Bild einer zentralen Studie zu erhalten, weil sie von einer Anzahl von Autoren kommentiert wurde. Nehmen wir als ein Beispiel die Untersuchung der Leningrader Jugend durch Zdravomyslov und Yadov: Mindestens dreimal nehmen die Beiträge zum Report der sowjetischen Delegation beim Sechsten Weltkongreß der Soziologie auf sie Bezug. *G. Ossipov* und *V. Kelle* erwähnen sie in einem Vorbereitungsbeitrag in Verbindung mit der hier vorliegenden Studie (Matérialism historique, théorie sociologique et recherche sociale en URSS, in: The Social Sciences: Problems and Orientations, Den Haag, Paris, Mouton-Unesco, 1968, S. 209–223). George Fischer, der Experte zur sowjetischen Soziologie der Columbia-Universität, beschreibt sie detailliert und fügt aktuelle Tabellen an.
38 Um der Kürze willen gebrauchen wir den Begriff Einstellung, um das ganze Gebiet der Dispositionsbegriffe wie Gefühle, Absichten, Werte, Glauben, Fühlen usw. zu bezeichnen.

klassifiziert werden.«[39]

Leider verfügen wir über wenig detaillierte Information über den Typ der gestellten Fragen, so daß wir direkte Vergleiche mit westlichen Untersuchungen machen könnten. Westliche Berichterstatter sind gewöhnlich mehr an spezifischen Ergebnissen als an den Methoden interessiert; kommunistische Kollegen wissen nichts über die Untersuchungen, die von westlichen Soziologen durchgeführt werden, deren Namen nicht prominent genug sind, um die Aufmerksamkeit von Ausländern zu erregen.

Nehmen wir zum Beispiel das Problem der Entfremdung. Das ist natürlich für kommunistische Forscher von großem Interesse. Einerseits besteht die Erwartung, daß die von Marx diskutierte Entfremdung in einem kommunistischen Land verschwinden würde; andererseits besteht die Furcht, daß, mindestens in Übergangsperioden, neue Formen der Entfremdung entstehen könnten.

»In unserer Gesellschaft bestehen noch Widersprüche zwischen dem Kollektiv und dem Individuum; das ist auf die Tatsache zurückzuführen, daß die Gesellschaft die materiellen und geistigen Bedürfnisse aller Menschen noch nicht vollständig befriedigen kann, und auch darauf, daß in vielen Fällen die Mitglieder des Kollektivs, einschließlich einiger Arbeiter, sich noch nicht bewußt geworden sind, wie ihre eigenen fundamentalen Interessen mit denen der sozialistischen Gesellschaft übereinstimmen. Wie man die Entfremdung des Menschen in einem sozialistischen Regime unterdrückt, kann durch soziologische Untersuchungen wissenschaftlich studiert werden.«[40]

Nun hat dieses Problem der Entfremdung auch eine Anzahl von empirischen Soziologen in den Vereinigten Staaten interessiert. Die Bedeutung des Begriffs wurde bis zu dem Punkt analysiert, an dem quantitative Skalen für seine Messung entwickelt wurden[41].

Es bleibt zu hoffen, daß eines Tages irgendein Forscher, der die notwendigen sprachlichen und methodologischen Fertigkeiten be-

39 *M. Iovtchouk* und *L. Kogan,* Changement dans la vie spirituelle des ouvriers en URSS, in: La Sociologie en URSS, a.a.O., S. 252.
40 Ebd., S. 268. George Fischer zitiert zusätzliche Studien, die das Problem der Entfremdung berühren, den Grad, in dem sie abgenommen hat, und das Ausmaß, in dem sie noch besteht. Am Marxismus stärker interessierte französische Autoren haben ausführlich über das Arbeiterbewußtsein geschrieben.
41 *M. Seeman,* On the Meaning of Alienation, in: American Sociological Review, 24, 1959, S. 783; *R. Middleton,* Alienation, Race and Education, in: American Sociological Review, 28, Dez. 1963, S. 973.

sitzt, die verschiedenen Techniken im Detail vergleichen wird. Das Problem wird darin liegen, festzustellen, ob in der marxistischen Tradition verhaftete konkrete Soziologen neue Wege gefunden haben, um einen so komplexen Begriff wie Entfremdung empirischen Tests zu unterwerfen.

2. *Arbeit.* Eine kommunistische Gesellschaft hat sich einer doppelten Aufgabe zu stellen. Einerseits muß sie an der Leistungsfähigkeit der Fabrikarbeit interessiert sein; andererseits hat sie ein programmatisches Ziel, nämlich die Arbeit für den individuellen Arbeiter so bedeutungsvoll wie möglich zu machen.

»In zunehmendem Maß leisten Maschinen die monotone mechanische Arbeit, die sich verheerend auf den Arbeiter auszuwirken pflegte. Der Mensch befreit sich immer mehr, um sich kreativen Tätigkeiten zu widmen. Aber dieser Prozeß ist für verschiedene Gruppen von Arbeitern nicht der gleiche, die sich durch Alter, Geschlecht, Ausbildung und berufliche Merkmale unterscheiden. Die Gesellschaft muß deshalb äußerst komplexe Probleme lösen, wie die Ausbildung und Umschulung des Überwachungsstabes, die Organisation der Arbeit junger Menschen, die organische Verbindung von Hand- und Kopfarbeit, die Möglichkeit, den eigenen Beruf zu wählen und von einem Arbeitstyp zum anderen überzuwechseln. Die Forschungsarbeit der konkreten Soziologie sollte den sozialpsychologischen Faktor hervorheben, – bei der Produktionssteigerung, bei der Organisation des Arbeitsprozesses und bei der Entwicklung sozialer Beziehungen.«[42]

Kapitalistische Länder haben ein ähnliches Problem, das normalerweise das der Arbeitsmoral genannt wird. Aber die Situation ist in diesen Ländern anders. Die Arbeitsmoral wird mit dem einzigen Ziel der Produktionssteigerung oder der Umsatzsenkung untersucht. In kommunistischen Ländern ist es ein Ziel an sich, und es wird so etwas ähnliches wie ein Kalkül angestrebt, durch das eine gewisse Kombination von Arbeitsbefriedigung und Produktivität

42 *G. Ossipow,* But et bilan de recherches sociologiques en URSS, in: La Sociologie en URSS, a.a.O., S. 246. Wiederholt wird der Punkt vorgebracht, daß ein periodischer Wechsel des Arbeitstyps nötig ist, um die Moral der Arbeiter zu erhalten und die Entwicklung einer vollständigen Persönlichkeit zu erlauben. Auf Grund der mir zur Verfügung stehenden Quellen kann ich nicht sagen, wie ein solches System funktioniert, noch was die Sozialforschung dazu beiträgt.

maximiert wird, selbst wenn die letztere nicht so hoch ist, wie sie sein könnte, wenn man sie als Hauptziel ansehen würde. Leider stehen keine detaillierten Berichte darüber zur Verfügung, wie dieses schwierige Problem durch empirische Forschung angegangen wird. Es gibt einige Studien, die zeigen, daß nur ein begrenzter Teil der Arbeiterklasse die Arbeit als einen Teil der Bürgerpflicht erfährt; diese Untersuchungen kommen zu dem Schluß, daß man nicht nur mehr Ermahnungen braucht, sondern auch mehr Mitbestimmung der Arbeiter und eine engere Verbindung zwischen Ausbildung, Lebensstandard und der zugewiesenen Arbeitsart. Eine andere interessante Untersuchung zeigt, daß Handarbeiter mit höherer Ausbildung (wenn sie nicht überqualifiziert sind) besser in der Lage zu sein scheinen, ihre Arbeit in ihre Persönlichkeitsmatrix zu integrieren – ein Ergebnis, das eine Parallele zu der am Anfang dieses Abschnitts zitierten Feststellung über die amerikanischen Soldaten sein könnte.

Ich greife das Thema Arbeit aus verschiedenen Gründen heraus: es ist eine besonders starke Herausforderung für ein gutes empirisches Forschungsvorhaben; es ist von beträchtlicher sozialer Bedeutung; und es ist für Vorurteile besonders empfänglich. Wegen der Dringlichkeit der Angelegenheit in einem kommunistischen Land besteht die Gefahr, daß negative Ergebnisse nicht klar herausgestellt werden könnten, während über positive Ergebnisse – Steigerungen der Arbeitsbefriedigung – berichtet wird, sie aber nicht in einem weiten Zusammenhang analysiert werden. In westlichen profitorientierten Ländern wird das Problem eher ohne Engagement gesehen – werden einige leider sagen. Aber als ein Ergebnis könnte es möglich sein – vielleicht mit der Unterstützung von Stiftungen –, die Integration von Arbeit, Persönlichkeit und Freizeit empirisch zu untersuchen. Von der theoretischen Diskussion in kommunistischen Ländern geleitet, sollten westliche Länder ein angemessenes Forschungsvorhaben entwickeln können[43].

Kommunistische Soziologen haben sorgfältige Unterscheidungen zwischen Untergruppen von Handarbeitern entwickelt: solche, die erst kürzlich vom Land gekommen sind, solche, die an besonderen, intellektuelle Qualifikationen erfordernden Maschinen arbeiten,

43 Eine Untersuchung von Zeitbudgets wurde durchgeführt, an der östliche und westliche Länder teilnahmen. Aus den vorbereitenden Berichten kann man noch nicht ersehen, ob sie etwas zu diesem Problem beitragen wird.

solche, die sich mehr um ihr Privatleben als um ihre Beiträge zur Arbeit kümmern. Von besonderem Interesse sind die sogenannten Innovatoren, Arbeiter, die einen technologischen oder administrativen Beitrag zum Management ihrer Fabrik geleistet haben. In Rumänien gibt es eine detaillierte statistische Untersuchung von einigen tausend Innovatoren, die ihre Merkmale im Detail beschreibt. Daten über die Häufigkeit, mit der individuelle Arbeiter Vorschläge machten, zeigten, daß die Mehrheit der Arbeiter nur einen einreichte. Dies scheint neue Untersuchungen angeregt zu haben, die feststellen sollen, ob die Ergebnisse bedeuten, daß das Management die erste Idee nicht angemessen belohnte, oder ob der Vorschlag selbst mehr oder weniger zufällig war und keine besondere Begabung anzeigte. Ich kenne keine ähnlich detaillierte Untersuchung durch einen westlichen Industriesoziologen. Die oben erwähnte Idee der Arbeitsrotation ist ebenfalls mit der Aktivität der Innovatoren verknüpft[44].

In einer Planwirtschaft liegt ein offensichtliches Problem darin, die Berufswünsche junger Leute mit den im Plan spezifizierten Arbeitszuteilungen in Einklang zu bringen. Eine oft zitierte Untersuchung, die in Novosibirsk durchgeführt wurde, hat sich dieser Angelegenheit gewidmet. Es steht Information über die Berufserwartungen von Vierzehnjährigen und über die Berufe zur Verfügung, die sie später ergriffen. Die Diskrepanzen sind groß, und sie deuten an, daß die Erwartungsebene sehr viel höher als der tatsächliche Erfolg ist. Solche Daten sind selbst in westlichen Ländern selten, und sie werfen weitere Fragen auf. Welche individuellen und sozialen Konsequenzen haben die Diskrepanzen[45]? Würde ein angemessenes Beratungssystem helfen? – eine Lösung wird jetzt in Frankreich erwogen, der westlichen Nation mit dem am höchsten entwickelten Plansystem. Einer der Leiter der Untersuchung in Novosibirsk, V. N. Shubkin, sieht in der Tatsache ein Problem, daß der Zugang zu bevorzugten Jobs und höherer Schulbildung nach wie vor stark vom sozialen Status der Eltern bestimmt wird[46].

44 *G. Ossipov,* a.a.O., S. 241.

45 Szczepański war an jungen Leuten interessiert, die nach etwas Ausbildungszeit nicht zu höheren Universitätsstufen zugelassen wurden. Aus einer persönlichen Mitteilung entnehme ich, daß er daraus semi-faschistische Wirkungen befürchtet.

46 Vgl. *V. N. Shubkin,* Current Digest of the Soviet Press, 17 (30), 18. August 1965, S. 6. Daten aus der UdSSR werden von der englischen Übersetzung einer

*3. Kleingruppenforschung.* Nachdem der politische Widerstand einmal überwunden war, wurden Einstellungs- und Verhaltens-*Surveys* ohne große Fragen nach ihrer Brauchbarkeit und Methodologie recht schnell übernommen. In bezug auf die Untersuchung von Kleingruppen ist die Situation ganz anders. Derlei Forschungsarbeiten müssen noch verteidigt werden, und in den wenigen abgeschlossenen Fällen scheint sich eine Themenverschiebung gegenüber der westlichen Tradition zu offenbaren. Im Westen sind die Hauptschemata die zielstrebige Problemlösung und Aufgabenerfüllung. Eine Gruppe von Sozialpsychologen aus Ostdeutschland berichtet über Kleingruppenexperimente mit dem Ton auf der Zusammenarbeit[47]. Man kann keine konkreten Ergebnisse zitieren, weil ein großer Teil des Berichts dem Kampf gegen kommunistische Kollegen gewidmet ist, die nicht an die Verdienste dieser Art von Arbeit glauben. Aus anderen kommunistischen Ländern haben wir nicht einmal so viel Information, obwohl es einen interessanten Verweis in einem Sammelbericht von Ossipov über die soziologische Forschung in der UdSSR gibt[48].

Er macht eine (in der westlichen Literatur wohlbekannte) Unterscheidung zwischen einer formellen und einer informellen Organisation *(structure officielle* und *structure non-officielle). S*ein Beispiel ist sehr interessant. Die Produktivität von zwei Arbeitsgruppen, die technisch ähnliche Aufgaben erfüllen, wird über einen Zeitabschnitt von Monaten verglichen. Ein Team erfüllt seine Aufgaben viel besser als das andere, und der Unterschied wächst von Monat zu Monat. Der Autor gibt die folgende Erklärung:

»Die fundamentale Ursache für diese Divergenz kann in den so-

Untersuchung stark bestätigt, die vom ungarischen Zentralen Statistischen Büro über die soziale Schichtung in Ungarn durchgeführt wurde (Budapest, 1967). Dies ist eines der Beispiele, bei denen sich östliche und westliche Ergebnisse überraschend gleichen. Vergleichbare Daten über Berufswahl stehen über die letzten vierzig Jahre aus Österreich zur Verfügung (*Rosenmayr,* Jugendforschung in Österreich). Kürzlich haben französische Soziologen relevante Information und Diskussion geliefert (*Bourdieux,* Les Héritiers). Einen Unterschied muß man im Auge behalten. In kapitalistischen Ländern kann das geerbte Geld eine Rolle spielen, während in kommunistischen Ländern die Stellung der Eltern in wachsendem Maß durch wirkliche oder politische Leistung bestimmt wird.

47 *H. Hiebsch* und *M. Vorwerg,* Über Gegenstand, Aufgaben und Methoden der marxistischen Sozialpsychologie, in: Deutsche Zeitschrift für Philosophie, 11 (5).

48 A.a.O., S. 243.

zialpsychologischen Beziehungen gefunden werden, die in den zwei Teams bestehen. In dem produktiveren stehen die formellen und die informellen Strukturen gut miteinander in Einklang, während sie in dem zweiten ganz verschieden sind. Die Verbesserung der formellen Struktur der Arbeitsgruppe, die Anpassung der formellen und informellen Strukturen sind Faktoren von entscheidender Bedeutung, wenn man die Arbeiter zufriedener mit ihrer Arbeit machen und ihre Produktivität verbessern will.«
Aber man beachte, daß dieses Material aus der Beobachtung natürlicher Situationen genommen ist, und nicht aus Laboratoriumsexperimenten.

Solange uns keine empirischen Daten zur Verfügung stehen, möchte ich einige interessante Ideen ausführen, die aus der Konfrontation von marxistischer Soziologie und der Kleingruppenforschung entstanden sind. Meine Quelle ist ein ostdeutscher Soziologe, Erich Hahn, der auf beiden Seiten der Grenze mit Respekt zitiert wird[49]. In einer Monographie über *Soziale Wirklichkeit und soziologische Erkenntnis*[50] diskutierte er »Die Gruppe in der Sicht des historischen Materialismus«. Seine Motivation ist überraschend:

> Wir stellen die Problematik der Gruppe nicht ohne Absicht an den Schluß unserer Analyse. Unseres Erachtens spiegelt sich hier in konzentrierter Form eine wesentliche Seite der Überwindung des Dogmatismus auf dem Gebiet des historischen Materialismus wider. (S. 168)

Nachdem er die bürgerliche Soziologie ausreichend abgelehnt hat, fühlt er sich berechtigt, sich gegen den Feind von innen zu wenden, gegen die kommunistischen Autoren, die noch nicht gewillt sind, die soziologische Forschung anzuerkennen.

Er bringt sein Argument wie folgt:

49 Die Literatur aus dem und über das östliche Deutschland verdient aus den folgenden Gründen besondere Aufmerksamkeit. In den Ländern an der Peripherie entstand die konkrete Soziologie sofort zu dem Zeitpunkt, zu dem sie eine gewisse Unabhängigkeit von den russischen Akademikern erreichten, beinahe als ein Anzeichen relativer Unabhängigkeit. In der UdSSR war es die Entscheidung der obersten Autoritäten, die der empirischen Arbeit die Türen öffnete; obwohl dem eine gewisse Diskussion vorausging, kam auch die Wendung sehr schnell. Im östlichen Deutschland bleibt die Partei dem sehr mißtrauisch gegenüber, was sie als revisionistische akademische Züge betrachtet. Sie gaben dem allgemeinen östlichen Strom zur empirischen Forschung nach, aber nur sehr langsam. Deshalb spiegelt die Literatur die betreffenden Streitfragen klarer wider, beinahe wie in einem Zeitlupenfilm. 50 Berlin-Ost, 1965.

> Wozu benötigen wir die Kategorie »Gruppe« im System des historischen Materialismus? – Das entscheidende Problem besteht darin, den Einfluß der Gesellschaft auf das Individuum und das einzelne Ereignis, die soziale Qualität der Handlungen von Individuen nicht nur allgemein-theoretisch richtig zu bestimmen. Dieses Problem ist prinzipiell gelöst. (S. 168)

An diesem Punkt geht er zu einer zwei Seiten langen Bestätigung der Grundidee über, daß das Verhalten der Leute durch ihre Position im ökonomischen System bestimmt wird. Aber dann kehrt er zu seiner Anfangsfrage zurück und bietet eine Antwort an:

> Die Gruppe kann zu einer der wesentlichsten Vermittlungskategorien werden, die die unmittelbare Wirkung der gesellschaftlichen Beziehungen auf das Individuum und das einzelne Ereignis zum Ausdruck bringen. (S. 170)

Man könnte erwarten, daß der Autor von da an über einige Untersuchungen berichten würde, die den Gebrauch der Kleingruppenforschung für diese vermittelnde Funktion verdeutlichen. Aber zum Vorteil unseres Vorhabens tut er etwas anderes. Er macht acht konkrete Vorschläge, wie Reflexion und Forschung den Begriff der Gruppe als ein Werkzeug der soziologischen Analyse verbessern können. Die drei interessantesten verdienen eine kurze Zusammenfassung.

Er schlägt verschiedene Klassifikationen von Gruppen vor. Westliche Soziologen unterscheiden nicht klar genug zwischen wesentlichen und unwesentlichen Bezugsgruppen. Ist es genauso wichtig, woher wir unsere Vorstellungen über Kleidung nehmen, wie, woher wir unsere Vorstellungen über das grundlegende Funktionieren des sozialen Systems nehmen? Eine andere Klassifikation widerspricht einer, die in der westlichen Soziologie traditionell ist. Während wir aus der Familie ein Hauptbeispiel für eine Primärgruppe machen würden, beschränkt Hahn den Begriff der Primärgruppen auf unstrukturierte Situationen, wie etwa die, die zum Zweck des Studiums und der Diskussion gebildet werden oder für vorübergehende politische Aktionen. Die Familie folgt genügend Regeln, um ein Beispiel für eine semi-institutionelle Gruppe zu werden. Am provozierendsten ist Hahns dritte Kategorie – was man eine Gruppierung oder eine Clique nennen könnte, unter Auslassung der abwertenden Implikationen des Begriffs.

Als eine Marx-Analyse zitiert er, wie Napoleon III. an die Macht kam (18. Brumaire). Im Lauf seiner Erzählung unterscheidet er mindestens ein Dutzend Untergruppen innerhalb der Bourgeoisie: die, die eher finanzielle als industrielle Interessen haben; die, die aus Familientradition eher mit dem einen als mit dem anderen der zwei königlichen Thronanwärter verbunden sind; eine Interessengemeinschaft von Intellektuellen und Angestellten im öffentlichen Dienst, die ihre eigenen Vorstellungen über den richtigen Regierungsstil haben. Tatsächlich haben auch westliche Soziologen solche Untergruppen untersucht: die militärisch-industrielle Interessengemeinschaft, die Intellektuellen und so weiter. Aber ich kenne wenige Beispiele, wo eine solche Analyse angemessen, auf Grund von Ähnlichkeiten oder Unterschieden mit den Begriffen in Verbindung gebracht wurde, die in der Kleingruppenforschung im Westen entwickelt wurden[51]. Wie zu erwarten ist, wirft Hahn an anderer Stelle die Frage auf: inwiefern sind solche Gruppierungen eine Parallele zu oder inwiefern durchkreuzen sie die vorwiegende Klassenstruktur?

Hahn fordert auch eine stärkere Beschäftigung mit der Beziehung zwischen Kleingruppenforschung und allgemeinem sozialen Wandel. Durch Beobachtungen und Experimente sollte man in der Lage sein zu bestimmen, wann Kleingruppen das Individuum vor solchem Wandel schützen, wann sie ihm helfen, sich anzupassen, und wann die Gruppen zusammenbrechen, weil die verschiedenen Menschen unterschiedlich auf die neuen gesellschaftlichen Herausforderungen reagieren.

*4. Systematik.* Ideen der eben wiedergegebenen Art leiten sich von einer grundlegenden systematischen Position ab, eine Tatsache, die marxistische Soziologen als ihre Hauptstärke betrachten. Wir befassen uns hier nicht mit der Frage, ob es zwei Sorten von empirischer Sozialforschung gibt – die bürgerliche und die marxistische; Szczepański sagt richtig, daß dies etwas ist, was nur Ideologen interessiert. Die Hauptfrage und diejenige, die uns durch diesen Bericht hindurch leitet, ist, ob die marxistische Tradition gerade auf Grund ihres Wesens zu neuen Forschungsideen führen kann. G.

51 Ausnahmen könnten in amerikanischen Untersuchungen von Pressure-groups und in britischen Untersuchungen von Managergruppen gefunden werden.

Andréeva geht das Problem mit einem Vergleich zwischen Positivismus, Funktionalismus und Marxismus an[52].

Die drei Systeme werden in der Reihenfolge zunehmenden Verdienstes betrachtet. Es wird behauptet, daß der sogenannte Neo-Positivist nicht sehr viel mehr tut als Nasen zu zählen und stolz darauf ist.

Der Funktionalismus kommt etwas besser weg, weil er den Begriff der Bezugsgruppen einführt. Dies, schreibt sie, ist wenigstens ein Versuch, das individuelle Verhalten über die bloße Beschreibung hinaus zu interpretieren. Aber das ist nicht genug.

> Die konkretsoziologische Analyse besteht in der Untersuchung allen beobachteten Verhaltens weder in der Isolierung noch in der Verbindung mit den Gruppen, zu denen eine Person gehört, sondern in seiner Erklärung im Rahmen *realer* sozialer Beziehungen. Es ist nicht genug, das Verhalten in ein System objektiver Kategorien zu stellen (wie Parsons Strukturvariablen) und ihre funktionalen Beziehungen festzustellen. Man muß die *tiefsten* Ursachen finden, die ihre Wurzeln in der Gesamtheit des sozialen Gebäudes einer Gesellschaft haben. (Geraffte Übersetzung von S. 60.)

Ich habe einige Worte in dem Abschnitt hervorgehoben. In allen solchen Diskussionen findet man Worte wie die »wahren«, die »wesentlichen«, die »objektiven« Grundfaktoren, die allein irgendwelche manifesten Daten erklären können. Einen Augenblick lang klingen sie wie metaphysische Äußerungen, die weder bewiesen noch widerlegt werden können und die deshalb nicht in Frage gestellt werden sollten. Aber wenn man hartnäckig bleibt und sich sorgfältig und mit Wohlwollen in den Zusammenhang solcher Äußerungen hineindenkt, entsteht ein klareres Bild. Dem liegt tatsächlich eine grundlegende, aber nicht diskutierte Position zu Grunde: alles, was in der Gesellschaft geschieht, wird von ihrer Arbeitstechnologie und den damit verbundenen sozialen Beziehungen bestimmt – Märkte, Arbeitsteilung, Besitz an Produktionsmitteln. Zu dieser Ausgangsposition gibt es eine jahrhundertalte Literatur, und es braucht hier nicht diskutiert zu werden, in welchem Maß sie Recht oder Unrecht haben könnte. Wichtig ist, daß jeder empirische marxistische Soziologe sie akzeptiert. Wenn diese

52 L'homme analysé par la sociologie, a.a.O.

Position einmal bezogen ist, kommt man ganz natürlich zu einer bestimmten Definition der Aufgabe des Soziologen; er sollte alle empirischen Beobachtungen und alle Integrationsbegriffe auf die Produktionsart zurückbeziehen, die zu einem bestimmten Zeitpunkt in einer gegebenen Gesellschaft existiert.

Da es wichtig ist, diesen entscheidenden Punkt zu klären, mag eine Analogie zu einem westlichen Problem helfen. Kein vernünftiger Sozialwissenschaftler bezweifelt, daß das menschliche Verhalten zum Teil von psychologischen Kräften und zum Teil von dem bestimmt wird, was manchmal »strukturelle« Elemente genannt wird: die Position einer Person in einem institutionellen und kulturellen System. Einige Sozialwissenschaftler versuchen, den relativen Einfluß der verschiedenen Elemente abzuwägen; andere ziehen es vor, sich auf bestimmte zu konzentrieren. Soziologen der Durkheimschen Schule, die versuchen, die Soziologie als ein Unternehmen eigenen Rechts zu etablieren, werden wahrscheinlich besonders psychologische Faktoren beiseite lassen, nicht, weil sie sie naiv übersehen, sondern weil sie ihre Aufmerksamkeit auf gesellschaftliche Faktoren konzentrieren. Die Durkheimsche Schule folgt der Direktive des Meisters, ein soziologisches Reich zu errichten. Damit beanspruchen sie nicht, eine ausgewachsene Analyse des individuellen Verhaltens zu geben.

Ich schlage vor, die Position der marxistischen konkreten Soziologie in der gleichen Art zu interpretieren, als eine Direktive für die als dringlich betrachtete Art von Forschung. Nach ihrer Meinung sollte man empirische Beobachtungen machen und versuchen, sie im Licht des Einflusses von grundlegenden sozio-ökonomischen Faktoren zu interpretieren. Sollen andere Forscher sich anderer Aspekte des komplexen Gewebes der Gesellschaft annehmen.

Konkrete marxistische Soziologen geben zu, daß sie sich hohe Ziele setzen. Frl. Andréeva betont »die methodologischen Schwierigkeiten, die sich marxistischen Soziologen stellen« (S. 60 ff). Sie schlägt eine enge Zusammenarbeit zwischen der Soziologie, anderen Sozialwissenschaften und der Philosophie vor. Andere Autoren betonen die Notwendigkeit, alle möglichen Forschungstechniken zu gebrauchen und zu kombinieren: *Surveys,* Beobachtung, qualitative Analyse, Gebrauch historischer Materialien usw. Sie werden feststellen, daß viele westliche Soziologen voll ihre Meinung teilen, wenn auch nicht ihren Optimismus. Sie haben lange für eine solche

Synthese gearbeitet und haben nicht allzuviel Erfolg gehabt. Wir werden einfach warten müssen, um zu sehen, ob marxistische Soziologen, geführt und inspiriert von ihrer grundlegenden Arbeitshypothese, mehr Glück haben werden.

Manchmal scheint sich der Optimismus unserer kommunistischen Kollegen daraus zu ergeben, daß sie sich erst kürzlich an die Arbeit gemacht haben. So bedauert Szczepański zum Beispiel, daß bisher erst wenige Theorien der mittleren Reichweite in den kommunistischen Ländern hervorgebracht worden sind. Er glaubt das auf die Tatsache zurückführen zu müssen, daß die Theoriebildung bis vor kurzem »den Parteiführern und den Resolutionen der Zentralkomitees vorbehalten waren. Die Sozialwissenschaftler selbst versuchten nicht, neue Formulierungen zu bringen, weil sie sich nicht ideologischen Konflikten aussetzen wollten« (S. 53). Wie ich oben erwähnte, sind Theorien der mittleren Reichweite in westlichen Ländern genauso selten und können auf wirkliche intellektuelle Schwierigkeiten zurückzuführen sein.

Wir kennen nur einen Fall, in dem ein Marxist die Grundsätze des historischen Materialismus nicht als absolut etabliert angesehen hat. Während er ihre Wahrheit nicht in Zweifel stellt, hat der polnische Soziologe Andrzej Malewski einen Versuch unternommen, sie in einer solchen Art zu formulieren, daß die konkrete Forschung weitere Beweise liefern kann.

In einem Artikel mit dem Titel »Der empirische Gehalt der Theorie des historischen Materialismus« teilt er die klassischen marxistischen Ideen in drei Gruppen[53].

A. Die, die behaupten, daß die Situation, in der Leute leben, ihre kollektiven Einstellungen und ihr kollektives Verhalten bestimmt.

B. Die, die behaupten, daß die Gesellschaft eine Kombination von Gruppen mit Interessenkonflikten ist.

C. Die, die Veränderungen in den Sozialstrukturen behandeln.

Unter jeder dieser Gruppen beginnt der Autor mit den Schriften des klassischen Marxismus, aber übersetzt das dann in eine Sprache, die der Sozialforschung zugänglich ist. Um das zu erläutern, wählen wir einen Satz aus jeder Gruppe aus, indem wir Malewskis

53 Der Artikel erschien in Studia Filosoficzne, 12, 1957. Ich zitiere aus einer deutschen Übersetzung, die in der Kölner Zeitschrift für Soziologie und Sozialpsychologie, 1959, S. 281, erschien.

Zählsystem beibehalten.

A-1 Wenn eine Gruppe bestimmte Privilegien besitzt, wird die Mehrheit der Mitglieder dieser Gruppe Ideologien ablehnen, die die Abschaffung dieser Vorteile implizieren.

B-3 Eine soziale Gruppe ist um so stärker, je mehr Besitz ihr gehört, je unentbehrlicher sie im Produktionsprozeß ist, je zahlreicher sie ist, je besser sie organisiert ist und je mehr sie militärische Macht kontrolliert.

C-3 Von zwei im Konflikt liegenden Gruppen wird diejenige siegen, deren Interessen parallel zur Entwicklung der Produktionsmittel und zum allgemeinen wirtschaftlichen Fortschritt sind.

Malewski liefert viele Beispiele, die sein Argument lebendiger machen als man an einer kurzen Zusammenfassung sehen kann[54]. Doch ist es fraglich, ob die Mehrheit der Marxisten mit dieser Wiedergabe zufrieden sein werden. Aber der Versuch ist interessant, weil er einem allgemeinen Trend unter Soziologen entspricht, die reichhaltigen, aber weitschweifigen Schriften einer früheren Periode mit modernen Arbeitsstilen zu verbinden[55].

*5. Gegenseitige Befruchtung.* Eine gegenseitige Befruchtung der westlichen und der östlichen Soziologie kann man erwarten. Für kommunistische Länder wird ein Verständnis der noch zu überwindenden politischen Schwierigkeiten notwendig sein. So ist zum Beispiel eine anscheinend technische Idee, wie etwa die Kybernetik, erst kürzlich akzeptabel geworden. Ich habe ein ostdeutsches Buch von mehr als 500 Seiten vor mir, das kybernetische Ideen einem allgemeinen Publikum erklärt. Aus dem Personenindex zitiere ich die Personen, die mehr als fünf Mal erwähnt sind[56]. Die höchste Zitatzahl fällt richtig auf Mathematiker – 48 an W. R.

54 Man sollte bemerken, daß Malewski gleichzeitig nur Paare von Variaten behandelt. Eine verfeinertere Formalisierung würde größere Systeme von Zwischenverbindungen benutzen, die gleichzeitig mehr als zwei Variate behandeln. Ein hervorragendes Beispiel liefert Herbert Simon mit seiner Übersetzung von von einigen soziologischen Autoren aufgestellten zwei-kategorialen Sätzen in mathematische Form (Models of Man, New York, Wiley, 1957); seine Arbeit wird ausführlich in Kap. VIII (Mathematische Modelle und Methoden von R. Boudon, a.a.O.) behandelt.

55 *P. F. Lazarsfeld,* Public Opinion Research and the Classical Tradition, in: Public Opinion Quarterly, 1952; und *C. W. Mills,* Images of Man, New York, George Braziller, 1960.

56 *G. Klaus,* Kybernetik in philosophischer Sicht, Berlin, Dietz-Verlag, 1965.

Ashby und 38 an N. Wiener. Aber kommunistische Klassiker kommen gleich danach: 34 an Marx, 20 an Engels und 16 an Lenin. Und selbst der Vorsitzende Ulbricht bringt es auf 10[57].

Die Rezeption östlicher Ideen durch den Westen wird wahrscheinlich etwas einfacher sein, weil die Suche nach der Theorie hier im allgemeinen recht intensiv ist. Wieder soll ein einzelnes Buch als Indikator benutzt werden. Zwei amerikanische Soziologen (Bendix und Lipset) veröffentlichten 1953 einen Sammelband über *Class, Status and Power.* Er war ein großer Erfolg und 1966 brauchte man eine neue Auflage. Wenn man die beiden Inhaltsverzeichnisse vergleicht, stellt man die folgenden Unterschiede fest: in der zweiten Auflage wurden 16 Aufsätze aus der ersten herausgelassen, die detaillierte Ergebnisse von in amerikanischen Gemeinden durchgeführten Untersuchungen berichten, und auf eher einfachen Maßstäben oder *Survey*-Fragebogen beruhten. Die neue Auflage enthält 15 makrosoziologische Aufsätze über die Sozialstruktur in fremden Ländern. Der Abschnitt über Theorien der Klassenstruktur ist stark erweitert, und vier kommunistische Autoren sind vertreten. Die vielleicht charakteristischste Veränderung kann man in den Widmungen finden. Die erste Auflage war Paul K. Hatt, einem fähigen jungen *Survey*-Techniker, gewidmet, der eben gestorben war. Die neue Auflage ist Stanislaw Ossowski, »einem echten Forscher und Lehrer«, gewidmet.

Es bleibt noch ein ziemlich scharf debattiertes Element. Aber bei näherer Analyse kann auch hier schließlich nur ein Mißverständnis vorliegen. Selbst die überzeugtesten konkreten marxistischen Soziologen tadeln ihre westlichen Gegenstücke, besonders die Amerikaner, als Diener imperialistischer und kapitalistischer Herren. Angesichts von zwei Tatsachen scheint dies eine ziemlich paradoxe Position zu sein. Marxisten zögern nicht, der Hoffnung Ausdruck zu geben, daß ihre eigene Arbeit der kommunistischen Partei bei der Erfüllung ihrer Aufgabe nützlich sein wird, die Entwicklung ihres Landes zu planen und durchzuführen. Gleichzeitig empfinden westliche Soziologen beträchtliche Verachtung für die angewandte Soziologie, und in den Vereinigten Staaten ist es eine gut bewiesene

57 Die Zählung ist so erfolgt, daß eine von einem f gefolgte Seitenzahl doppelt gezählt wurde; eine von zwei ffs gefolgte Seitenzahl wurde dreifach im Vergleich zu einem einseitigen Eintrag gezählt.

Tatsache, daß die hauptberuflichen Sozialwissenschaftler links von der politischen Mitte stehen[58].

Dieses Netz anscheinender Widersprüche kann entwirrt werden, wenn man zwischen der manifesten und der latenten Anwendung unterscheidet. Kommunistische Autoren wissen sehr wohl, daß nur eine kleine Minderheit von westlichen Soziologen für die Industrie oder für eine Regierungsstelle arbeiten. Was sie meinen, ist, daß sie durch die Auswahl ihrer Themen und durch die Art ihrer Lehrbücher unbewußt an der Erhaltung des Status quo arbeiten. Es ist genau diese ambivalente Haltung der westlichen Soziologen, die die tiefergehenden kommunistischen Kritiker ans Licht bringen wollen. Indem sie den amerikanischen Soziologen als ihre Hauptzielscheibe benutzen, betonen sie die Notwendigkeit, in der er sich befindet, seine Rolle in eine manifeste und in eine latente Funktion zu teilen; er weiß, daß seine Gesellschaft schlecht ist, und muß deshalb wissenschaftliche Reinheit für seine Arbeit fordern, während er den bestehenden Mächten latente Dienste leistet. Der kommunistische konkrete Soziologe weiß, daß seine Gesellschaft gut ist, und er kann deswegen offen zugeben, daß er möchte, daß seine Arbeit nützlich ist und gebraucht wird.

Wenn man die Situation erst einmal richtig analysiert hat, kann man die gegenseitigen Anschuldigungen fallenlassen und auf das achten, was offensichtlich eine wichtige Situation ist. Tragen kommunistische Soziologen wirklich durch ihre Forschung erfolgreich zur sozialen Planung bei? Der Anspruch, sie täten es, gründet sich etwa auf das Folgende: der Soziologe analysiert die Situation; die Partei gründet eine Entscheidung auf seine Feststellungen und Handlungen; der Soziologe sieht, ob die Aktion erfolgreich ist, und wenn sie es nicht ist, untersucht er die Schwierigkeiten und schlägt Korrekturen vor, auf die hin die Partei wieder handelt. So würde durch eine dauernde, offensichtlich dialektische Interaktion zwischen Forschung und Entscheidung die politische Aktion erfolgreicher sein und die Soziologie als Wissensbereich bereichert werden.

58 Der Autor war der Hauptherausgeber eines Bandes über *The Uses of Sociology*, der von der amerikanischen soziologischen Vereinigung gefördert wurde. In der Einleitung zu diesem Band beschreibt er, wie viel Widerstand er überwinden mußte, bevor es erst einmal möglich war, überhaupt offen die Frage zu stellen, ob die Sozialforschung für die Praxis in irgendeiner Weise nützlich sein könnte. Als Kompromiß wurde eine »Theorie der Nutzanwendung« ausgearbeitet.

Ich bin sicher, daß die meisten westlichen Soziologen mit Interesse und vielleicht mit Neid auf das Ergebnis sehen. Sie wissen, wie schwierig es ist, mit menschlichen Wesen Experimente zu unternehmen und wie sehr das den Fortschritt der Sozialwissenschaften verlangsamt. Eine Plangesellschaft gibt die Möglichkeit, Experimente im großen Rahmen zu verfolgen. Es ist durchaus möglich, daß Soziologen, die mit einem solchen Vorhaben verbunden sind, große Beiträge zu unserer Wissenschaft liefern könnten.

Von Anfang an war der Marxismus stolz auf seine Kombination von Praxis und Theorie. Für den Soziologen bedeutet das, daß er über von der Theorie gelieferte, genau formulierte Direktiven verfügte, wonach er Ausschau halten sollte. Und diese Direktiven waren immer handfest: man verfolge alle Beobachtungen bis auf die technischen und sozialen Elemente in der Produktionsmethode zurück. Aber ein weiterer, formellerer theoretischer Imperativ ist zu erkennen: man setze alle Beobachtungen zu etwas anderem in Beziehung, aber man begnüge sich nicht mit beschreibenden Korrelationen; statt dessen suche man nach einem Mechanismus, der die Verbindungen erklärt, und man stelle sich diesen Mechanismus so weit gefaßt vor, daß er praktisch zu jeder sozialen Situation paßt, die man gerade untersucht. Diese Art der Suche nach der Theorie hat zum Funktionalismus geführt.

*Funktionalismus*

Es kann nicht meine Absicht sein, ein abgerundetes Bild vom Funktionalismus zu geben, da die Literatur viel zu weitläufig ist[59]. Aber er gibt vielleicht das beste Beispiel für die Erfindungsgabe und die Unsicherheiten, die mit dem für die gegenwärtige Soziologie so charakteristischen doppelten Bemühen verbunden sind: den wachsenden Umfang von zur Verfügung stehender Fakteninformation zu systematisieren ohne in leere Spekulation über die Vergangenheit und die Zukunft aller Gesellschaften zurückzufallen. Ich werde versuchen, das verführerische Wesen des Grundgedankens genauso wie seine Ungenauigkeit zu enthüllen, der sich wie Proteus der kritischen Überprüfung entweder entzieht oder anpaßt. Am besten

59 Die Ausgabe von 1930 der Encyclopedia of the Social Sciences widmete dem Eintrag über Funktionalismus drei Seiten, die von einem Philosophen geschrieben wurden. Die neue Ausgabe widmet den Beiträgen zur funktionalen Analyse 22 Seiten; die Autoren sind ein Soziologe und ein Anthropologe.

gehe ich wahrscheinlich so vor, daß ich mit einem kurzen chronologischen Überblick beginne.

Im Jahre 1893 nannte Durkheim die zwei Einleitungsabschnitte seiner Monographie über die Arbeitsteilung »Ursachen« und »Bedingungen«. Kurz darauf formulierte er die methodologische Regel: »Wenn die Erklärung eines sozialen Phänomens unternommen wird, müssen wir getrennt die wirkliche Ursache, die ihm vorausging, und die Funktion, die es erfüllt, suchen.« Französische Schüler von Durkheim verfolgten seine Gedanken, aber diese Gedanken wurden erst in den 1920er Jahren durch die Arbeit britischer Anthropologen wirklich international bestens bekannt. Ihre Positionen sind wohlbekannt. Malinowski stellte fest, daß soziale Fakten durch ihre »Funktion« erklärt werden könnten, »durch die Rolle, die sie innerhalb des ganzen Kultursystems spielen.« Und Radcliffe-Brown war sich sicher, daß »ein soziales System eine gewisse Art von Einheit hat, die man als eine funktionale Einheit bezeichnen kann«. Die soziale Analyse eines bestimmten »sozialen Brauches« besteht darin, »den Beitrag« zu zeigen, »den er zum totalen sozialen Leben als einem Funktionieren des totalen sozialen Systems leistet«.

Das Eindringen in die Soziologie geschah durch eine Zusammenarbeit von Talcott Parsons, damals einem jungen Lehrer in Harvard, mit seinem älteren Kollegen L. J. Henderson, einem Biologen, die gemeinsam die Bücher von Vilfredo Pareto studierten und bewunderten. Aus der Harvard-Gruppe ging eine ganze Schar von Soziologen hervor, meistens Amerikaner, die jetzt fünfzig sind (Davis, Merton, Moore, Whyte usw.), aber auch einige Europäer wie Bourricaud. Die »offizielle« Veröffentlichung für diese Periode ist Parsons' *The Social System* (1951; die Einleitung erklärt das relativ späte Erscheinungsdatum).

Die Position der jüngeren Männer wurde in Robert Mertons »Manifest and Latent Functions« abgesteckt[60]. Der Aufsatz stellt insofern einen historischen Wendepunkt dar, als er eine funktionale Position einnimmt, aber gleichzeitig versucht, noch ungelöste Probleme herauszuarbeiten. Praktisch wird in jeder folgenden Veröffentlichung Mertons Aufsatz zitiert. Er besteht aus zwei Hauptteilen. Der erste faßt das zusammen und kritisiert es, was man den

60 Abgedruckt in: On Theoretical Sociology – Five Essays, Old and New, New York, Free Press, 1967.

frühen radikalen Funktionalismus nennen könnte. Er kann auf die drei wichtigsten Postulate reduziert werden:

a. Spezifische soziale Einzelteile sind funktional für das ganze soziale System;
b. alle sozialen Einzelteile erfüllen soziologische Funktionen;
c. die Einzelteile sind folglich unerläßlich.

Beim sorgfältigen Lesen von Mertons Text zeigt es sich, daß er keineswegs behauptet, daß ein solcher radikaler Funktionalismus jemals existierte. Er konstruiert eine Art Idealtyp, indem er bestimmte Sätze vor allem von Anthropologen zitiert, die oft in Polemik gegen die historische Ethnographie und die Diffusionstheorie geäußert wurden. Merton selbst fügt immer noch andere Äußerungen von ihnen hinzu, die zeigen, daß sie solche Forderungen höchstens als Versuchsideen ansahen, die die weitere Prüfung verdienten. Seine zehn Seiten werden oft als der Haupttext dafür zitiert, was der frühe Funktionalismus war. Tatsächlich wäre es korrekter zu sagen, daß Merton ein Bild dessen zeichnet, was die meisten von denen als frühen Funktionalismus ansehen, die die Pioniertexte nur oberflächlich lesen.

Der zweite Teil des Essays besteht aus einem »Paradigma für die funktionale Analyse in der Soziologie«. Es besteht aus 11 Teilen, die funktionale Verfahren kodifizieren und gleichzeitig Probleme aufwerfen, die bei ihrer Anwendung entstehen. Um die allgemeine Idee wiederzugeben, zitiere ich eines der 11 Elemente, das ich in einem folgenden Zusammenhang benutzen werde[61].

Nr. 6. Konzepte der Mechanismen, durch die Funktionen erfüllt werden.

Die funktionale Analyse in der Soziologie erfordert, wie in anderen Disziplinen wie der Physiologie und der Psychologie, eine »konkrete und detaillierte« Berechnung der Mechanismen, die ablaufen, um eine bezeichnete Funktion zu erfüllen. Das bezieht sich nicht auf psychologische, sondern auf soziale Mechanismen (zum Beispiel Rollen-Segmentierung, Aussonderung institutioneller Erfordernisse, hierarchische Ordnung von Werten, soziale Arbeitsteilung, rituelle und zeremonielle Handlungen usw.). Grundfrage: Was ist das zur Zeit zur Verfügung stehende Inventar sozialer Mechanismen im Vergleich, sagen wir, zu dem

61 A.a.O., S. 106.

großen Inventar psychologischer Mechanismen? Welche methodologischen Probleme ergeben sich aus der Unterscheidung des Ablaufs dieser sozialen Mechanismen?

Das Paradigma führte auch den Begriff der »Dysfunktion« ein – beobachtete Folgen, die die Anpassung des Systems verringern (Nr. 3)[62].

An diesem Punkt mag ein Abweichen weiterhelfen. Warum erscheinen Veröffentlichungen über den Funktionalismus weiterhin mit solcher Häufigkeit und welche Rolle spielt der Funktionalismus für die Soziologen? Zwei Gründe fallen einem ein. Erstens einigt er ihren Themenbereich. Die Familie, der Markt, die politische Partei, die Nation werden alle zu Systemen. Der zweite Grund ist subtiler; er wird vom Titel von Mertons Aufsatz nahegelegt. Eine manifeste Funktion wird beabsichtigt und von allen betroffenen Leuten erkannt: das Stadtreinigungsamt besteht, um die Straßen sauber zu halten. Einer latenten Funktion sind sich die Beteiligten des Systems nicht bewußt; sie haben sie nicht absichtlich geschaffen. Das Hauptverdienst der funktionalistischen Literatur liegt darin, latente Funktionen ins Bewußtsein zu heben. Sie erscheinen in jeder Größenordnung. Religiöse Zeremonien haben die Funktion, der Gemeinschaft ein Gefühl der Integration zu vermitteln; Insassen von Gefängnissen und Konzentrationslagern werden mit Nummern gekennzeichnet, um sie ihrer Individualität zu berauben.

Die Parallele zur psychoanalytischen Unterscheidung zwischen bewußten und unbewußten Wünschen ist offensichtlich. Zusätzlich zu dieser Parallele gibt es hier eine interessante Symmetrie. Die Idee der unbewußten Wünsche ist von wissenschaftlicher Bedeutung: sie hebt das psychologische Denken von einer leicht zu beobachtenden auf eine höhere Ebene der Abstraktion und Entdeckung, die über das Faktensammeln und Abschätzen ihrer Korrelationen hinaus geht. Um eine entsprechende Ebene der Theorie zu erreichen, stehen der Soziologie zwei Wege offen. Der eine ist der des Reduktionismus: die Erklärung sozialer Fakten als einem Komplex individueller psychologischer Erfahrungen, eine Bewegung, von der die große Mehrheit der gegenwärtigen Soziologen abgewichen ist. Der zweite Weg, über das Beobachtbare hinaus zu gehen, ist die Annahme, daß vieles am Handeln der Menschen vom sozialen Sy-

62 A.a.O., S. 105.

stem kontrolliert wird, in dem sie leben und das seine Imperative durch das Einlernen in der Kindheit ausübt, durch Sanktionen, die die Gesellschaft Abweichlern auferlegt, und durch Belohnungen für Konformismus. Manchmal hat man das Gefühl, daß die psychoanalytischen und soziologischen Formeln auf die folgende Vorstellung reduziert werden könnten: die Aufgabe wahrer wissenschaftlicher Analyse ist es zu zeigen, was die Menschen ohne ihr Wissen beseelt. Sie werden von innen getrieben – dem Unbewußten, und sie werden von außen getrieben – dem sozialen System.

Wenn all dies die Attraktion des Funktionalismus richtig erklärt, so kann man daraus eine Erwartung für seine jüngste Entwicklung ableiten. Seine Formulierungen sind so allgemein, daß sie keine wirkliche Leitlinie für spezifische Untersuchungen oder für die Interpretation empirischer Ergebnisse geben. Deswegen müssen sich die Funktionalisten notwendigerweise um Spezifizierung bemühen. Aber diese Spezifizierungen können sich nur auf Aspekte der allgemeinen Formel beziehen, die zufällig für einen individuellen Autoren relevant sind, wenn er einen konkreten Fall diskutiert. Er wird seine Ideen durch eine Verbesserung dessen einführen, was er wahrscheinlich den traditionellen Funktionalismus nennen wird, das heißt die Veröffentlichung aus dem letzten Jahr. Der so kritisierte frühere Autor wird seinerseits gewöhnlich äußern, daß er diese Innovation selbst im Auge hatte, sie aber nicht ganz explizit nannte. Gelegentlich wird es dann einen allgemeinen Überblick geben, der verschiedene Arten von Funktionalismus unterscheidet und die Herausbildung unnötiger Terminologie verdammt, aber gewöhnlich selbst einige zusätzliche Begriffe vorschlägt. So weit ich sehen kann, wurde die umgekehrte Wahl nur einmal getroffen. Kingsley Davis, der in seiner Rede als Vorsitzender der Amerikanischen Soziologischen Vereinigung den Standpunkt einnahm, daß die funktionale Analyse mit jeder möglichen soziologischen Theorie identisch ist[63]. Es ist nicht ganz klar, ob sich darin ein imperialistischer Anspruch äußerte oder ob es eine Abdankungsrede eines der prominentesten Funktionalisten war. Jedenfalls ist diese Ansprache noch immer die beste Einführung in die Literatur, die aus dem Jahrzehnt nach Mertons Aufsatz stammt.

63 The Myth of Functional Analysis in Sociology and Anthropology, in: American Sociological Review, 24, 1959, S. 757.

Es sollte bisher klargeworden sein, daß ich den Funktionalismus weder kritisieren noch anpreisen möchte, sondern hervorheben, inwiefern er den gegenwärtigen Stand der soziologischen Theorie symbolisiert. Wenn man witzig sein wollte, würde man sagen, daß Soziologen weder mit noch ohne den Funktionalismus leben können. Er kommt ihren Erwartungen am nächsten, ohne sie wirklich zu erfüllen. Dies wird noch klarer werden, wenn wir uns jetzt einigen spezifischen Themen zuwenden[64].

*1. Soziale Systeme.* Auf ihre wesentlichen Merkmale beschränkt, konnte die funktionale Analyse bis etwa 1960 wie folgt beschrieben werden: Hier ist ein komplexes soziales Objekt (S), das deswegen von Interesse ist, weil einige seiner Züge sich über einen Zeitabschnitt hinweg unter sich verändernden äußeren und inneren Bedingungen erhalten (die am häufigsten wiederholte Analogie ist der menschliche Körper, der seine Temperatur innerhalb eines engen Spielraums hält); innerhalb dieses Systems (S) ist das Forschungsobjekt eine spezifische soziale Einzelheit oder Untersystem (i), die zum »Gleichgewicht« von (S) – ihrer Homeostase – beiträgt; klein (i) und (S) sind durch einen gewissen »selbstregulierenden Mechanismus« verbunden[65].

Obwohl der Begriff System hier eine zentrale Rolle spielt, wurde er niemals klar definiert, was nach der Natur des Unternehmens nicht eigentlich nötig war. Der Scharfsinn des Funktionalisten konzentriert sich darauf, Verbindungen zwischen (i) und (S) aufzuzeigen. So bemerkt Goode, daß Berufsorganisationen und Gewerkschaften dazu neigen, ihre ungeeigneten Mitglieder zu schützen, wenn sie erst einmal aufgenommen sind. Dies ist für die Gesell-

64 Die 4000 Soziologen, die an amerikanischen Colleges Soziologie lehren, haben annähernd 40 Lehrbücher zur Verfügung, die beinahe alle stark von funktionalen Ideen beeinflußt sind. Für meine ausländischen Kollegen versuche ich, das dadurch geschaffene Klima zu beschreiben. Ich gebrauchte bereits die Metapher von Proteus, der griechischen mythologischen Gestalt, der sich in jede Form oder in jeden Gegenstand verwandeln konnte. Ich hätte genausogut auf die Hydra Bezug nehmen können, der für jeden abgeschlagenen Kopf ein neuer wuchs. Ein kleines volkstümliches Gedicht könnte die Situation am besten beschreiben: Als ich die Treppen hinaufging, sah ich einen Mann, der dort nicht war; er war auch heute wieder nicht dort – ich wünsche, zum Teufel, er würde weggehen.

65 Die Wortwahl ist absichtlich grob; Ernest Nagel hat eine präzise Formulierung geliefert, als er Mertons Paradigma in mathematische Sprache übertrug. Vgl. sein Logic without Methaphysics, Free Press, 1956, Kapitel 10.

schaft im ganzen nützlich, weil es einen breiten Grund von Talenten garantiert, indem es eine Reserve von Marginalfällen zur Verfügung hält, die von Zeit zu Zeit gebraucht werden[66].

Kingsley Davis betont, daß Eifersucht nicht nur ein individueller Instinkt ist; auf verschiedene Arten legitimiert die Gesellschaft den Schutz breiter Besitzregelungen, zu denen der Besitz an Frauen gehört[67]. Harry Johnson schreibt dem Inzest-Tabu drei soziologische Funktionen zu: es verhindert Konflikte innerhalb der Familie; es hält die Gesellschaft als Ganzes durch ein Netz von Heiraten zusammen; es erleichtert die Funktion der Eltern bei der Sozialisation ihrer Kinder[68].

In diesen Beispielen können soziale Systeme eine Vielzahl von Dingen sein. Insofern Klassifizierungen versucht wurden, besonders durch Parsons und seinen engsten Kreis, waren die Unterscheidungen entweder auf das Wesen bezogen (politische, ökonomische, religiöse Systeme) oder auf den Aggregationsgrad gestützt (Familie, Organisation, Nationen, Staaten usw.). Aber in den letzten Jahren begann dies sich unter dem Einfluß von dem zu verändern, was jetzt »allgemeine Systemtheorie« genannt wird. Für mein jetziges Vorhaben ist nur ein Aspekt ihrer Arbeit relevant. Bei dieser Betrachtungsweise zeichnen sich Systeme durch die Komplexität der wechselseitigen Beziehungen aus, die zwischen ihren Elementen bestehen. Systeme werden nach der Dimension der Komplexität geordnet. Einige Autoren unterscheiden bis zu neun Ebenen[69]. Andere entwickeln globale Klassifizierungsprinzipien; eine höhere Ebene ist immer in der Lage, das »absichtlich« zu tun, was die niederere Ebene mehr oder weniger mit primitiven und mehr reaktiven Mitteln erreicht[70]. Bei näherer Untersuchung schmelzen alle diese Ebenen auf im wesentlichen drei Gruppen zusammen:

66 *W. J. Goode,* The Protection of the Inept, in: American Sociological Review, 32 (1), Febr. 1967, S. 5.

67 *K. Davis,* Jealousy and Sexual Property: An Illustration, in: Human Society, New York, Macmillan, 1959, Kap. 7, S. 175–194.

68 Sociology, Harcourt, Brace and Co., 1960, S. 67. Kap. 3 dieses Lehrbuches enthält die beste Darstellung zur Einführung in funktionale Analyse. Aber selbst dort wird der Begriff »System« gebraucht, als ob jeder seine Bedeutung kennte.

69 *K. E. Boulding,* General Systems Theory, in: *W. Buckley,* Hg., Modern Systems Research for the Behavioral Scientist, Chicago, Ill., Aldine Publishing Company, 1968, S. 3. (Von jetzt an »Buckley Reader« genannt).

70 *K. W. Deutsch,* Toward a Cybernetic Model of Man and Society, in: *W. Buckley,* Hg., a.a.O., S. 387.

solche Systeme, die nur aus Mechanismen wie Uhren oder an einem Rahmen befestigten Federn bestehen; organistische Systeme, die ein Gleichgewicht aufrechterhalten können; und Systeme, die entweder durch Lernen innerhalb der eigenen Lebenszeit oder durch selektiven Wandel zwischen »Generationen« eine Evolution aufweisen[71]. Der funktionalistische Soziologe hat immer den zweiten Systemtyp vor Augen. Er erhält von der Außenwelt Informationen und kann seine eigenen Leistungen so anpassen, daß er den Unterschied zwischen dem beobachteten Zustand und dem, für den er programmiert ist, verringert. Dies ist die berühmte negative Rückkoppelung der Kybernetik, die die Homöostase garantiert.

Die größte Hoffnung der Autoren der dritten Gruppe ist es, daß der dritte Systemtyp zum Modell für die fortgeschrittenere sozialwissenschaftliche Analyse werden wird. Vielleicht stammt die lebendigste Beschreibung dieses Trends von einem Autoren, der von der »zweiten Kybernetik-Revolution« spricht, die Systeme einführt, die zusätzlich zu den negativen *positive* Rückkoppelungen haben. Die negative Rückkoppelung versucht, Abweichungen entgegenzuwirken, um ein Gleichgewicht aufrechtzuerhalten. Die positive Rückkoppelung »erweitert einen unbedeutenden oder zufälligen auslösenden Anstoß und baut Abweichungen und Divergenz von der Ausgangssituation auf[72]«. Sie ist morphogen, weil sie innerhalb ihres eigenen Systems neue Formen und Ziele entwickelt. Der Autor nennt als Beispiel einen Bauern, der in einer Ebene aufs Geratewohl ein Haus baut; andere Bauern schließen sich ihm an, bauen gemeinsame Betriebe und schließlich entwickelt sich eine Stadt. Der erste Schritt kann nicht erklärt werden, aber der Rest sind positive (gemischt mit negativen) Rückkoppelungen.

71 *A. Rapoport*, Mathematical Aspects of General Systems Analysis, in: The Social Sciences: Problems and Orientations, a.a.O. Die niedrigste Ebene in der dritten Gruppe wäre vielleicht ein Thermostat, der mit einem Fernsehgerät verbunden ist. Der letztere würde »berichten, daß sich die Leute bei 76° (F.) nicht wohl fühlen, und der Thermostat würde sich selbst auf 72° (F.) einstellen.
72 *M. Magorol,* The Second Cybernetics: Deviation-amplifying Mutual Causal Processes, in: *W. Buckley,* Hg., a.a.O., S. 304. Der Autor stellt fest, daß es einen klaren Unterschied gibt zwischen diesen positiven Rückkoppelungen und den ungedämpften Schwingungs- und Explosionsprozessen, die über lange Zeit hinweg untersucht worden sind. Dies ist natürlich ein entscheidender Punkt, den ich im Augenblick zu überprüfen nicht in der Lage bin.

Es ist wichtig zu verstehen, warum allgemeine Systemtheoretiker der Meinung sind, daß sie nicht oberflächliche Feststellungen wie Spencers Gesetz der wachsenden Differenzierung wiederholen. Es ist tatsächlich möglich, Systeme zu konstruieren, die evolutionäre Elemente eingebaut haben. »Indem wir weiterhin Dinge *machen*, die die Funktionen der Kommunikation und Organisation erfüllen, können wir auf lange Sicht nicht umhin, bedeutsame Gelegenheiten für ein klares Verständnis dieser Funktionen selbst zu erreichen[73].«

Die Ideen der allgemeinen Systemanalyse könnten zwei Arten von Beiträgen zum soziologischen Denken liefern. Einerseits könnten sie die logischen Spannungen erleichtern, die Leute empfinden, die menschliche Angelegenheiten mit Methoden untersuchen wollen, die von anderen Forschern nachvollzogen und überprüft werden können. Begriffe wie etwa Ziele und Absichten zwingen sich jedem Beobachter auf, aber scheinen oft im Widerspruch zu einer »wissenschaftlichen« Tradition zu stehen, – wie weit auch immer interpretiert. Diesem neuen Trend entsprechend wird diese Kluft wahrscheinlich verringert werden. Jeder neue technologische Begriff oder jede neue biologische Entdeckung erweitert den Bereich respektabler soziologischer Begriffe[74].

Die zweite und wichtigere Frage ist, ob all dies die Aufmerksamkeit auf neue konkrete Beobachtungen und Untersuchungen lenken wird. Wie ich vorhin erwähnte, bestand der Hauptbeitrag, den der Funktionalismus geleistet hat, in der Hervorhebung des Gedankens der latenten Funktionen. Indem man die neue Vorstellung von evolutionären und morphogenen Systemen übernimmt, ist es wahrscheinlich, daß Probleme des sozialen Wandels, der Kommunikationen und des Einflusses größere Betonung erfahren werden. Ob dies zu einer grundlegend neuen Einsicht führen wird, ist nicht vorauszusagen.

Ein Autor, W. Buckley, hat besonders versucht, den Beitrag der allgemeinen Systemtheorie zur Soziologie abzuschätzen[75]. Ich bin mit

73 *K. W. Deutsch*, a.a.O., S. 389.
74 Der »Buckley Reader« enthält eine Gruppe von Aufsätzen, in denen prominente Naturwissenschaftler diesen Punkt von zwei entgegengesetzten Standpunkten aus diskutieren. Teil 5A »Cybernetics and Purpose«, S. 221–304.
75 *W. Buckley*, Sociology and Modern Systems Theory, Englewood Cliffs, N.J., Prentice Hall, 1967.

ihm in einem Punkt nicht einer Meinung. Er sieht die neuen Ideen im Gegensatz zum Funktionalismus, während es richtiger zu sein scheint, in der allgemeinen Systemtheorie eine weitere Phase der grundlegenden intellektuellen Strömung zu sehen, die hinter dem funktionalistischen Denken in der Soziologie steckt. Wie ich schon beschrieben habe, hat es immer einen »neuen« Funktionalismus gegeben, und wir sehen uns jetzt einem weiteren gegenüber. Ich meine, daß Buckley lediglich zeigt, daß die jüngsten funktionalistischen Autoren auf Grund ihrer größeren Genauigkeit in zunehmendem Maß Beobachtungen machen, die früheren Funktionalisten entgangen sind. Ich werde gleich auf diesen Punkt zurückkommen. Auf jeden Fall ist Buckleys Buch eine gute Zusammenfassung der Literatur seit dem Davis-Aufsatz von 1959, ebenso wie der letztere die Literatur nach Mertons Aufsatz von 1949 aufarbeitete.

Die gesamte Entwicklung des Funktionalismus und seine Fähigkeit, sich unter sich verändernden intellektuellen Bedingungen zu erhalten, wird wahrscheinlich am besten an einem Thema illustriert, das sehr viel Kontroversen hervorgerufen hat: die Rolle des Konfliktes in der funktionalen Analyse.

2. *Das Problem des Konfliktes.* In den Händen des britischen Anthropologen war der Funktionalismus ein revolutionäres Werkzeug. Er wollte verhindern, daß britische Kolonialbeamte die Eingeborenenvölker durch die gedankenlose und unbefugte Handhabung von Teilen ihrer Sozialsysteme zerstörten. Der Ton lag auf den positiven Beiträgen, die jedes Element leistete. In der Anwendung auf moderne Gesellschaften erwies es sich, daß dies konservative Implikationen hatte; immerhin sind viele Dinge in unserer Gesellschaft schlecht und sollten sich nicht überlassen bleiben. Das brachte die Funktionalisten dazu, den Begriff der Dysfunktion einzuführen[76]. Eine Gesellschaft kann zum Beispiel die Idee des Erfolges als Hauptziel haben, aber nicht allen ihren Mitgliedern die Möglichkeit geben, ihn zu erreichen. Dann werden viele entweder auf kriminelle Mittel zurückgreifen, um Erfolg zu haben, oder sich auf Drogen zurückziehen, um die »sozial vorgeschriebene« Leistung

76 Während die Gründer der Bewegung sich dieses Problems durchaus bewußt waren, beziehen sich die meisten Autoren jetzt auf Nr. 3 in Mertons Paradigma.

zu vergessen (Anomie). Etwas muß gegen eine solche Abweichung geschehen, um das Gleichgewicht des sozialen Systems wiederherzustellen. Die funktionale Analyse zeigte den Weg zu den notwendigen Hilfsmitteln: eine bessere Balance zwischen Anspruch und Möglichkeiten.

In der Sprache der Dysfunktion denkend, konnten Anomie und ähnliche Begriffe die Kritiker des Funktionalismus nicht lange zufriedenstellen. Immerhin bedeutete das nach wie vor, die Gesellschaft, so wie sie ist, zu akzeptieren und lediglich einige Schwierigkeiten am Rand auszubessern. Die ganze Betrachtungsweise schien den Soziologen tatsächlich noch konservativer zu machen. Lewis Coser, einer von denen, die diesen Trend anführten, drückte es auf die folgende Art aus: »Das Selbstverständnis so manches Soziologen hat sich von dem eines befangenen Befürworters von Reformen in das eines Entstörungsfachmanns und Experten für zwischenmenschliche Beziehungen verwandelt.« Aber Coser gab die funktionale Position nicht auf. »Der Konflikt hat ebenso wie die Zusammenarbeit soziale Funktionen. Ein bestimmtes Ausmaß an Konflikt ist keineswegs notwendigerweise dysfunktional; es ist ein wesentliches Element der Gruppenfunktion und des Fortdauerns des Gruppenlebens.« Während Coser nach wie vor das *Fortdauern* des Gruppenlebens als hauptsächlichen Bezugsrahmen hat, ist die Verlagerung der Aufmerksamkeit von der Abweichung zum Konflikt bedeutsam. Es legt den politischen Aspekt der Sozialstruktur nahe. Das Problem besteht nicht mehr darin, die Abweichler zur Herde zurückzubringen. Was Coser will, ist die Institutionalisierung und Tolerierung des Konflikts[77]. Das zugrundeliegende Bild ist nicht mehr der Sozialarbeiter, sondern der gewerkschaftliche Unterhändler. Ein ständiger Zyklus vom Konflikt zur Lösung des Konflikts ist jetzt zu einem Teil der Funktion des sozialen Systems geworden.

Aber was geschieht, wenn die Machtverteilung in der Gesellschaft derart ist, daß Konflikte immer zum Nachteil bestimmter sozialer Gruppen gelöst werden? Hier ist eine neue Stimme zu hören, die des deutschen Soziologen Dahrendorf. Er ist der Meinung, daß, um den sozialen Wandel zu verstehen und zu bewerten,

77 *L. Coser,* The Functions of Social Conflict, Glencoe, Ill., Free Press, 1956, passim.

»eine radikale Trennung vom funktionalen System-Modell der Gesellschaft« notwendig ist. Was Soziologen untersuchen sollten, ist nicht das Gleichgewicht, sondern der soziale Wandel, der sich aus dem Antagonismus ergibt, den jede Gesellschaft aufbaut und der weder zufällig entsteht, noch durch eine Wiederherstellung des Gleichgewichts eliminiert werden kann[78].

Obwohl er es nirgends in expliziten und zitierbaren Sätzen äußert, ist es klar, daß Dahrendorfs Einwand gegen den Funktionalismus darin besteht, daß er nicht auf die Zukunft ausgerichtet ist. In seinem Buch über die deutsche Gesellschaft, das im vorigen Abschnitt dieses Kapitels diskutiert wurde, ist das grundlegende Vorhaben seiner Analyse, Mittel zur Stärkung der Demokratie in seinem Land zu finden. Wenn er den Funktionalismus kritisiert, weil er die Möglichkeit des »radikalen Wandels« nicht in Betracht ziehe, denkt er dabei nicht an Revolution. Sein Anliegen ist eine Gesellschaft, die aus alten Konflikten neue Ziele ableitet. Nach dem Sozialarbeiter und dem Unterhändler führt er jetzt den Staatsmann ein, der sein Land durch soziale Planungen führt, die nicht auf Gewalt, sondern statt dessen auf einem gewissen rationalen System des praktischen Ausprobierens beruhen[79].

78 *R. Dahrendorf,* Die Funktionen sozialer Konflikte, passim, in: Pfade aus Utopia, München, 1967, S. 263–277. Der Leser kann am Titel dieses Aufsatzes die Ambivalenz entdecken, die ich oben betont habe. Dahrendorf weist Cosers Argument ausdrücklich zurück. Aber die beiden Veröffentlichungen haben den gleichen Titel, der anzeigt, daß die Untersuchung des Konflikts ein vernachlässigter, aber legitimer Teil der funktionalen Analyse ist.

79 Der hier beschriebene Trend betont die wesentlichen Elemente im Funktionalismus, die angeblich die konservative Position stärken. Ein Autor gibt eine mehr soziologische Interpretation. Renate Mayntz meint, daß es an der funktionalen Analyse nichts logisch Zwingendes gibt, was ihre Vertreter zu einer konservativen Haltung verpflichten müßte. Aber tatsächlich übersieht die Mehrheit wahrscheinlich die wirklich wichtigen Konfliktselemente. Der Soziologe eines westlichen Landes lebt in einer Gesellschaft, die ihre schlimmsten Übel beseitigt, aber dabei Bürokratien errichtet hat, die sich in kritischen Momenten jedem größeren Wandel widersetzen würden. Der Durchschnittsbürger befindet sich daher in einer Position, in der er weder schlecht behandelt wird, noch an der effektiven Macht wirklich teilhat. Der Berufssoziologe befindet sich selbst auch in dieser Position. »Die Mittelklassenlage der meisten Soziologen und ihre Berufsrolle (. . .) bedingen, daß sie weder selbst ein großes Maß effektiver Macht besitzen, noch umgekehrt von ihr in drückender Abhängigkeit stehen. Sie vernachlässigen das Phänomen der Macht, weil sie mit ihm in seinen krasseren Spielarten selten in enge Berührung kommen«, R. Mayntz, Soziologie in der Eremitage? Kritische Bemerkungen zum Vorwurf des Konservativismus der Soziologie, in: E. Topitsch, Hg., Logik der Sozialwissenschaften, Berlin, Kiepenheuer, 1965 (1. Aufl., 1957), S. 529.

Dahrendorf könnte eines Tages der erste Soziologe sein, der dieses Image in seiner eigenen Karriere verwirklicht. Aber wie jeder andere hat er mit seinem Angriff auf den Funktionalismus keinen Erfolg. Dessen neue, der allgemeinen Systemtheorie verwandte Version ist auf die Herausforderung vorbereitet. Die schöpferische Rolle des Konflikts kann leicht als eine positive Rückkoppelung subsumiert werden. Für die Rolle der Planung ist in evolutionären und morphogenetischen sozialen Systemen gut vorgesorgt. Und in Wirklichkeit ist selbst der »ältere« Funktionalismus nicht so leicht zu schlagen wie Dahrendorf annimmt. Das wird klarer werden, wenn ich mich jetzt meinem dritten Thema zuwende: jüngste Trends bei der Untersuchung funktionaler Mechanismen.

3. *Funktionale Mechanismen.* Ich habe oben den sechsten Punkt in Mertons Paradigma zitiert, in dem er größere Aufmerksamkeit für soziale Mechanismen fordert. In den letzten Jahren ist dieser Forderung von einer Reihe von Autoren Beachtung geschenkt worden, die wir Neo-Funktionalisten nennen könnten. Sie bilden eine Brücke zum allgemeinen Systemtheoretiker. Während ihre Bilder von Systemen nicht so radikal sind, sind sie wirklich konkret in bezug auf die Bindeglieder, die ihre Systeme zusammenhalten.

Es wäre möglich, diesen Trend in ziemlicher Allgemeinheit zu beschreiben. Aber die Hauptideen werden am besten durch die Betrachtung von Individuen oder Kleingruppen herausgebracht, die durch Mitgliederschaft mit größeren Einheiten verbunden sind, zum Beispiel mit Gemeinden. Das übliche Interesse des Funktionalisten richtet sich auf den Beitrag, den die kleine Einheit (i) dem größeren System (S) leistet. Der Neo-Funktionalist fragt außerdem: warum leistet (i) diesen Beitrag, wie zahlt (S) es ihm zurück? Grundsätzlich kann diese Angelegenheit auf zwei Arten diskutiert werden: vom Standpunkt des Individuums aus oder vom Standpunkt der größeren sozialen Einheit aus. Es ist vielleicht von Bedeutung, daß zwei grundlegende Aufsätze beinahe gleichzeitig erschienen, die diese zwei symmetrischen Betrachtungsweisen repräsentieren. W. J. Goode[80] geht vom Gedanken der Rollenspannung aus. Ein Individuum ist oft einander widersprechenden Forderungen von verschiedenen sozialen Gruppen unterworfen und muß es

80 A Theory of Role Strain, in: American Sociological Review, 1960, S. 493.

irgendwie fertigbringen, sie in Einklang zu bringen. Bis zu diesem Punkt folgt die Darstellung recht eng Mertons Aufsatz über den Rollen-Set. Aber Goode stellt fest, daß man noch nicht voraussagen kann, welche Priorität das Individuum solchen Erwartungen einräumen wird und welchem Gesamtplan er in seinen Handlungen folgen wird. Er schlägt vor, dies einer speziellen Analyse zu unterwerfen. Er sieht die sachgemäßen Entscheidungen als eine Art Transaktions- oder Verhandlungsprozeß, um ein Maximum an Belohnung zu einem Minimum an Kosten zu erhalten. Dieser »Rollenmarkt« wird in aus der Ökonomie entnommenen Begriffen beschrieben, was auf viele geläufige Beobachtungen ein neues Licht wirft (die Familie zum Beispiel wird als das Rollenplanungszentrum gesehen, wo man Kredit erhalten kann, Anweisungen diskutiert werden können, usw.) Verschiedene rechnerische Ideen werden vorgeschlagen, um die Rollenspannung zu verringern: »Erstens durch die Auswahl eines Sets von Rollen, die einfach weniger belastend sind, sich gegenseitig so stark wie möglich unterstützen und so wenig wie möglich widersprechen; und zweitens durch den Abschluß von möglichst befriedigenden oder wertproduktiven Regelungen mit jedem Gegenüber im gesamten Rollenplan.«

Natürlich ist der Markt nicht ganz frei; es gibt immer »dritte Parteien«. Die allgemeinen Normen der Gesellschaft, die Existenz von Untersystemen wie etwa der Kirchen und anderer Organisationen und die Rolle bestimmter Bezugsgruppen beschränken das freie Rollengeschäft. Letzten Endes wird die Gesellschaft als ein System gesehen, das die Orientierung liefert, nach der das Individuum seine Entscheidungen trifft. Goode schließt mit Vorschlägen, wie solche Rollentransaktionen konkret untersucht werden können:

> Würden Sie die Zeit und Energie erhöhen, die Sie jetzt auf die Rollenbeziehung X verwenden? Oder angenommen, daß dies die idealen Verpflichtungen aus dieser Beziehung sind, wie stark können Sie ihrer Erfüllung entgehen? Oder ist es bei der Überprüfung der Entscheidung möglich festzustellen, warum das Individuum von einer Rollentransaktion auf die andere, oder von einer Rollenorganisation auf die andere übergegangen ist?

Goulder geht in der umgekehrten Richtung vor, vom System (S) zur Untereinheit und zum Individuum (i). Er geht von einer Kritik an der frühen funktionalen Analyse aus; sie »ist insofern unvollkommen, als der Forscher nicht ausdrücklich der Art und Weise nachgeht, in der Gruppen oder Strukturen, deren Ziele befriedigt wurden, ihrerseits den untersuchten Untereinheiten für die zur Verfügung gestellten Vorteile zum Ausgleich zurückzahlen«. Dieser Austausch von Dienstleistungen wird von Gouldners Begriff der Reziprozität erfaßt. Sie ist logisch und tatsächlich ein Grundmerkmal eines jeden Systems[81]. Nach seiner Meinung gibt es in allen Gesellschaften eine Norm, die fordert, daß alle Vorteile früher oder später zurückgezahlt werden sollten.

> Der Beweis, daß (i) für (S) funktional ist, hilft den Bestand und die Stabilität von (S) nur unter zwei zusammenhängenden Voraussetzungen zu erklären: 1) daß (S) die Dienstleistung von (i) ausgleicht und 2) daß (i)'s Dienstleistung von der Erfüllung einer positiven Funktion durch (S) für (i) abhängig ist.

Aber die zwei »Partner« brauchen nicht völlig voneinander abhängig zu sein; sie können weitere Versorgungsquellen haben. Dies schwächt die Verbindungen zwischen den Elementen eines Systems. Eine Untereinheit kann einen sich verändernden Grad an funktionaler Autonomie haben; dies wirft für sie das Problem auf, wie seine Beiträge und der Empfang der Gegenleistungen zu regeln sind. So kommt Gouldner zu dem Punkt, von dem Goode ausgeht:

Rollenmanagement. Tatsächlich enthält einer der Aufsätze von Gouldner am Ende den Untertitel: Die Strategien von Teilen und Systemen. Nicht unerwartet taucht die »dritte Partei« auf. Gouldner diskutiert Fälle, in denen auf Grund der Machtunterschiede der schwächere Partner keinen vollen Ausgleich erhalten kann. Hier intervenieren die Gesellschaft oder bestimmte Institutionen. Der Philantrop wird nicht direkt vom Armen belohnt; er erhält seine

81 *A. W. Gouldner*, The Norms of Reciprocity: A Preliminary Statement, in: American Sociological Review, 1960, S. 161. Der Begriff der Reziprozität hat unter den Anthropologen seit langem eine Rolle gespielt. George Homans nahm ihn für die amerikanischen Soziologen auf, allerdings nicht in funktionalem Zusammenhang. Piaget betonte in einem frühen Aufsatz die Bedeutung des Tausches für die soziale Theorie. Seine interessanten Beobachtungen haben nach meiner Kenntnis keine Beachtung gefunden, Essai sur la théorie des valeurs qualitatives en sociologie statistique (synchronique), in: Publications de la Faculté de Sciences Économiques de l'Université de Genève, Georg, 1941 (Etudes Sociologiques, No. 32, 1941). Wir haben mit Goodes Aufsatz wegen seiner größeren Einfachheit begonnen, obwohl er etwas nach dem von Gouldner veröffentlicht wurde.

Belohnung im Rahmen des Prestiges, das ihm die Gemeinschaft zuerkennt.

In einer Art folgt Gouldner der soziologischen Tradition stärker als Goode, als er das sich entscheidende Individuum nicht im einzelnen diskutiert. Gleichzeitig ist er in dem Sinn ein Neo-Funktionalist, als er die soziologische Funktion der Reziprozität in allen ihren Einzelheiten nachvollzieht. So ist es zum Beispiel offensichtlich, daß nicht alle Gaben unmittelbar entschädigt werden können. Aber der Zeitunterschied zwischen dem Empfangen und dem Geben hat eine wichtige soziale Funktion. Solange auf Seiten des Schuldners das Verpflichtungsgefühl und auf Seiten des Gläubigers die Erwartung der Entschädigung bestehen, ist die Wahrscheinlichkeit des Friedens größer[82]. Für die Aspekte der Reziprozitätsbeziehung, wie etwa die Doppelsinnigkeit, was als Äquivalent anzusehen ist, hat er ähnliche funktionale Interpretationen.

Im Rahmen der Reziprozität und des Austausches findet sich die ausführlichste soziale Analyse in einem Buch von Peter Blau[83].

Er übersetzt eine große Anzahl von klassischen soziologischen Themen in eine neo-funktionale Sprache – oft mit überraschenden Ergebnissen. Die Betonung der Macht im Titel spiegelt die Tatsache wider, daß nach seiner Ansicht die Normen der Reziprozität weitgehend die Schichtungssysteme der modernen Gesellschaft zu erklären helfen.

Mechanismen wie die der Reziprozität und des Austausches erlauben die Diskussion eines letzten Punktes. Eine Frage wurde weder in Mertons Aufsatz noch in Nagels Formalisierung aufgeworfen: in welcher Art wird eine Einzelheit (i) »erklärt« durch den Beitrag, den sie zu einem größeren System (S) leistet? Der Begriff »Erklärung« ist doppelsinnig, so daß keine einfache Antwort möglich ist[84]. Aber es ist unbefriedigend zu sehen, daß etwas durch eine sich daraus ergebende Folge erklärt wird. So weit ich sehen kann,

82 Gouldner vertritt den Standpunkt, daß das Element der Zeit in der funktionalen Analyse gewöhnlich vernachlässigt wird. Dies trifft nach seiner Meinung besonders deswegen zu, weil »systematische Abhandlungen selten oder nie die Anfänge eines sozialen Systems als solches umfassen«. Hier kommt er dem von Magorol hervorgehobenen »Anstoß« sehr nahe (vgl. Anmerkung 72).
83 Exchange and Power in Social Life, New York, Wiley, 1964.
84 *R. Brown*, Explanation in Social Science, Chicago, Aldine, 1963, S. 109 ff.; *C. G. Hempel*, The Logic of Functional Analysis, in: *M. Brodbeck*, Hg., Readings in the Philosophy of the Social Sciences, New York, Macmillan,

hat Hempel diese Frage als erster aufgeworfen. Seither ist sie auf verschiedene Arten angegangen worden. Die Beachtung funktionaler Mechanismen ist eine Antwort. Wenn das Gesamtsystem die Untereinheit für ihren Beitrag entschädigt, haben wir ein Phänomen gegenseitiger Interaktion, das keine speziellen logischen Probleme schafft.

Eine zweite Lösung wurde von zwei Autoren vorgeschlagen, dem Amerikaner Stinchcombe und dem Polen Malewski. Obwohl sie verschiedene Terminologie gebrauchen, sind ihre Ideen die gleichen. Stinchcombe spricht von sozialen Selektionsprozessen und wendet ein Darwinsches Modell auf soziale Systeme an. Einige überleben besser, weil sie Untereinheiten haben, die produktivere Beiträge leisten. Auf diese Art wird die Zeitfolge in Ordnung gebracht. Die Folgen in einer ersten Generation sind für das Überleben der Untereinheit in folgenden Generationen verantwortlich. Malewski gebraucht das Belohnungsmodell einer verallgemeinerten Lerntheorie. Funktionen mit positiven Folgen werden verstärkt. Als ein allgemeines Modell sind Selektionen und Verstärkung sicherlich logisch akzeptabel. Ob die Modelle von konkreten Beweisen gestützt werden können, wird sich herausstellen. Auf jeden Fall werden wahrscheinlich die Methoden und Betrachtungsweise der Neo-Funktionalisten und der allgemeinen Systemtheorie zur Konvergenz tendieren. Wenn dem so ist, so ist dies ein zukünftiger Trend, der sorgfältige Beachtung verdient.

*Kritische Theorie und Dialektik*

Deutschland leistet seinen Beitrag durch das, was als kritische Theorie bekannt geworden ist Dies hat unter den deutschen Soziologen ein Schisma geschaffen, das seine Auswirkungen im Ausland hat. Man muß zwischen der jüngsten und der weiter zurückliegenden Geschichte dieses Trends unterscheiden.

In der Mitte der 1920er Jahre errichtete die Universität von Frankfurt ein Institut für Sozialforschung, dessen Direktor 1931 Max Horkheimer wurde. Einige Jahre bevor Hitler an die Macht kam, führten sie eine Reihe von Untersuchungen durch, deren Ergebnisse vermuten ließen, daß die deutsche Arbeiterklasse der

1968, S. 179–210; *A. Malewski,* Verhalten und Interaktion, Tübingen, J. C. B. Mohr (Paul Siebeck), 1967; *A. L. Stinchcombe,* Constructing Social Theory, New York, Harcourt, Brace, 1968, S. 85 ff.

Hitler-Bewegung wahrscheinlich nicht widerstehen würde, weil die deutsche Familie die Unterwerfung unter Autorität begünstigte[85]. Im Jahre 1932 begann das Institut mit der Veröffentlichung einer Zeitschrift, die die Öffentlichkeit auf eine Reihe von jungen Männern aufmerksam machte, die sich alle einen Namen machen sollten: Theodor Adorno, Walter Benjamin, Erich Fromm, Herbert Marcuse. Die Einleitung zur ersten Ausgabe betonte, daß sich die Zeitschrift mit allen Sozialwissenschaften befassen wollte, weil sich die Gruppe um ein »Verständnis« des gesamten Ablaufs der Geschichte bemühen wollte. Die Titel der Aufsätze dieser ersten Ausgabe waren etwas bedeutsamer. Ein Volkswirtschaftler diskutierte zustimmend die Marxsche Preistheorie, und zwei weitere Aufsätze behandelten jeweils die gesellschaftlichen Determinanten von Literatur und Musik.

»Zur gesellschaftlichen Lage der Musik« von Adorno ist ein Aufsatz über Musik (44 Seiten lang mit einer ebenso langen Fortsetzung in der nächsten Ausgabe), der im Rückblick gesehen die Richtung für das Programm anzeigte. Eine Wiedergabe der ersten drei Sätze wird uns weiterhelfen:

> Wann immer heute Musik erklingt, zeichnet sie in den bestimmtesten Linien die Widersprüche und Brüche ab, welche die gegenwärtige Gesellschaft durchfurchen und ist zugleich durch den tiefsten Bruch von eben der Gesellschaft abgetrennt, die sie selber samt ihren Brüchen produziert, ohne doch mehr als Abhub und Trümmer der Musik aufnehmen zu können. Die Rolle der Musik im gesellschaftlichen Prozeß ist ausschließend die der Ware; ihr Wert der des Marktes. Sie dient nicht mehr dem unmittelbaren Bedürfnis und Gebrauch, sondern fügt sich mit allen anderen Gütern dem Zwang des Tausches um abstrakte Einheiten und ordnet mit ihrem Gebrauchswert, wo immer er übrig sein mag, dem Tauschzwang sich unter[86].

85 Studien über Autorität und Familie, Studien aus dem Institut für Sozialforschung, Paris, Librarie Félix Alcan, 1936.

86 Es ist unmöglich, den Stil des Deutschen zu übersetzen, in dem dieser und alle folgenden Aufsätze von Adorno geschrieben sind. Die Länge der Sätze, der Rhythmus der Worte, die Aneinanderreihung der Hauptworte – die oft mit einer leicht veränderten Bedeutung wiederholt werden – üben hypnotische Wirkung auf den Leser aus, die gewiß etwas von der Anziehungskraft erklären kann, die seine Veröffentlichungen heute für viele junge deutsche Studenten haben.

Als Hitler zur Macht kam, verließ das Institut Deutschland und zog in die Vereinigten Staaten. Wegen dieser Unterbrechung dauerte es einige Jahre, bis eine programmatische Äußerung zur Verfügung stand. Sie erschien 1937 in einem Aufsatz von Horkheimer unter dem Titel »Traditionelle und kritische Theorie[87]«.

Der Aufsatz befaßt sich mit drei Themen. Erstens wird die Struktur der modernen Wissenschaft als ein Element beim Aufstieg der Mittelklasse aus der vorkapitalistischen Welt beschrieben. Dies ist eine Zusammenfassung der wohlbekannten marxistischen Position. Die Vorstellung von einer ihrem eigenen Verlauf folgenden reinen Wissenschaft hatte im neunzehnten Jahrhundert einen befreienden Effekt; heute impliziert sie die Hinnahme des Monopolkapitalismus.

Das zweite Thema befaßt sich mit der Natur dieser neuen Welt. Hier wird die marxistische Theorie selektiver behandelt. Armut, Arbeitslosigkeit und selbst Ausbeutung werden kaum erwähnt. Der Ton liegt auf Entfremdung, Fetischismus und falschem Bewußtsein. Auch heute noch glauben die Menschen, daß sie auf der Grundlage von individuellen Entschlüssen handeln, während ihr Handeln in Wirklichkeit von gesellschaftlichen Mechanismen geprägt wird (S. 253). Ihr Schicksal wird nicht durch den Wettbewerb unabhängiger Individuen, sondern eher durch nationale und internationale Konflikte zwischen den in Regierung und Wirtschaftssystem herrschenden Cliquen bestimmt (S. 259–260). Keiner hat mehr wirklich eigene Gedanken; die sogenannte öffentliche Meinung ist das Produkt der herrschenden privaten und staatlichen Bürokratien (S. 287). Menschliche Solidarität ist wahrscheinlicher unter kriminellen Banden als in der etablierten Gesellschaft zu finden (S. 291).

Die auf dem Hintergrund dieser Notwendigkeit praktizierte soziologische Analyse wird zur kritischen Theorie; dies ist das dritte und wesentliche Thema. Als Selbstverständlichkeit sollte die soziale Analyse auf die eben erwähnten Elemente hinweisen. Aber sie sollte sie nicht als vereinzelte Unzulänglichkeiten, sondern als die Folgen der zugrundeliegenden Sozialstruktur, einem auf Profitproduktion gegründeten System, ansehen. Die Beziehung zwischen der das Bestehende untersuchenden Forschung und den angestrebten sozialen Zielen wird folgendermaßen festgestellt:

87 Zeitschrift für Sozialforschung, Bd. 6, 1937, S. 245–294.

Die Konstruktion des Geschichtsverlaufs als notwendigen Produkts eines ökonomischen Mechanismus enthält zugleich den selbst aus ihm hervorgehenden Protest gegen diese Ordnung und die Idee der Selbstbestimmung des menschlichen Geschlechts, das heißt eines Zustands, in dem seine Taten nicht mehr aus einem Mechanismus, sondern aus seinen Entscheidungen fließen. Das Urteil über die Notwendigkeit des bisherigen Geschehens schließt hier somit den Kampf um ihre Verwandlung aus einer blinden in eine sinnvolle Notwendigkeit mit ein (S. 280–281).

In einem Punkt ist dieser Neo-Marxismus ganz anders als seine frühere Ausprägung. Marx war davon überzeugt, daß das Proletariat eine soziale Kraft war, die die Hebelwirkung für grundlegenden sozialen Wandel liefern würde. Beobachtungen von Hitlers Deutschland, den amerikanischen Gewerkschaften und der sowjetischen Bürokratie haben diesen Glauben erschüttert. In den folgenden Veröffentlichungen wurde dieser »Marxismus ohne Proletariat« sogar noch deutlicher. Aber er ist bereits in dem programmatischen Aufsatz von Horkheimer enthalten. Er schreibt dem kritischen Theoretiker die Aufgabe zu, sich mit »progressiven« Elementen und Individuen (vermutlich aus allen sozialen Klassen) zu verbünden, die »die Wahrhelt sagen« wollen. Dieses Bündnis wird zu einem dialektischen Prozeß führen, der »befreiende, antreibende, disziplinierende, gewalttätige Kräfte« entfalten wird (S. 269). Diese Position ist anders als die, die frühere utopische Sozialisten eingenommen hatten, denn technologische Veränderungen haben eine neue Organisation der Gesellschaft möglich gemacht. »Die kritische Theorie erklärt: es muß nicht so sein, die Menschen können das Sein ändern, die Umstände sind jetzt vorhanden.« (S. 279)

In diesem Aufsatz werden keine konkreten Beispiele angeführt, noch wird die Art der Analyse erläutert. Es blieb zwei von Horkheimers Kollegen überlassen, die Details einzufügen. In einem brillanten Überblick lieferte Herbert Marcuse den historischen Hintergrund: »Die Grundlagen der dialektischen Theorie der Gesellschaft[88]«; einer späteren Ausgabe dieses Werkes fügte er ein instruktives Vorwort über Dialektik an und prägte den Slogan von der »Macht des negativen Denkens[89]«. Für Marcuse sind Dialektik

88 *H. Marcuse,* Reason and Revolution, Boston, Beacon Press, 1960, S. 258–323, deutsche Ausg.: Vernunft und Revolution, Neuwied/Rhein, Luchterhand, 1962, S. 229–282.

und kritische Theorie das gleiche. Sein Vorwort von 1960 faßte den Horkheimer-Aufsatz von 1937 bündig wie folgt zusammen:

> Das dialektische Denken geht von der Erfahrung aus, daß die Welt unfrei ist; das soll heißen, daß Mensch und Natur unter den Bedingungen der Entfremdung existieren, als andere existieren als sie sind . . . die Wirklichkeit zu verstehen bedeutet zu verstehen, was die Dinge wirklich sind, und das wiederum bedeutet, ihre bloße Tatsächlichkeit abzulehnen. Die Ablehnung ist der Prozeß des Denkens wie auch des Handelns.

Fast definitionsmäßig kann ein »Außenseiter« eigentlich nicht sagen, womit sich diese kritische Theorie beschäftigt, obwohl Marcuses historischer Überblick sicherlich sehr hilft, die Hauptabsicht zu erfassen[90].

Man muß diese Kriterien durch eine Hinwendung zu Adorno ergänzen, der zur Verbindung des Berufssoziologen mit der Welt wurde. Adorno sah sich zwei Fronten gegenüber, mit sehr unterschiedlicher Wirkung. Einerseits diskutierte er grundsätzlich die Beziehung zwischen Theorie und empirischer Forschung. Andererseits kommentierte er auch ausführlich konkrete soziologische Themen. Bei diesem zweiten Vorhaben bezog Adorno seine analytischen Beobachtungen im allgemeinen aus dem Bereich der Kultur, und besonders aus dem der Musik, worüber er ein hervorragender Experte ist. Seine allgemeine Methode kann dabei ziemlich leicht lokalisiert werden. In einem Sinn ähnelt sie Parsons, der eine Anzahl seiner Grundkonzepte auf eine Vielzahl von Themen anwendet, wie etwa das medizinische Versorgungssystem, die Kindererziehung, die Beziehungen zwischen den Nationen, usw. Adorno betont ganz im besonderen latente Funktionen, das heißt Zusammenhänge, die vom ober-

89 Für amerikanische Leser war dies eine amüsante Anspielung auf einen populären protestantischen Theologen, der die »Macht des positiven Denkens« predigte.

90 In den jüngsten Jahren ist Marcuse kein Ideengeschichtler mehr, sondern wurde zu einem politischen Propheten, der die deutschen Studenten direkt und Studenten in anderen Ländern indirekt beeinflußte. Es ist leicht zu verstehen, daß jemand, der gegen Ungerechtigkeit, Armut und Krieg ist, sich vom Sog der kritischen Soziologie befriedigt und angeregt fühlt. Obwohl Marcuses neuestes Pamphlet über den Eindimensionalen Menschen viele Auflagen in vielen Sprachen erlebt hat, kann es kaum in einen Überblick über soziologische Trends aufgenommen werden.

flächlichen Beobachter nicht ohne weiteres erkannt werden. Aber als charakteristische Zugabe fügt er außerdem die Betonung von den latenten Funktionen hinzu, die nach seiner Meinung dazu dienen, den modernen Menschen zu täuschen und ihm das Wesen einer im Grunde schlechten Gesellschaft zu verschleiern. So findet man in seinen Schriften viele Äußerungen wie die folgende: »Die Theorie möchte das herausstellen, was im geheimen die ganze Maschinerie in Gang hält«; »empirisch beobachtete Tatsachen spiegeln die zugrundeliegenden, wahren, sozialen Beziehungen nicht wider; sie sind der Schleier, mit dem diese Beziehungen verdeckt werden.« Adorno kommt immer wieder auf die Idee zurück, daß die soziale Wirklichkeit beobachtet und untersucht werden muß, aber mit dem Ziel der Entmystifizierung und der Entlarvung[91]. Als eine Illustration kann man seine Behauptung nehmen, daß die Musik in unserer Zeit zu einem Fetisch geworden ist. Wir leben in einer Welt der Verkaufssteigerung, der Propaganda und der Reklame, die uns die Kategorien aufzwingt, in denen wir die Welt wahrnehmen. Wir glauben an die virtuosen Stars, obwohl wenige von uns einen guten Geiger vom anderen unterscheiden könnten. Das gleiche gilt für die guten Instrumente, und trotzdem eilen wir in Scharen zu einem Konzert, in dem der Vortragende laut Ankündigung eine echte Stradivari benutzen wird. Von einer größeren Symphonie können wir nur die Hauptthemen hören und behalten; in Wirklichkeit arbeiten wir in Kursen zum Musikverständnis nach Plänen, die diese Konkretisation verstärken[92]; ernste volkstümliche Musik und andere Typen werden uns durch Radioprogramme aufgezwungen usw. Nur ein detailliertes Studium dieser Art von Analyse kann deren schöpferisches Element vermitteln; es besteht kein Zweifel daran, daß sie das soziologische Denken bereichert.

Aber an einer anderen Front haben Adorno und seine Gefolgsleute viel Schaden angerichtet. Die Sache wird am besten durch eine kurze zurückgreifende Darstellung erklärt. Als nach

91 An einem Punkt sagt er, daß die empirische Sozialforschung das, »was die Welt aus uns gemacht hat, fälschlich für die Sache selbst« hält. Ein solcher Satz könnte ohne eine eingehende Diskussion dessen nicht verstanden werden, was Hegel meinte, als er sagte, daß die dialektische Methode die wahre Natur der untersuchten Gegenstände ans Licht bringt.

92 »Dies ist die Symphonie, die der Meister Schubert niemals vollendete.«

dem Krieg die Mehrheit der Frankfurter Gruppe nach Deutschland zurückkehrte, versuchten sie zuerst, ihren deutschen Kollegen die Verdienste der empirischen Sozialforschung zu vermitteln, die sie in den Vereinigten Staaten beobachtet hatten. Im Jahre 1951 veranstalteten sie ein allgemeines Treffen über die Rolle der empirischen Sozialforschung – unter dem Vorsitz des ehrwürdigen Leopold von Wiese[93]. Adorno legte das Hauptreferat vor. Offensichtlich fürchtete die ältere Generation von Soziologen, daß diese neuen Methoden die humanistischen Traditionen ihrer Arbeit gefährden würden. Adorno führte viele konkrete Beispiele an, um zu beweisen, daß alle Aspekte der Soziologie durch empirische Untersuchungen bereichert werden können (S. 30–33). Natürlich müssen quantitative Ergebnisse interpretiert werden, aber das ist allen intelligenten Forschern bekannt. Er war besonders bemüht, die Vorstellung zu widerlegen, »die in Deutschland weit verbreitet ist, daß die empirische Sozialforschung nur darin besteht, die Meinungen von Einzelpersonen zu zählen, und daß sie die vielen Probleme übersieht, die auf die Dynamik des Gruppenlebens zurückzuführen sind«. (Zusammenfassung von S. 35) Mit einigen einsichtigen Kritiken zusammen könnte dieser Aufsatz heute als eine recht angemessene Diskussion über den Beitrag konkreter empirischer Untersuchungen zur allgemeinen Soziologie gelten.

Innerhalb eines Zeitraums von fünf Jahren ändert sich aber die Situation vollkommen. Adorno ließ sich auf eine endlose Reihe von Aufsätzen ein, die das Thema Theorie und empirische Forschung behandelten. Diese wurden immer schärfer und die Schmähungen nahmen zu. Dumm, blind, gefühllos, steril wurden homerische Attribute, wann immer der Empiriker erwähnt wurde. Nach Adorno war der empirische Forscher nur an verbalisierten subjektiven Meinungen von Individuen interessiert, denen er naiv vertraute. Wenn man den Aufsatz untersucht, der als erster deutlicher Ausdruck dieser neuen Linie am häufigsten zitiert wird, so kann man kaum glauben, daß er vom selben Autoren stammt wie der eben zitierte[94].

Danach folgte ein Aufsatz dem anderen, von dem jeder das neue

93 Empirische Sozialforschung 1952, Institut zur Förderung öffentlicher Angelegenheiten, E. V., Frankfurt am Main.

94 *T. W. Adorno*, Soziologie und empirische Forschung, in: *E. Topitsch*, Hg., a.a.O. Es ist schwierig, die Veränderungen in Adornos Position zu interpre-

Thema wiederholte. Allen sind zwei Merkmale gemeinsam. Erstens ist der Empiriker ein verallgemeinertes Gegenüber – es werden keine Beispiele von konkreten Untersuchungen angeführt. (Der Aufsatz von 1951 enthielt verschiedene interessante Beispiele). Zweitens wird die Nutzlosigkeit empirischer Forschung nicht durch ihre Produkte bewiesen, sondern von der Überzeugung abgeleitet, daß spezifische Untersuchungen keinen Beitrag zum großen Ziel der Sozialtheorie machen können, die Gesellschaft in ihrer Gesamtheit zu erfassen. Die empirische Forschung war zu einem weiteren Fetisch geworden, der die wahre Natur des gegenwärtigen sozialen Systems verschleierte.

Adornos Position gewann zunehmend an Beachtung, und im Jahre 1961 hielt es die Deutsche Soziologische Gesellschaft für notwendig, eine spezielle Tagung zusammenzurufen, um den Punkt zu diskutieren. Das Hauptthema war die »Logik der Sozialwissenschaften«. Der Vertreter dessen, was man die offizielle Wissenschaftstheorie nennen könnte, war der österreichisch-britische Philosoph Karl R. Popper und der Ko-Referent war T. W. Adorno[95]. Seit dieser Tagung ist die sogenannte positivistisch-dialektische Diskussion zum Hauptthema der deutschen Soziologie geworden.

Keiner der Vorträge brachte irgendwelche Überraschungen. Adorno betonte die Kontinuität seiner Position. »Kritische Soziologie ist, wenn ihre Begriffe wahr sein sollten, der eigenen Idee nach notwendig, zugleich Kritik der Gesellschaft, wie Horkheimer in der Abhandlung über traditionelle und kritische Theorie es entfaltete.« (S. 257) In einer Zusammenfassung der Diskussion wies Dahrendorf darauf hin, daß beide Sprecher so höflich waren, daß es schwierig war, die Grundunterschiede wirklich wahrzunehmen.

tieren. Wenn man seine »mißtrauische« Technik anwenden wollte, könnte man sagen, daß es 1951 noch von Vorteil war, eine »amerikanische Position« einzunehmen, während fünf Jahre später die Tracht der allumfassenden Philosophie wahrscheinlicher zu der Eliteposition führte, die er jetzt einnimmt. Eine freundlichere Interpretation wäre, daß die jüngere Generation deutscher Soziologen von den empirischen Methoden zu stark beeindruckt wurde und daß Adorno der Meinung war, er müsse die bedrängte Position ernsthafter Reflexion unterstützen. Recht gelegentlich überwindet er die Striktheit seiner Argumente noch durch einen wirklich dialektischen Schritt. Der Kinsey-Report ist nach seiner Meinung ein typisches Ergebnis einer statistischen Barbarei, verdient aber gleichzeitig die Verteidigung gegen altmodische Humanisten, die ihn aus ideologischen Gründen kritisieren.

95 »Interne Arbeitstagung der Deutschen Gesellschaft für Soziologie, Tübingen«, in: Kölner Zeitschrift für Soziologie und Sozialpsychologie, 14 (2), 1962.

Nach seiner Meinung lag der einzige klare Unterschied darin, daß für Popper sich die Theorie durch Infragestellung und Überprüfung kontinuierlich entwickelte, während sie für Adorno, wenigstens in ihrem Kern, eine ewige Wahrheit ist. Dahrendorf unterstrich seine Enttäuschung über das Treffen, weil es so wenig Bezüge auf spezifische soziologische Probleme und den Gebrauch der Soziologie für konkrete soziale Entscheidungen gab.

In der Tat besteht ein auffallender Widerspruch zwischen der anhaltenden Erregung über die Debatte und den spärlichen Lehren, die daraus zu ziehen sind. Man hat nahezu das Gefühl, daß die Parteinahme mehr von den Gefühlen über den Vietnam-Krieg als von den Wünschen abhängt, wie man als Soziologe arbeiten möchte. In einem auf die Tübinger Diskussion folgenden Aufsatz brachte Habermas diese Schwierigkeit zum Ausdruck. Er ist der erste, und, so weit ich es sagen kann, der einzige Kommentator, der versucht hat, den Unterschied zwischen »analytischer Wissenschaftstheorie und Dialektik« zu spezifizieren. Er diskutiert die Verschiedenheit unter vier Punkten: 1) wie das Objekt der soziologischen Analyse gebildet wird; 2) das Verhältnis zwischen Theorie und Beweismaterial; 3) das Verhältnis zwischen Wissenschaft und Praxis[96].

Habermas' Bemühungen, den Streit in bestimmte Komponenten zu zerlegen, helfen sicherlich weiter, aber wiederum konnte der Soziologe, der sich von der Atmosphäre der kritischen Theorie angezogen fühlt, nicht erfahren, wie er vorzugehen hätte, wenn er ein bestimmtes Thema in ihrem Geist untersuchen wollte.

Jeder Punkt wird durch ein Zitat aus Adorno beleuchtet und die zusätzlichen Kommentare sind in seinem Stil geschrieben. Die ganze Situation wird durch die Haltung der »Positivisten« erschwert. Eines der deutschen Hauptzentren der empirischen Sozialforschung ist zweifellos die Universität von Köln. Beim Vierten Weltkongreß

96 *J. Habermas*, Analytische Wissenschafts-Theorie und Dialektik, in: *E. Topitsch*, Hg., a.a.O. Habermas spielt in der deutschen Soziologie eine interessante Rolle. Er zählt sich zur Frankfurter Schule, ohne zur ursprünglichen Gruppe gehört zu haben. Er führte eine ausgezeichnete empirische Studie über Studenten und Politik durch, aber hatte keinen Erfolg dabei, seine Ergebnisse mit seiner allgemeinen sozialen Analyse in Verbindung zu bringen. Er schrieb ein erhellendes Buch mit vielem interessantem Material über die historischen Veränderungen im Begriff der öffentlichen Meinung. Gleichzeitig veröffentlichte er eine lange Monographie über die Logik der Sozialwissenschaften, die niemals auf irgendwelche historischen oder empirischen Forschungen Bezug nimmt.

für Soziologie (1959) lieferte R. König, ihr Senior unter den Soziologen, eine treffende Beschreibung der kritischen Theorie, die durch gut ausgewählte Zitate unterstützt wurde[97]. Er kommt zu einem pessimistischen Schluß: man sollte zwischen einer »Gesellschaftstheorie« und »soziologischer Theorie« scharf unterscheiden und sich vor der ersteren hüten. Der kritische Theoretiker ergeht sich in Spekulationen, wobei er »Datenmaterial in unkritischer und unkontrollierter Art benutzt und zu voreilig und schnell zu seinen Schlüssen kommt... Die Forschung hat in sich selbst keine Bedeutung, zum Beispiel um eine Hypothese zu stützen oder zu widerlegen, sondern wird lediglich gebraucht, um eine revolutionäre Aktion zu unterstützen«. Durch diese Trennung der beiden Gebiete schließt er von vornherein die Möglichkeit aus, einsichtige Elemente der kritischen Theorie zur Bereicherung des gesamten Feldes zu gebrauchen. Die Konsequenz kann an dem wichtigen deutschen Text zur empirischen Sozialforschung verdeutlicht werden, den die Kölner Gruppe veröffentlicht hat. Der Abschnitt über die philosophischen Grundlagen der Sozialforschung erwähnt die kritische Soziologie nicht einmal. Noch läßt sein Autor ihr Platz in seinem Handbuch über die Grundlagen der Sozialwissenschaften[98].

Man muß in ein anderes Land gehen, um den einzigen, mir bekannten Versuch zu finden, aus der Dialektik eine Art Forschungsoperation zu machen, die lehrbar und erlernbar ist. Ich beziehe mich hier auf das Werk eines französischen Soziologen, der in dieser Richtung einen ernsthaften Versuch unternommen hat. In einem Buch über *Dialectique et Sociologie*[99] bringt Georges Gurvitch einen ausführlichen Überblick über dialektische Ideen in der Geschichte der Philosophie. Dann beschreibt er seine eigene Posi-

97 *R. König*, On Some Recent Developments in the Relation between Theory and Research, in: Transactions of the Fourth World Congress of Sociology, Bd. II, 1959, S. 275–290.
98 *H. Albert*, Hg., Theorie und Realität, Tübingen, Mohr, 1964, und in: Handbuch der empirischen Sozialforschung, Stuttgart, Enke, 1967, S. 38–64. Der britische Soziologe Bottomore hat für die neue International Encyclopedia of the Social Sciences einen eindringlichen und informativen Beitrag über marxistische Soziologie geschrieben. Auch er hebt hervor, daß das marxistische Erbe in eine philosophische und eine empirische Strömung gespalten wurde. Obwohl er sich nicht deutlich dazu ausdrückt, habe ich den Eindruck, daß er mehr an eine gegenseitige Beeinflussung glaubt als es Köln oder Frankfurt tun.
99 Dialectique et Sociologie, Paris, Flammarion, 1962.

tion, die er operationale Dialektik nennt und die er als ein wichtiges Werkzeug der soziologischen Forschung sieht. Er warnt davor, aus der Dialektik ein Allheilmittel zu machen. Nach seiner Meinung ist ein Widerspruchsfetischismus gefährlich. Man sollte statt dessen fünf spezifische dialektische Verfahren unterscheiden, die in verschiedenen Kombinationen ein nützlicher Ausgangspunkt für jede soziologische Arbeit sind. Es ist nicht leicht, Gurvitchs Vorstellungen zu verdichten, aber die folgende Zusammenfassung sollte ein allgemeines Bild geben.

Eine dialektische Operation besteht in der Auswahl von zwei Elementen in einer sozialen Situation und dann in der Betrachtung ihrer Beziehung. Sie können einander ergänzen und sich gegenseitig beeinflussen und sie können Zweideutigkeiten für die Beteiligten schaffen. Es ist diese Beziehung und das Ergebnis, zu dem sie führt, die den Kernpunkt der verschiedenen Operationen bilden. Der wesentliche Inhalt der Elemente kann von einem Fall zum anderen stark variieren. Ich gebe die französischen Überschriften und ein kurzes Beispiel für jedes Verfahren wieder. Ein Kenner der angelsächsischen Literatur wird an vielen Punkten Ideen wiederfinden, die ihm in einer anderen Terminologie vertraut sind.

1. *La complémentarité dialectique.* Hier ist der thematische Gegenstand die Beziehung zwischen uns und den anderen, zwischen geplanten und spontanen Aktivitäten, und so weiter. Einige der Beispiele kommen dem Begriff des Rollenkonflikts nahe (S. 196 f).
2. *L'implication dialectique mutuelle.* Dies betrifft die gegenseitige Wechselwirkung zwischen Sozialstruktur und Technologie, zwischen allgemeinen kulturellen Strukturen und sozialer Interaktion auf der eher makroskopischen Ebene. In diesen zweiten Vorgang der Dialektisierung schließt Gurvitch auch die Art und Weise ein, in der ein Land kulturelle Importe seinen eigenen Traditionen anpaßt.
3. *L'ambiguité dialectique.* Hier werden viele Beispiele der gegenseitigen Interaktion wieder aufgenommen, aber unter einem neuen Gesichtspunkt. Ein Individuum oder eine Gruppe, die an den Überschneidungsstellen von zwei oder mehreren sozialen Systemen lebt, hat oft beträchtliche Schwierigkeiten, die eigene soziale Identität zu finden. Die Literatur über Bezugsgruppen könnten hier relevant sein (vgl. besonders S. 206).

4. *La polarisation dialectique.* Wie man erwarten würde, gibt es immer auch die Möglichkeit einer antagonistischen Entwicklung. Dies ist wahrscheinlich das Verfahren, das dem konventionelleren Begriff der Dialektik am nächsten kommt. Offensichtliche Beispiele stammen aus dem Antagonismus zwischen Klassen, Revolution und Krieg.
5. *La mise en réciprocité de perspectives.* Dieses dialektische Verfahren besteht in der Hervorhebung der Elemente, die weder Identifizierung noch Trennung sind, aber bei denen die Reziprozität so intensiv geworden ist, daß sie zu einem feststellbaren Parallelismus führt. Seine Beispiele sind leichter zu verstehen als der Begriff selbst. Bürokratische Organisationen schaffen bestimmte Persönlichkeiten und ziehen sie auch an. Die öffentliche Meinung ist ein Aggregat individueller Meinungen zu einem Zeitpunkt, aber führt umgekehrt auch zur Veränderung individueller Meinungen. Erfindungen sind auf individuelle Schöpfung zurückzuführen, ereignen sich aber wahrscheinlicher unter bestimmten historischen Bedingungen.

Gurvitch drückt sich deutlich über die Rolle aus, die seine dialektischen Verfahren in der soziologischen Arbeit spielen sollen. »Sie geben uns keine Erklärung, sie führen uns an deren Schwelle. Die Dialektik ist eine Vorbereitung für den Rahmen der erklärenden Arbeit« (S. 218 f).

Aus zwei Gründen schien es gerechtfertigt, die Aufmerksamkeit auf Gurvitchs Ideen zu lenken. Einmal sollte jede Bemühung Applaus finden, die versucht, so vage Begriffe wie Dialektik konkret zu erklären[100]. Zweitens gibt es hier eine auffallende Parallele zwischen Gurvitchs dialektischen Operationen und Parsons Strukturvariablen. In beiden Fällen wird der Standpunkt vertreten, daß bei jeder soziologischen Untersuchung eine Anzahl von grundlegenden Orientierungen in Betracht gezogen werden sollten. Allerdings denkt Parsons vor allem an die Orientierung eines handelnden Individuums oder eine Gruppe, während Gurvitch mehr im Rahmen des analysierenden Soziologen denkt, aber die beiden Per-

100 Ich möchte hier meinen Aufsatz über »Administrative and Critical Communications Research: Studies in Philosophy and Social Sciences«, 1941, S. 2–16 zitieren, in dem ich versucht habe, die Gedanken der kritischen Theorie auf einem bestimmten Gebiet zu erklären. Ich habe versucht, die »Operationen, in die die kritische Kommunikationsforschung zerlegt werden kann«, zu entziffern. Rückblickend glaube ich nicht, daß ich damit Erfolg hatte.

spektiven können leicht aufeinander übertragen werden. Nur auf Grund einer detaillierteren Untersuchung könnte man entscheiden, ob es zusätzliche Parallelen zwischen den fünf Dimensionen gibt, die beide Autoren entwickeln.

Schließlich eine vergleichende Bemerkung. Es gibt kaum eine andere Idee, die in verschiedenen Ländern ein so unterschiedliches Leben führen würde. In den 16 Bänden der neuen *International Encyclopedia of the Social Sciences* gibt es keinen Beitrag über den Begriff »Dialektik«. Andererseits heißt es in einem einfachen Einführungshandbuch über *Méthodes des Sciences Sociales,* das zwei Professoren des Rechts für ihre Studenten geschrieben haben, ganz selbstverständlich, daß die dialektische Methode »die vollkommenste, die reichste und offensichtlich die am weitesten entwickelte Erklärungsmethode in der Soziologie ist[101]«. Der amerikanische Standard-Sammelband über die Philosophie der Sozialwissenschaft enthält keinen Aufsatz zur Dialektik[102]. Der entsprechende deutsche, von Topitsch herausgegebene Sammelband, den wir wiederholt zitiert haben, enthält drei Aufsätze zu diesem Thema.

Diese letzte Diskussion hat uns bereits von Deutschland nach Frankreich geführt. Wir können dieses Land nicht verlassen, ohne wenigstens kurz auf sein jüngstes Interessengebiet Bezug zu nehmen.

*Strukturalismus*

Es kann kein Zweifel daran bestehen, daß der Strukturalismus in der Linguistik, in der Anthropologie und in der Literaturkritik ein wichtiger Streitpunkt ist. Man könnte auch auf konkrete Arbeiten hinweisen, die den Versuch einer vernünftigen Definition erlauben würden, aber weder das Werk von Lévi-Strauß noch die Bewegung um Roland Barth gehören in den Bereich dieses Aufsatzes, und in der Soziologie kann ich keine wirklichen Spuren finden. Piaget hat eine Monographie geschrieben, in der er argumentiert, daß der Strukturalismus das ganze moderne Denken einschließlich der Sozialwissenschaften durchdringt. Wenn es aber um die Soziologie

101 *R. Pinto,* und *M. Gravitz,* Méthodes des Sciences Sociales, Paris, Librairie Dalloz, 1964, S. 379.

102 *M. Broadbeck,* Hg., Readings in the Philosophy of the Social Sciences, New York, Macmillan, 1968.

geht, bringt er kaum ein konkretes Beispiel. Wenn wir vorläufig die Untersuchung von Kleingruppen beiseite lassen, so ist der einzige, von Piaget genannte soziologische Bezug die Art, in der Parsons den Begriff »Struktur« gebraucht[103]. Manchmal bekommt man den Eindruck, daß Piaget glaubt, daß wann immer mathematische Modelle gebraucht werden, sie definitionsmäßig Teil der Bewegung des Strukturalismus sind. Aber das würde kaum zur Klärung des umstrittenen Punktes beitragen.

In Wirklichkeit kommt der einzige Typ dieser Soziologie, den ich finden konnte, aus Quellen, die außerhalb von Frankreich liegen. Wenn Linguisten verschiedene Sprachen klassifizieren, so stellen sie oft allgemeine Attributsräume auf, in die die verschiedenen Sprachen einzuordnen sind. Dabei gebrauchen sie implizit die Art der Substruktion, die am Ende unseres Abschnitts I diskutiert wurde. Ein amerikanischer Linguist hebt die Parallele sogar besonders hervor[104].

Ein weiteres Problem könnte ebenfalls in eine Diskussion des Strukturalismus gehören: die Typologie der großen sozialen und wirtschaftlichen Systeme, die seit kurzem wieder aufgenommen wurde. Das Interesse hat wahrscheinlich bei Marx seinen Ursprung, der sehr an einer Beschreibung der historischen Phasen der Gesellschaft interessiert war, die dem Ursprung des voll entwickelten Kapitalismus vorausgingen[105].

Der jüngste soziale Wandel in unterentwickelten Ländern hat die Sozialwissenschaftler ganz stark auf das Problem aufmerksam gemacht. Werden diese Länder auf dem Weg zur modernen Industrialisierung Gesellschaftsformen entwickeln, die sich von den bisher bekannten unterscheiden? Wenn dem so ist, wie kann man sie dann beschreiben, ohne Vorurteile einzuführen, die sich aus der Erfahrung der westlichen Sozialwissenschaftler ergeben können. Kula hat davon gesprochen, daß so etwas wie eine Anthropologie der westlichen Industriegesellschaft nötig sein würde, die vom Standpunkt etwa eines afrikanischen Sozialwissenschaftlers aus ge-

103 *J. Piaget,* Le Structuralisme, Paris, Presses Universitaires de France, 1968, S. 86.
104 *J. Greenberg,* Nature and Use of Linguistic Typologies, in: International Journal of American Linguistics, 23 (2), April 1957.
105 Vgl. die Einleitung von *E. J. Hobsbawm* zu einer neuen Übersetzung von *Marx,* Pre-Capitalist Economic Formation, New York, International Publishers, 1965.

schrieben wäre[106]. Die intensivste Arbeit zu dieser Art sozialer Typologie wurde von Wittfogel in seinem Werk über die asiatischen despotischen Gesellschaften geleistet. In seiner größten Veröffentlichung bringt er auch einen Überblick über die Geschichte dieser typologischen Idee; seine Information ist lehrreich, aber wahrscheinlich auf Grund seiner strengen Haltung eines bekehrten Anti-Kommunisten voreingenommen[107]. Es ist interessant zu bemerken, daß auch Historiker Interesse an diesem Problem gefunden haben, was durch eine kollektive Arbeit über den Feudalismus bezeugt wird, die die Frage aufwirft, ob der von der europäischen Geschichte abstrahierte Typ auch auf die Geschichte anderer Länder angewandt werden kann[108]. Das Buch von Eisenstadt über die zentralisierten Bürokratien, das in Abschnitt II besprochen wurde, würde ebenfalls eine neuerliche Analyse von diesem typologischen Standpunkt aus verdienen[109].

Damit ist unser Überblick über die wichtigsten Bemühungen zur Entwicklung dessen abgeschlossen, was als soziale Theorie bekannt geworden ist. Wir sahen uns ständig gezwungen, auf nationale Unterschiede hinzuweisen. Das wirft die Frage auf, welche anderen Unterschiede zwischen Soziologen verschiedener Länder zu bemerken sind. Diesem Thema ist der nächste Abschnitt gewidmet.

106 *W. Kula,* On the Typology of Economic Systems, in: The Social Sciences: Problems and Orientations, a.a.O., S. 108–144.
107 *K. A. Wittfogel,* Oriental Despotism: a Comparative Study of Total Power, New Haven, London, Yale University Press, 1957.
108 *R. Coulborn*, Hg., Feudalism in History, Princeton, N.J., Princeton University Press, 1956.
109 Bei der Niederschrift dieses Essays wurde ich ziemlich spät durch den polnischen Marxisten Professor Sachs auf dieses ganze Thema aufmerksam gemacht. Die gesamte hier erwähnte Literatur bedarf einer sehr viel detaillierteren Untersuchung, als ich sie im Augenblick leisten kann.

## IV NATIONALE ABWEICHUNGEN IN SOZIOLOGISCHEN AKTIVITÄTEN

Zwischen den beiden Weltkriegen hat sich das Interesse an der empirischen Forschung und oft an der Quantifizierung in jedem Land gesteigert, in dem die Soziologie existierte. Während des Zweiten Weltkrieges wurde dieser Trend nur in den Vereinigten Staaten nicht unterbrochen, wo die Regierung und private Stiftungen die Sozialforschung als Hilfe bei der Mobilisierung der Kräfte der Menschen des Landes unterstützten. Sobald der Krieg zu Ende war, brach das aufgestaute Interesse an empirischen Untersuchungen durch und zog besonders die jüngere Generation an[110]. Die einzige Quelle für Literatur und methodologische Erfahrung waren die Vereinigten Staaten. Es nimmt deshalb nicht Wunder, daß viel von dem uns zur Verfügung stehenden Material den Zeitraum um 1946 (in den osteuropäischen Ländern um 1956) als Wendepunkt ihrer soziologischen Entwicklung nennt[111].

Als eine Folge davon besteht beträchtliche Uniformität in den aus allen Ländern berichteten Aktivitäten. Jede Phase des modernen Lebens ist entweder im Augenblick Thema von empirischen Untersuchungen oder es wird der Hoffnung Ausdruck gegeben, daß dies bald der Fall sein wird. Besonders in den größeren, stärker industrialisierten Ländern, ist die einzige Frage gewöhnlich die, ob ein Gebiet im Rahmen des zur Verfügung stehenden Geldes oder Personals stärker oder schwächer vertreten ist.

110 Mit Fallschirmen abgesetzte norwegische Saboteure, die sich viele Monate lang in den Bergen versteckten, forderten eine Reihe von Büchern an; eines davon war Lundbergs *Social Research*. Wie in Abschnitt III bereits erwähnt wurde, wurden empirische Untersuchungen in der stalinistischen Zeit in sozialistischen Ländern mit Skepsis betrachtet. Wo immer das Tauwetter einsetzte, wurden solche Untersuchungen sofort in Angriff genommen, wieder meistens von jüngeren Sozialwissenschaftlern.

111 *G. Kiss*, History of the Development of Sociology in Hungary from 1945, in: The American Sociologist, 2 (3), Aug. 1967, S. 142; A. N. J. den *Hollander*, Sociology in the Netherlands, in: Contemporary Sociology in Western Europe and America (Proceedings of the First International Congress of Social Sciences of the Luigi Sturzo Institute, Rome, 5–10 September 1967), S. 485–486; *J. Viet*, Tendances récentes de la recherche sociologique en France, in: ebd., S. 184; *E. Allardt*, Scandinavian Sociology, in: Social Science Information, 6 (4), Aug. 1967, S. 225; Orientation Générale de la Recherche et Sociologie: Réponse de l'Académie des Sciences de l'URSS au questionnaire d'Enquête sur les Tendances de la Recherche dans les Sciences de l'Homme, UNESCO document SS/3.241.1/f/13, 31. January 1967, S. 7.

Vergleichbares statistisches Material über die augenblickliche soziologische Forschung nach Thema oder Kategorie in allen Ländern wäre recht nützlich. Berichte über ähnliche Bemühungen haben den Vorteil, daß sie immer mehr komparatives Material zum gleichen Thema zur Verfügung stellen. Einige Beispiele für solche parallel laufende Forschung wurden im Abschnitt II über die Makrosoziologie angeführt, und viele weitere Beispiele sind in Kapitel X von Herrn Rokkan (a.a.O.) zu finden. Eine ernste Frage ergibt sich: besteht die Gefahr, daß diese Uniformität nationale Unterschiede unterdrücken könnte, die für die Entwicklung des gesamten Gebietes produktiv sein könnten? Unsere Informationen sind nicht detailliert genug, um diese Frage zu beantworten, aber wir sind in der Lage, auf einige nationale Unterschiede hinzuweisen, die hier festgehalten werden sollen.

Mindestens drei Vorteile sollten aus einem solchen Überblick erwachsen. Erstens könnte er die Basis für eine Untersuchung über die Wissenssoziologie bilden. Welches sind die sozialen Faktoren, die für Abweichungen verantwortlich sind? Zweitens könnte eine solche Aufstellung als Informationsquelle über Material und Ideen gebraucht werden, die nur in einem oder wenigen Ländern zur Verfügung stehen. Schließlich sollte solch ein Vergleich den Sozialwissenschaftlern Probleme und Verfahren ins Bewußtsein rücken, die sie übersehen haben könnten, weil sie den intellektuellen Strömungen der eigenen Länder zu nahe sind. Wir teilen unseren Bericht in zwei Teile. Der erste behandelt die Thematik; der zweite umfaßt eine Anzahl von spezifischen methodologischen und administrativen Fragen.

Zur leichteren Orientierung teilen wir den ersten Teil in drei Unterabschnitte. In bestimmten Ländern werden einige Themen stärker oder sogar einzig deswegen betont, weil die soziale Wirklichkeit die Soziologen darauf aufmerksam macht. In einer zweiten Gruppe von Beispielen sind die Unterschiede mehr auf die allgemeine kulturelle Tradition des Landes zurückzuführen. Dieses sind wahrscheinlich die wichtigsten. Gegenwärtige empirische Forschungsverfahren sind, zum guten oder schlechten, vom amerikanischen, sowohl akademischen wie nationalen kulturellen Milieu geprägt worden. Man ist allgemein der Hoffnung, daß, wenn diese Methoden in anderen Ländern eingeführt werden, sie durch die nationale intellektuelle Tradition verändert und erweitert werden.

Auch ist es nicht immer leicht gewesen, zwischen diesen beiden Kategorien zu unterscheiden (ist es *wirklich* kulturell?). In einigen Fällen geben wir zu, daß die endgültige Entscheidung etwas willkürlich gefällt worden sein könnte.

Manchmal wird eine Thematik wegen des persönlichen Interesses eines prominenten Forschers bevorzugt behandelt, oder weil zufällig eine Institution besteht, die den Fluß der Arbeit in einer bestimmten Richtung erleichtert. Solche Fälle wurden in einer dritten Gruppe klassifiziert und zufällige Abweichungen genannt. Eine verfeinerte Analyse könnte erbringen, daß selbst diese Zufälle durch eine kulturelle Tradition oder die Sozialstruktur eines Landes erklärt werden können. Aber uns fehlt die nötige Einsicht; und wir müssen solche Verfeinerungen besser informierten Wissenschaftlern überlassen.

Der zweite Teil unseres Berichtes behandelt ausgewählte Kontroversen, Schwierigkeiten und Widerstände, die die Entwicklung der Soziologie in verschiedenen Ländern umgeben.

*Abweichung in der Thematik: Schwerpunkte und Objekte der Forschung*

*A. Thematische Abweichungen*

In einer Reihe von Ländern, besonders in den Entwicklungsländern, hat die nationale Sorge um die Modifizierung traditioneller Sozialstrukturen das Interesse der Soziologen auf einen gemeinsamen Brennpunkt gerichtet. Ein Beispiel ist Indien mit seinem Problem der Kasten und Dörfer, wo sachgemäße Arbeit um ihrer selbst willen interessiert. Dies verbindet den Soziologen auch mit dem größten politischen Problem des Landes: wie eine zentrale Verwaltung angesichts solcher Heterogenität und Fragmentierung zu organisieren ist. Ähnlich beschäftigen sich unter dem Einfluß der Industrialisierung viele afrikanische Länder und selbst Japan mit den Veränderungen ihres traditionellen Verwandtschaftssystems. Eine Konzentration der Soziologie auf den Einfluß des sozialen Wandels ist auch im Iran offensichtlich[112].

Eine der bündigsten Äußerungen über die Ziele der Soziologie in

112 Vgl. *E. Naraghi,* La sociologie et la société en Iran, in: Revue Française de Sociologie, 8 (2), Apr./Juni 1967, S. 184.

einem Entwicklungsland stammt von einem indonesischen Soziologen:

Außer an den Universitäten zeigt sich auch bei der Beratungsversammlung des Volkes und bei der Regierung ein wachsendes Interesse an der Anwendung der Soziologie. Man hofft im besonderen, daß die Soziologie einen nützlichen Beitrag zur Verwirklichung des Plans einer allgemeinen nationalen Entwicklung leisten kann ... Ein weiterer Faktor, der die Entwicklung der Soziologie angeregt hat, ist das wachsende Bewußtsein, daß die wirtschaftliche Entwicklung nicht nur durch wirtschaftliche Maßnahmen in Gang gesetzt werden kann, sondern daß sie gleichermaßen eine gründliche Kenntnis der Struktur und der Merkmale der Gesellschaft wie auch der in ihr wirksamen Kräfte erfordert. Daher hat sich bisher die Erkenntnis verbreitet, daß man die Soziologie und die soziologische Forschung braucht, um die praktischen Maßnahmen durchzuführen, die die Regierung als Teil ihrer gesamten Verantwortungen unternimmt. Zu diesen Maßnahmen gehören zum Beispiel die Rehabilitierung von Verurteilten, die Integration kultureller Untergruppen in die indonesische Gesellschaft, die in isolierten Wald- und Gebirgsgebieten leben, Versuche zur Integration und Assimilation von Minderheiten- und Mehrheitsgruppen, die Demobilisierung der Mitglieder der Streitkräfte und die Entwicklung der Dorfgemeinschaften im weitesten Sinn des Begriffs[113].

Ein weiteres Phänomen, das sich im Iran und in Nordafrika zeigt, könnte typisch für die Entwicklungsländer sein oder auch nicht, aber ist für die zukünftige Entwicklung der Soziologie sicherlich von Bedeutung. Dies ist die Tendenz der Soziologen, die Avantgarde der wachsenden Intelligentsia zu bilden und auf Grund ihrer beruflichen Einstellung zu »sozialen Tatsachen« ein Bindeglied zwischen der politischen Entscheidungsfällung einerseits und den sozialen Bedürfnissen und Strömungen andererseits zu bilden[114].

113 *S. Sumardjan,* Perkembangan Ilmu Sosiologi di Indonesia (Die Entwicklung der Soziologie in Indonesien), in: *M. Makagiansar* und *W. Nitisastro,* Hgg., Research di Indonesia, 1945–1965, Bd. IV, Economics, Social and Cultural Sciences, Balai Pustaka, Ministry of National Research of the Republic of Indonesia, 1965, S. 349–350.

114 *Naraghi,* a.a.O.; *Jean Duvignaud,* La Sociologie maghrébine, in: Cahiers Internationaux de Sociologie, 44, Jan./Juni 1968, S. 141.

In den entwickelten Ländern wird die Richtung der soziologischen Arbeit oft von den Bedürfnissen beeinflußt, die sich auf der Ebene der nationalen Politik manifestieren. Ein Beispiel hierfür ist Italien, wo die Ungleichgewichtigkeit zwischen dem Norden und dem Süden die Ursache für viele soziale, politische und wirtschaftliche Probleme war:

> Wegen ihrer Genauigkeit hat die Forschungsarbeit weiterhelfende Ergebnisse gezeitigt, selbst wenn sie makrosoziale Themen wie etwa die der wirtschaftlichen Entwicklung behandelte. Der Fall Italiens hatte – und hat nach wie vor – einige besondere Merkmale in bezug auf die Typologie von Fällen, die die ungeheure Menge wirtschaftlicher und soziologischer Literatur der 1950er Jahre füllten. Die Unterentwicklung in Italien war ein Problem der Ungleichgewichtigkeit sowohl territorialer wie regionaler Art innerhalb eines sozialen Systems, das von unterschiedlichen kulturellen Aspekten gekennzeichnet wurde. Das sichtbarste Syndrom dieser Ungleichgewichte wurde nicht nur von Unterschieden in der kulturellen Struktur und im Pro-Kopf-Einkommen zwischen Norden und Süden repräsentiert, sondern vor allem von den ungeheuren Wanderungsbewegungen vom Süden in den Norden (wie auch ins Ausland) . . . Die Industrialisierung des Südens und der Ausgleich regionaler Ungleichgewichte wurden zum erklärten Ziel der Regierungspolitik[115].

Daher rührt ein Strom von Untersuchungen über die Wanderung innerhalb und nach außerhalb des Landes, über die Gebiete, in denen der Exodus stattfand, und über die, die die Einwanderer anzogen, über das Problem der sozialen Integration des Einwanderers in das sozio-kulturelle System des Aufnahmegebietes, über die Industrialisierung einiger kleiner südlicher Gebiete und die sich daraus ergebende Entvölkerung des Landes, über das Problem der sozio-kulturellen Schranken und seine Beziehung zur wirtschaftlichen Entwicklung usw.

Das neue wirtschaftliche Experiment der Selbstverwaltung in Jugoslawien, selbst eine Frage der Politik, hat eine Konzentration der Forschung auf dieses Gebiet ermutigt:

> Es sollte hervorgehoben werden, daß die Selbstverwaltung bei-

115 *F. Leonardi,* Italian Sociology within the Framework of Contemporary Sociology, in: Contemporary Sociology . . ., a.a.O., S. 52–53.

nahe das einzige Thema von Interesse für viele Institute (der Soziologie) darstellt, ungeachtet der Tatsache, daß es zahllose andere Probleme im jugoslawischen sozialen Leben gibt. Dies ist ein Spiegelbild des wichtigen Widerspruches, der heute Teil der jugoslawischen Gesellschaft ist, des Widerspruches zwischen einer Bürokratie mit der Tendenz zur Zentralisierung und einer entgegengesetzten Strömung derer, die die Dezentralisierung und Autonomie bevorzugen und die versuchen, die Verbreitung der Selbstverwaltung auf jedem Sektor institutionalisierter sozialer Aktivität durchzusetzen[116].

In Skandinavien ist die soziologische Forschung oft ein Instrument der Sozialpolitik gewesen oder wurde zumindest von ihr angeregt. In Schweden »war der Wunsch nach einer umfassenderen Untersuchung der Familien- und Bevölkerungsprobleme einer der Faktoren hinter der Einführung der Soziologie als einer akademischen Disziplin[117]«. Und es wurde darauf hingewiesen, daß »ein großer Teil der dänischen Soziologie von ihrem praktischen und nicht-theoretischen Ansatz in bezug auf die soziale Wohlfahrt und soziale Probleme charakterisiert wird[118]«.

Auch der folgende Kommentar über die finnische Soziologie enthüllt eine besondere Orientierung, die von der Sozialpolitik des Staates beeinflußt wird:

> Zum Teil auf Grund der überlegten und vernünftigen Politik des finnischen staatlichen Alkoholmonopols sind soziologische Untersuchungen über den Alkoholverbrauch und das Trinkverhalten zu einer wichtigen Spezialität der finnischen Soziologie geworden. Verschiedene große soziologische Studien sind vom Forschungsinstitut (für Alkoholstudien) veröffentlicht worden[119].

Die belgische Soziologie ist offensichtlich ebenfalls den Forschungsmöglichkeiten gegenüber recht aufgeschlossen gewesen, die von der Existenz verschiedener sozialer Probleme gestellt werden:

116 *O. Mandič,* The Present State of Sociology and its Development in Yugoslavia, in: Contemporary Sociology . . ., a.a.O., S. 443; zum Beispiel reichte das Institut für Soziologie und Philosophie an der Universität von Ljubljana der UNESCO eine Liste von Forschungsprojekten ein, die nicht weniger als fünf über die Selbstverwaltung enthielt.

117 *G. Carlsson,* Sociology in Sweden, in: Contemporary Sociology, a.a.O., S. 565.

118 *Allardt,* a.a.O., S. 230.

119 Ebd., S. 235.

Genauso wie im 19. Jahrhundert unter der Anregung von Quételet und Ducpétiaux haben die seit dem letzten Weltkrieg entwickelten Untersuchungen ihre Untersuchungsthemen aus Gebieten genommen, in denen sich soziale Probleme ergeben haben; die Assimilierung von ausländischen Arbeitern, erklärende Tabellen und Kommentare zu den Ergebnissen politischer Wahlen, die religiöse Praxis, die Arbeit und industrielle Beziehungen, Haushaltspläne der Familien, die Geburtenrate und alte Leute können als einige Beispiele unter vielen anderen genannt werden[120].

Auch der niederländische Soziologe »neigt dazu, sich auf die Untersuchung der niederländischen Gesellschaft und ihrer Probleme zu beschränken[121]«.

In einer Reihe von Ländern hat die offizielle Wahrnehmung von scharfen Unterschieden in der Position innerhalb der sozialen Schichten von verschiedenen ethnischen Gruppen die soziologische Forschung über dieses Thema angeregt. Beispiele dafür wären die Franzosen in Kanada, die Kasten in Indien, die Westinder und Asiaten im Vereinigten Königreich und die Indianer in Südamerika. In bezug auf die letzteren haben eine Reihe von südamerikanischen Ländern nationale Institute für indianische Angelegenheiten, die Forschung soziologischer Art in interdisziplinärem Rahmen pflegen, wozu besonders die Anthropologie gehört. So hat zum Beispiel das *Instituto Nacional Indigenista* »äußerst wichtige soziologische Untersuchungen über verschiedene Eingeborenengruppen und -zonen in Mexiko durchgeführt[122]«. Außerdem »organisiert und koordiniert« das *Instituto Indigenista Interamericano*, das seinen Sitz ebenfalls in Mexiko hat, »anthropologische und soziologische Forschungen über verschiedene Eingeborenenzonen und -gruppen auf dem Kontinent[123]«. Im englischen Vereinigten Königreich hat der jüngste gewaltsame Ausbruch von Rassenkonflikten offensichtlich als wichtige Anregung für das Anwachsen der Soziologie auf diesem Gebiet geführt:

120 *P. de Bie*, La sociologie en Belgique, in: Contemporary Sociology . . ., a.a.O., S. 115.
121 *T. Caplow*, Sociology in the Netherlands: Problems and Opportunities, in: Mens en Maatschappij, 40 (6), Nov./Dez. 1965, S. 429.
122 *L. Zea*, Sociology in Contemporary Mexico, in: Contemporary Sociology . . ., a.a.O., S. 919.
123 Ebd.

Es gibt ein weiteres soziales Problem, das im Großbritannien von heute sowohl von Bedeutung als auch neu ist – neuer als die Armut im Überfluß – nämlich das der Rassenbeziehungen. Untersuchungen über Einwandererminderheiten wurden vor einiger Zeit anfänglich von Anthropologen durchgeführt, die zweifellos glücklich waren, Themen direkt vor der Tür zu finden, an denen sie ihre Talente und Methoden erproben konnten. Der Schock, den Rassenunruhen und die Anhäufung von Material zur Rassendiskriminierung hervorgerufen hatten – zusammen mit der wachsenden Einwanderungsflut zunächst aus Westindien und dann aus Asien –, gaben der Forschung neuen Ansporn. Bisher wurde nur ein kleiner Teil der Ergebnisse der jüngsten Untersuchungen veröffentlicht, zum Beispiel aus dem in den letzten zwei Jahren vom *Institute of Race Relations* finanzierten Programm[124].

In einigen Ländern wird das Interesse der Soziologen von einer besonderen politischen Entwicklung geprägt. Englische Soziologen sind nach wie vor an der sozialen Schichtung interessiert[125], weil sie eine starke aristokratische Tradition mit einer sehr weitreichenden gegenwärtigen Demokratisierung zu vereinen haben. Gleichermaßen haben Untersuchungen zur Bildungssoziologie (was der Sektor der Soziologie ist, der in Großbritannien mehrere Jahre lang am meisten in Mode war[126]) »sich als eines der Hauptziele die Prüfung der Beziehungen zwischen Bildungserfahrung und -chancen und der sozialen Klassenposition vorgenommen[127]«. In Frankreich hat die führende jüngere Soziologengruppe meistens eine marxistische Vergangenheit. Als Folge differenzieren ihre Untersuchungen die Haltungen der Arbeiter weit mehr als es andere westliche Länder tun[128].

Die jüngste Geschichte eines Landes beeinflußt manchmal die

124 *T. H. Marshall,* British Sociology Today, in: Contemporary Sociology . . ., a.a.O., S. 375.

125 Ebd., S. 367; vgl. die Stellung der sozialen Schichtung in der Tabelle in *M. D. Carter,* Report on a Survey of Sociological Research in Britain, in: The Sociological Review, 16 (1), März 1968, S. 15.

126 Ebd.: die Bildungssoziologie führt die Liste verschiedener Themen oder Interessengebiete der Soziologen an.

127 *A. Little,* Sociology in Britain Since 1945, in: Social Science Information, 2 (2), Juli 1963, S. 80.

128 Vgl., zum Beispiel *A. Touraine,* La Conscience Ouvrière, Paris, Editions du Seuil, 1966.

Richtung der soziologischen Forschung. In Österreich, das bis vor kurzem von einer Koalition der zwei größten politischen Parteien regiert wurde, war die Konsequenz insofern negativ, als es dort verständlicherweise keine Tradition der politischen Soziologie gibt[129].

> Andererseits
> hatte Finnland eine turbulentere und konfliktreichere innenpolitische Geschichte (als viele Länder). Die Industrialisierung begann später . . . und der soziale Wandel vollzog sich sowohl rasch als auch ungleichmäßig. Auf diesem Hintergrund ist es verständlich, daß sich ein großer Teil der finnischen Soziologie auf die Forschung zur Sozialstruktur, zur politischen Soziologie, Spaltungen und den sozialen Wandel konzentriert hat[130].

Einige nationale Abweichungen oder »Besonderheiten« ergeben sich, für die es keine eigentliche Erklärung gibt:

> In der norwegischen Soziologie gibt es ein unübersehbares Zeichen von Originalität. Trotz einer großen Vielfältigkeit könnte ein Ansatz insbesondere als typisch norwegisch bezeichnet werden. . . . Man könnte vielleicht sagen, daß die norwegischen Soziologen Spezialisten auf dem Gebiet der Enthüllung verborgener und latenter Rollenerwartungen, Rollenspannungen, latenter Solidaritäten und Gruppenbindungen sind[131].

Eine weitere Kategorie der Variation findet dann statt, wenn ein Land in der einen oder anderen Art besonders gut ausgerüstet ist, um eine bestimmte Forschungsrichtung zu verfolgen. Zum Beispiel gibt es einen

> Beitrag, den die niederländische Soziologie zur Disziplin als Ganzem leisten könnte, (d. h. in der analytischen Soziographie) zu der die Anwendung der soziologischen Theorie auf einmalige historische Phänomene großen Stils mit Hilfe von statistischen Daten gehört, die mit Computer-Techniken bearbeitet werden. Solche Daten stehen in den Niederlanden leichter als überall sonst zur Verfügung. Sie würden die Untersuchung solch massiver Ereignisse wie die Bedeutung der Modernisierung für die Familienstruktur oder die politischen Folgen der Verstädterung

129 *L. Rosenmayer*, Hg., Sociology in Austria, Graz–Köln, Herman Böhlaus Nachf., 1966, S. 9.
130 *Allardt*, a.a.O., S. 231.
131 Ebd., S. 235.

erlauben. Diese Art von Untersuchungen ist bereits in gewissem Ausmaß durchgeführt worden, besonders von Van Heek und von Groenman[132].

*B. Kulturelle Abweichungen*

Manchmal scheint ein durchdringendes kulturelles Thema oder eine Tendenz von nationalem Charakter die Art der soziologischen Arbeit zu beeinflussen. Zum Beispiel vermutet den Hollander, wenn er über die Niederlande spricht, daß es zwischen dem letzteren und dem Fehlen von »großer Theorie« in diesem Land eine Beziehung gibt:

> Noch gibt es irgendwelche Neigung, soziologische Systeme in der großen Tradition zu entwerfen und auszuarbeiten. Es besteht vielmehr ein Mißtrauen gegenüber allen Theorien von allumfassender Art; Theorien der mittleren Reichweite und selbst noch begrenztere werden entschieden bevorzugt. Diese Vorliebe stimmt mit dem holländischen Mißfallen an der schwungvollen Gebärde, an dem umfassenden Entwurf überein, mit unserer Bevorzugung der klugen Beschränkung, der sorgfältigen Begrenzung und der Entscheidung für den Mittelweg. Die niederländische Aversion gegen das intellektuelle Systemebauen fällt im Gegensatz zum deutschen Denken auf. Die Soziologie in den Niederlanden besaß wenig oder nichts an »großer Theorie«, ob nun über den Staat, die Gesellschaft oder die Kultur . . . Eine nationale Prägung ist nicht zu übersehen, und in diesem Punkt unterscheidet sich die Soziologie in den Niederlanden nicht von der Soziologie in irgendeinem anderen Land: sie operiert niemals in einem Vakuum, sie wird immer die nationale Kultur absorbieren und reflektieren, die ihre Voraussetzungen schuf. Die nüchterne, unphilosophische Betrachtungsweise der Niederländer ist wahrscheinlich dafür verantwortlich, daß sie beschreibende Aspekte und Hypothesen kurzer Reichweite der Systematisierung philosophischer Axiome vorziehen, die jedem allgemeinen System der Soziologie zugrunde liegen[133].

132 *Caplow,* a.a.O., S. 430.

133 *Den Hollander,* a.a.O., S. 498. Allerdings hat den Hollander auf die Entstehung theoretischer Interessen unter jungen niederländischen Soziologen hingewiesen; vgl. zu diesem Zusammenhang auch *A. C. Zijderveld,* History and Development of Dutch Sociological Thought, in: Social Research, 33 (1), 1966, S. 124.

Außerdem vertritt er die Meinung, daß der niederländische »Nationalcharakter« für das dem Individuum entgegengebrachte Interesse verantwortlich ist:

> Man fragt sich auch, ob ein weiterer »Zug« dessen, was man gewöhnlich den niederländischen »Nationalcharakter« nennt, der niederländische Individualismus, für die Aufmerksamkeit verantwortlich gemacht werden sollte, die dem Individuum, seinen Haltungen, Fähigkeiten, Wünschen, Meinungen gezollt wird. Diese Neigung machte einige der Gründerväter der Soziologie in den Niederlanden bemerkenswert empfänglich für selektionistische Ansichten, selbst noch zu einem Zeitpunkt, als solche Theorien überall sonst endgültig und überzeugend widerlegt worden waren. Die vorwiegende Beschäftigung mit dem Individuum zeigt sich auch, wenn nach einer sorgfältigen Analyse von statistischem Material die Interpretation solcher Forschungsergebnisse erforderlich wird. Man bemerkt dann einen – mehr oder weniger amateurhaften – Übergang in das Gebiet der Sozialpsychologie, was zu zaghaften Schlußfolgerungen führt, die ganz eindeutig nicht für alle Zeit Bestand haben werden[134].

Schließlich stehen die von niederländischen Soziologen ausgewählten Untersuchungsobjekte in enger Beziehung zur nationalen Kultur.

> Die Themen, die die soziologische Phantasie in den Niederlanden anziehen und anregen, zeigen eine enge Verbindung mit den Werten, den Normen, den Ideologien, den Problemen der niederländischen Kultur. Dies trifft auch in einem negativen Sinn zu: die niederländische Soziologie hat wenig oder gar kein Interesse an solchen Phänomenen wie Revolution, Gewalt, Macht, Diskriminierung, Rassenkonflikt, Einwanderung, Minderheiten, sexuelles Verhalten, Drogenabhängigkeit gezeigt. Erst in den allerjüngsten Jahren wurde die militärische Organisation und der Berufssoldat zu einem Thema von einigem soziologischen Interesse. Diese lange Vernachlässigung bestimmter Aspekte des sozialen Lebens ist kein Zufall: diese Themen passen nicht so ganz in unsere nationale Erfahrung, unser Selbstbildnis, sie scheinen wenige anzuziehen, und so gehören sie in der niederländischen Soziologie zu den unterentwickelten Gebieten[135].

134 *Den Hollander,* a.a.O., S. 490.
135 Ebd., S. 489.

De Bie stellt fest, daß sich, wie in den Niederlanden, auch die belgische Soziologie von der großen sozialen Theorie abgewendet hat, unter anderem auf Grund »einer ziemlich weit verbreiteten kritischen Einstellung gegenüber umfassenden Systemen, eine Haltung, die vielleicht Teil der grundlegenden belgischen Persönlichkeit ist . . .[136]«.

Die folgende Bemerkung über bestimmte Lücken in der amerikanischen Soziologie könnte vielleicht ein philosophisches Vorurteil seiner eigenen Gesellschaft widerspiegeln:

> Während Revolutionen ausbrechen, untersuchen die Amerikaner die Voraussetzungen der sozialen Stabilität; während sich die sozialen Grundlagen der Macht über alle Maßen verändern, sprechen die Amerikaner von »psychologischen Determinanten« »und Problemen der persönlichen Identität«; und während sich die reichen Nationen immer weiter von den armen Nationen entfernen, werden die Folgen der internationalen Ungleichheit im Flüsterton, wenn überhaupt, diskutiert[137].

In einigen Entwicklungsländern wird die Soziologie manchmal aufgefordert, eine Erklärung oder Interpretation einer sich wandelnden Gesellschaft zu erstellen. So hebt ein iranischer Soziologe hervor, daß die Aufgabe der Soziologie darin besteht, sowohl ein Verständnis der jüngsten Veränderungen, die in diesem Land stattgefunden haben, als auch neue Normen für die alltägliche praktische Existenz zu liefern. Die Soziologie befriedigt das Bedürfnis, sich selbst in Perspektive zu sehen: »Der soziologische Ansatz der westlichen Gesellschaften führt ein Element der ›Distanz‹ ein, das die Selbsteinschätzung begünstigt, ebenso wie die Ethnologie primitiver Völker den westlichen Ländern geholfen hat, sich selbst zu verstehen[138].« Diese Betonung der »erklärenden Funktion« der Soziologie hat einem großen Teil der soziologischen Arbeit in bestimmten Ländern eher einen mehr oder weniger soziographischen Charakter gegeben sowohl in bezug auf deren Inhalt wie auch auf deren Methode. In Indien ist eine Tradition der »indologischen« Soziologie entstanden:

> Die Vertreter dieser Denkrichtung haben versucht, ein Ver-

136 *De Bie,* a.a.O., S. 130.
137 *C. C. Moskos, Jr.,* Research in the »Third World«, in: Trans-Action, 5 (7), Juni 1968, S. 2.
138 *Naraghi,* a.a.O., S. 187.

ständnis der indischen Gesellschaft auf der Grundlage von Forschungen zum indischen Schrifttum und rechtlichen historischen Dokumenten zu ermöglichen. Innerhalb des von ihnen befürworteten Rahmens wird die Erklärung der modernen, indischen, sozialen Institutionen in den Tatsachen gesucht, die aus alten Texten herausgesammelt wurden – je älter der Text, um so mehr Autorität genießt die darin enthaltene Erklärung –, und die unkritische viktorianische Anthropologie wird benutzt, um die indische Sozialgeschichte zu rekonstruieren[139].

Ein pakistanischer Autor scheint von ähnlichen Motiven geleitet zu werden, wenn er die wesentlichen und methodologischen Anregungen für die Soziologie in seinem Land so beschreibt:

> Was Ostpakistan betrifft, so können wir es uns kaum erlauben, die Fülle und Vielfalt seiner Kultur und Tradition zu übersehen, die die Basis für eine soziale Theorie von einheimischem Typ bilden könnten; und dabei können wir »eine Vorstellung vom Ganzen« bekommen. In einem solchen Zusammenhang werden die »anthropologischen Techniken« der direkten Teilnahme und Beobachtung und Kenntnis der Sprache (selbst der lokalen Dialekte) des Volkes zum Verständnis der Sozialstruktur der ostpakistanischen Gesellschaft beitragen. Die Soziologie sollte daher Sozialanthropologie sein, die sich wenigstens für einige der nächsten Jahre auf den Hintergrund unseres Landes stützt. Mit Tatsachenmaterial, das so gesammelt wurde, können wir versuchen, eine soziale Theorie unseres Landes zu formulieren[140].

Aber abgesehen von diesen sogenannten soziographischen oder sozialanthropologischen Überlegungen, wurde die Argumentation zugunsten einer Soziologie, die den lokalen Bedürfnissen und Bedingungen entspricht, auf eine mehr theoretische Ebene gestellt:

> Was Comte, Saint Simon und Durkheim in Frankreich entwickelten, oder was Westermark und Hobhouse in England entfalteten, mag hier nicht genauso anzuwenden sein. Die Generalisierungen, zu denen W. I. Thomas gelangte, können und sollen nicht auf die Verhältnisse in Pakistan, in Indien und natürlich

139 *I. Ahmad,* Note on Sociology in India, in: The American Sociologist, 1 (5), Nov. 1966, S. 224.

140 *M. Afsaruddin,* Report of the Chairman: Problems of Social Research in East Pakistan, in: *M. Afsaruddin,* Hg., Sociology and Social Research in Pakistan, Dacca, The Pakistan Sociological Association (East Pakistan Unit), 1963, S. 136.

auch nicht auf bestimmte Teile von Europa angewendet werden. Es ist höchste Zeit, den theoretischen Rahmen der Soziologie durchzugehen, die Brauchbarkeit seiner Methodologie zu überprüfen und zu endgültigen Entscheidungen darüber zu kommen, was für unsere Gesellschaft Gültigkeit hat und was für unsere Bedingungen am brauchbarsten ist ... Es ist eine Art von Aklimatisierung einer Disziplin, die in fremden Ländern und in fremden Kulturen entwickelt wurde ...[141]

Aber es sollte darauf hingewiesen werden, daß man nicht nur in den Entwicklungsländern zu der Erkenntnis kommt, daß die westliche und insbesondere die amerikanische soziale Theorie nicht zur Erklärung lokaler Phänomene geeignet ist.

So stellt Petersen, ein Amerikaner, fest:

Wenn man versucht, nicht die festgefügten, mehr oder weniger abgeschlossenen Gesellschaften des modernen Westens zu analysieren, sondern die soziale Welt der Vergangenheit oder von unterentwickelten Ländern, dann ist Parsons als Mentor sogar noch weniger zu gebrauchen. In einem solchen Fall werden die wichtigsten Sachverhalte übersehen, wenn man die zu untersuchende Einheit als »das soziale System« definiert, das aus sich gegenseitig beeinflussenden »Untersystemen« besteht. Gab es im Jahre 1000 ein »Frankreich«, oder »ein China« im Jahre 1700; gibt es heutzutage eine »nigerianische Gesellschaft« oder eine »indonesische Gesellschaft«? Wenn man davon ausgeht, daß die Antwort auf solche Fragen unzweideutig Ja ist, dann ist man versucht, soziale Phänomene hinwegzuerklären, die den Rahmen dieser Einheiten sprengen (die »Chinesen«, die nicht Teil von »China« sind) oder nicht in ihn hineinpassen (Stammeseinflüsse in Afrika als »Überbleibsel«)[142].

Charakteristika der Kultur einer Gesellschaft können auch die von Soziologen angewandten Forschungsmethoden beeinflussen. Habibullah hat auf eine Reihe von kulturellen Widerständen hingewiesen, auf die *Survey*-Forscher in Ostpakistan stoßen[143]. Den auf dem Land lebenden Pakistani mangelt es nicht nur an Ver-

141 *M. S. Jillani,* Presidential Address (to the First All-Pakistan Sociological Seminar), in: Sociology and Social Research ..., a.a.O., S. 33–34.
142 *W. Petersen,* Some Animadversions on the Americanization of World Sociology, in: Mens en Maatschappij, 40 (6), Nov./Dez. 1965, S. 458.
143 *M. Habibullah,* Some Problems of Socio-Economic Research in Rural Setting, in: Sociology and Social Research ..., a.a.O., S. 41–49.

trautheit mit einem bestimmten Vokabular, sondern auch mit einigen grundlegenden begrifflichen Vorstellungen, die der *Survey*-Forschung zur wirtschaftlichen Entwicklung zugrunde liegen, wie etwa »Tagewerke«, »ertragreiche Arbeit« und »Ersparnis«. Eine weitere Schwierigkeit, der sich die *Survey*-Forschung zu diesem Thema gegenübersieht, ist die niedrige Entwicklungsstufe der Geldwirtschaft und das Fehlen jeder Art finanzieller Buchhaltung. Aber das größte Handicap bei der Durchführung von Forschungsarbeiten in ländlichen Gebieten ist die hohe Analphabetenrate, die die Befragten oft daran hindert, ihren Ideen korrekten Ausdruck zu geben und ihre Fähigkeit in abstrakten Begriffen zu denken, begrenzt.

Damit eng verbunden ist die Tatsache, daß die Leute Schwierigkeiten haben, auf hypothetische Fragen zu reagieren, die sonst häufig in der Survey-Forschung gebraucht werden. So:

> Bei unserer Untersuchung der Kapitalbildung in der Landwirtschaft wollten wir an einer hypothetischen Situation messen, welches Spar- und Ausgabeverhalten die ländliche Gemeinschaft bevorzugte; wir fragten, wie der Befragte eine Summe von 20 000 Rs., auf verschiedene Posten verteilt, ausgeben würde, wie etwa den Kauf von Land, Viehbestand, Gold, den Bau von Wohnhäusern, die Errichtung oder Ausweitung eines Geschäftes, Rücklage bei der Post usw., und gingen dabei von der Annahme aus, daß das Geld aus dem Gewinn des ersten Preises bei den mit Preisverlosung verbundenen Obligationen stammte, die die Regierung von Pakistan ausgegeben hatte. Wir sahen uns der großen Schwierigkeit gegenüber, eine Antwort auf die Frage zu bekommen, und einige der Befragten weigerten sich, über eine derartige hypothetische Situation nachzudenken, wie Geld aus Preisobligationen zu erhalten[144].

In sich entwickelnden Gesellschaften kann die mangelnde Vertrautheit mit der *Survey*-Forschung Probleme aufwerfen. Im Verlauf einer Untersuchung in Ostpakistan

> ... führte das Erscheinen der Forscher in den ländlichen Gebieten zu Spekulationen, Unruhe und zu verschiedenen Absichten ... (zum Beispiel) sah man der Befragung durch die Forscher mit Angst vor einer neuen Besteuerungsmaßnahme entgegen, und

144 Ebd., S. 46.

man mußte sich sehr große Mühe geben, die Leute zu überzeugen, daß die Umfrage von der Universität durchgeführt wurde und in keiner Weise mit der Regierung in Verbindung stand[145].

Diese Hindernisse wie auch die oben genannte Bedeutung der Soziographie können erklären, warum in bestimmten Entwicklungsländern eine so starke Betonung der Methoden der teilnehmenden Beobachtung erfolgt. Der Unterschied zwischen der Anthropologie und der Soziologie wird tatsächlich manchmal etwas verwischt. In Indien gibt es in der Soziologie wirklich eine Strömung, die »sozial-anthropologisch« genannt wird[146], und der durchdringende Einfluß der Anthropologie läßt sich aus dem Inhalt der augenblicklichen Lehrpläne ablesen, die indische Universitäten für Soziologie anbieten[147].

Es wurde festgestellt, daß in Afrika »die Soziologie Schwierigkeiten hat, sich von der Ethnologie zu befreien . . .[148]«. Aber außerdem ist

sie gezwungen, sehr vorsichtig zu sein, wenn es um die Methodologie und Begriffe einer streng definierten Soziologie geht. Institutionen, Strukturen und traditionelles Verhalten, die nicht im Mittelpunkt ihrer Betrachtungsweise stehen, beeinflussen nach wie vor die soziale Realität, die sie untersucht. Ihr latenter oder offener Einfluß veranlaßt die Soziologen, ihre Variablen zu vermehren, Vorbehalte gegenüber ihren eigenen Ergebnissen anzumelden und die Reichweite ihrer Schlußfolgerungen zu beschränken. Da statistische Informationen unsicher sind und schnell obsolet werden, müssen sie vorsichtig vorgehen[149].

Weil ihr Begriffsapparat nicht immer angemessen ist und da sie stabile Beziehungen zwischen Gruppen und Individuen und zwischen Normen und den Reaktionen auf Normen voraussetzt, ist die Soziologie nicht besonders gut zur Erforschung der gegenwärtigen afrikanischen Gesellschaft geeignet, und die Autoren führen die Argumentation dann fort, daß aus verschiedenen Gründen

145 Ebd., S. 47.
146 *Ahmad,* a.a.O
147 Vgl. zum Beispiel »Soziologie« in: *H. Kabir,* u. a., The Teaching of the Social Sciences in India 1947–67, Delhi, Universal, 1968, S. 517–39.
148 *A. Zempleni* und *H. Collomb,* Sur la position médiatrice et le domaine propre de la psychologie sociale dans l'Afrique actuelle, in: The Journal of Social Issues, 24 (2), April 1968, S. 58.
149 Ebd.

die Sozialpsychologie zur Erfüllung dieser Aufgabe besser geeignet ist als die Stammdisziplinen Soziologie, Ethnologie und Psychologie.

*C. Zufallsfaktoren*

Manchmal wird der Charakter der Soziologie in einem Land unmittelbar durch eine Persönlichkeit geprägt, wie D. Gusti in Rumänien[150], R. S. Steinmetz in den Niederlanden[151], oder F. Znaniecki in Polen[152]. Wahrscheinlich hat nirgends auf der Welt die Faktorenanalyse unter Soziologen eine solche Popularität erfahren wie in Finnland, und das ist vor allem auf den Einfluß von Y. Ahmavaara zurückzuführen[153]. Das gleiche trifft offensichtlich für den Einfluß von Renato Treves auf die Rechtssoziologie in Italien zu[154]. Die Entstehung bestimmter Institutionen, wie der Escuela de Sociología de la Facultad Latino-americana de Ciencias Sociales und des Centro Latino-americano de Pesquisas em Ciências Sociais oder der soziologischen Forschungsgruppe des früheren Premierministers A. Hegedüs in Ungarn[155] hat die Soziologie in diesen Ländern auch beeinflußt. Man könnte weitere Beispiele für den Einfluß von Persönlichkeiten oder einzelnen Institutionen in verschiedenen Ländern anführen, aber diese wenigen Beispiele genügen, um eine Vorstellung von der relativen Bedeutung solcher Zufallsfaktoren zu vermitteln. Außerdem wird die gegenwärtige Soziologie oft von ihren intellektuellen Ursprüngen in einem Land gekennzeichnet, ob sie nun im Recht, in der Philosophie, der Wirtschaftswissenschaft oder der Theologie liegen.

150 *J. Kolaja,* Sociology in Romania, in: The American Sociologist, 3 (3), Aug. 1968, S. 241.
151 *Den Hollander,* a.a.O., S. 483; *Caplow,* a.a.O., S. 429.
152 Polnische Akademie der Wissenschaften, Abteilung Sozialwissenschaften, Replies to the Unesco Questionnaire concerning the Principal Trends of Research in the Sciences of Man (ausgearbeitet von *Z. Kowalewski*), Msch., 1967, S. 110–111. (Weitere Bezugnahmen auf Antworten von anderen Körperschaften auf den gleichen Fragebogen werden von jetzt an Replies to the Unesco Questionnaire genannt werden.)
153 *Allardt,* a.a.O., S. 234.
154 *Leonardi,* a.a.O., S. 59.
155 *Kiss,* a.a.O., S. 142.

*Variationen im Forschungskontext und Schwierigkeiten und Widerstände gegen deren Entwicklung.*

*A. Debatten über die Richtung der Soziologie*

Wahrscheinlich sind sich in jedem Land die Soziologen uneins darüber, welche Art soziologischer Arbeit durchgeführt werden sollte und welche Übereinstimmung zwischen den tatsächlichen soziologischen Unternehmungen und diesen Idealen bestehen. In Schweden[156], dem Vereinigten Königreich[157] und in Spanien[158] wird Kritik an dem geübt, was man als unangemessene Betonung der pragmatisch orientierten, angewandten Forschung ausgibt – zum Schaden der Bemühungen, die die soziologische Theorie umfassen. Wie oben angedeutet wurde, wird auch die niederländische Soziologie wegen ihrer atheoretischen Tendenzen zitiert[159]. Die Situation in Brasilien ist von einem Kritiker als begriffliche Disorganisation oder das Fehlen von systematischen Bemühungen um die Integration der Theorie charakterisiert worden[160]. Im Vereinigten Königreich[161] und in Spanien[162] besteht Uneinigkeit über die angemessene Rolle der Quantifizierung. In Ungarn gibt es seit langem einen Konflikt zwischen quantitativ orientierten Soziologen einerseits und Soziographen oder sogar sozialen Schriftstellern andererseits, der die relative Gültigkeit ihrer jeweiligen Methoden zur Darstellung der sozialen Realität betrifft[163]. Eine noch ungewöhnlichere intellektuelle Spaltung zeigt sich in den Niederlanden, wo als eine Folge der jüngsten Reaktion auf die atheoretischen Tendenzen in der niederländischen Soziologie die Disziplin der »philosophischen Soziologie« entstanden ist. Um einen der führenden Vertreter dieser neuen Schule zu zitieren:

> Beim gegenwärtigen Stand der Sozialwissenschaften scheint es immer nützlich zu sein, zu zeigen, daß die Analyse eines konkreten soziologischen Problems, wenn sie nur weit genug vorange-

156 *Carlsson,* a.a.O., S. 568–569.
157 *Carter,* a.a.O., S. 35, S. 38.
158 *A. P. Rodriguez,* Sociology in Spain, in: Contemporary Sociology . . ., a.a.O., S. 549–556.
159 *Den Hollander,* a.a.O., S. 489.
160 *R. Ozanam de Andrade,* Theory and Methodology in Contemporary Brazilian Sociology, in: Contemporary Sociology . . ., a.a.O., S. 834.
161 *Carter,* a.a.O., S. 39.
162 *Rodriguez,* a.a.O., S. 551–552.
163 *Kiss,* a.a.O., S. 143.

trieben wird, notwendigerweise zu bestimmten grundlegenden philosophischen Fragen führt, denen Sozialwissenschaftler nicht dadurch ausweichen können, daß sie ungeklärte Begriffe gebrauchen wie etwa »Umgebung«, »Anpassung«, »Ausgleich«, »kulturelle Strukturen« usw.[164].

*B. Schwierigkeiten und Widerstände, die der Entwicklung der Soziologie entgegenstehen*

Die Probleme, denen sich die Soziologie heute gegenübersieht, sind derart viele und verschiedene, wie die Anzahl der Länder, in denen sie zu finden ist, und viele Schwierigkeiten sind einer Anzahl von Ländern gemeinsam. Wir haben hier nicht die Absicht, eine erschöpfende Liste dieser Probleme aufzustellen, noch die offenkundigsten zu zitieren (wie etwa den »Geldmangel« für Forschung und Lehre), sondern statt dessen an Beispielen aus verschiedenen Ländern zu belegen, welche verschiedenen Faktoren gegenwärtig die Entwicklung und Ausweitung der Soziologie behindern.

*1. Die Starrheit akademischer Strukturen.* Natürlich ist der erste Schritt zur Errichtung der Soziologie in einem Land als einer Disziplin, deren Akzeptierung im akademischen Milieu, aber das ist bisher noch kein universelles Phänomen. Zum Beispiel

> wird in ganz Griechenland bisher nur am Pierce College die Soziologie augenblicklich gelehrt (und) auf Grund der Tatsache, daß es sich ausschließlich um eine Mädchenschule handelt, die klein ist und in Englisch unterrichtet, ist ihr Einfluß auf das griechische akademische Leben notwendigerweise beschränkt. Mag es genügen zu sagen, daß die Soziologie als akademische Disziplin an griechischen Universitäten eigentlich nicht existiert. Nicht nur, daß die Soziologie nicht in der Lage war, die Legitimität der traditionellen Universitätsdisziplinen zu erlangen (z. B. Philologie, Philosophie, Theologie, Recht, Geschichte), sie hat auch nicht die Anerkennung genossen wie die anderen Sozialwissenschaften, etwa die Psychologie, Politikwissenschaft und Volkswirtschaft[165].

164 *A. Schütz,* Collected Papers, Bd. II., Den Hag, 1964, S. 115, zitiert in: *Zijderveld,* a.a.O., S. 129–130.
165 *G. A Kourvetaris* und *C. C. Moskos, Jr.,* A Report on Sociology in Greece, in: The American Sociologist, 3 (3), Aug. 1968, S. 234. Zwar besteht

Selbst in Italien, wo die Soziologie gut entwickelt ist, besteht weiterhin ein gewisses Mißtrauen auf Seiten der Wissenschaftler aus den traditionellen humanistischen Wissenschaften. Das Problem, die Strukturen der Universitätsfakultäten der politischen und Sozial-Wissenschaften zu reformieren, kam im September 1966 zum Vorschein, als die Regierung ein derartiges Gesetz im Parlament einbrachte. Die sich daraus ergebende Kontroverse

> hat die Gelegenheit geboten, »Äußerungen« gegen die Soziologie vorzubringen, die eher Beschimpfungen gleichen und die Furcht vor einer soziologischen »Invasion« andeuten . . . Die Universitätsfakultäten ihrerseits sind weitgehend für eine Einführung von Soziologiekursen in ihre Statuten, solange sie in der Zuständigkeit der Fakultäten bleiben; aber sie neigen eher zu einer kritischen Haltung gegenüber der geplanten Fakultät der politischen und Sozial-Wissenschaften, nicht so sehr weil sie die Ausbildung von Sozialwissenschaftlern beabsichtigt, sondern weil sie gleichzeitig zur Ausbildung von Beamten für die öffentliche Verwaltung und Wirtschaftlern und Historikern beitragen könnte. In einem solchen Fall befände sich die neue Fakultät in Wirklichkeit in einer Konkurrenzsituation gegenüber den Fakultäten des Rechts, der Wirtschaft und der Künste. Dies erklärt die feindliche Haltung des Verbandes der Universitätsprofessoren[166].

Ein letztes Beispiel kommt aus der Schweiz, wo ein lokaler Kommentator versichert, daß

> die Schwierigkeiten der Schweizer Soziologen teilweise von einem unerklärten Mißtrauen auf Seiten der Humanwissenschaften herrühren, die bereits akzeptiert worden sind. Die Soziologie wird als Konkurrent gesehen oder sie wird mißverstanden; sie wird nicht ernst genommen oder als Pseudowissenschaft angesehen[167].

Es gibt auch Beispiele dafür, daß die Soziologie als eine Disziplin vollkommen akzeptiert worden ist, aber daß traditionelle akademische Grenzen sie auf ein bestimmtes Gebiet beschränken. In Schweden

ein Lehrstuhl für Soziologie an der Panteios-Hochschule, aber er ist zur Zeit unbesetzt.

166 *Leonardi,* a.a.O., S. 37.

167 *M. Bassand,* La sociologie en Suisse, in: Social Science Information, 4 (2), Juni 1965, S. 116.

scheint eine geheime Übereinkunft darüber zu bestehen, daß die Untersuchung einer Organisation *qua* Organisation die Domäne der Politikwissenschaftler ist, die kürzlich das Interviewen und ähnliche Feldtechniken ihren traditionellen Methoden hinzugefügt haben. Es wird natürlich nicht behauptet, daß Soziologen das Prinzip formaler Organisation vergessen haben, etwas davon finden sie auf vielen Gebieten, zum Beispiel in der industriellen Soziologie. Es gibt auch Anzeichen für eine verstärkte Aktivität auf diesem besonderen Gebiet unter jüngeren Mitgliedern der Zunft. Aber es fällt trotzdem auf, daß es keine größere Untersuchung einer politischen, religiösen, gewerkschaftlichen oder genossenschaftlichen Organisation auf der fortgeschrittenen Ebene von Dissertationen oder weitergehenden Arbeiten gibt[168].

*2. Lehre und Ausbildung.* In vielen Ländern ist die Soziologie als akademische Disziplin erst vor relativ kurzer Zeit eingeführt worden. In Ungarn spielte die Soziologie früher eine relativ kleine Rolle an der Universität, und die Lehrangebote waren für die Ausbildung von Soziologen unangemessen; dementsprechend sind ungarische Soziologen vor allem in der Volkswirtschaftslehre und Philosophie ausgebildet worden[169].

In Bulgarien gibt es keinen speziellen Lehrplan zur Vorbereitung von Soziologen auf die Forschungsarbeit[170]. Obwohl Soziologie an australischen Universitäten tatsächlich gelehrt wird, wird die Entwicklung der soziologischen Forschung durch die wenigen Ausbildungsmöglichkeiten behindert, die an der Universität selbst bestehen[171].

Der Grund für den augenblicklichen Mangel an Ausbildungsmöglichkeiten für die wachsende Zahl von Soziologen liegt natürlich in der späten Entwicklung der Lehre an der Universität in dieser Disziplin. Ein gutes Beispiel dieses »Teufelskreises« ist Neuseeland, wo etwa fünfzig Prozent der Lehrstellen in der Soziologie unbesetzt sind, weil die Ausbildung auf diesem Gebiet erst seit so

168 *Carlsson,* a.a.O., S. 564.
169 Social Science Committee of the Hungarian National Commission for UNESCO, Replies to the Unesco Questionnaire, Msch., 1965.
170 Académie Bulgare des Sciences, Réponses au Questionnaire d'Enquête de l'UNESCO, Msch., 1966.
171 Australian National Advisory Committee for UNESCO, Replies to the Unesco Questionnaire, Msch. 1966.

kurzer Zeit besteht, daß es keine Diplomsoziologen in der Gesellschaft gibt, die als Teilzeitlehrer herangezogen werden könnten[172]. Obwohl der erste Lehrstuhl für Soziologie in Dänemark im Jahr 1937 an der Universität von Aarhus errichtet wurde, schloß der erste dänische Doktorand der Soziologie erst im Jahr 1967 ab[173].

Ein konkretes Beispiel für den langen Zeitraum, der zwischen der Einführung der Soziologie und dem Abschluß einer vollkommen neuen Ausbildungsmöglichkeit erforderlich ist, ist die Universität von Dacca. Im Jahr 1952 errichtete die Regierung von Pakistan eine Soziologie-Abteilung an der Universität, mit der Hilfe von UNESCO-Experten für Soziologie, und zu dem Zeitpunkt, als der letzte dieser Berater 1964 abfuhr, gab es drei oder vier junge Professoren an der Abteilung. Man hat geschätzt, daß gewöhnlich 10 bis 15 Jahre zwischen der Zeit vergehen, zu der ein Land die ersten erfahrenen Lehrer der Soziologie von außen erhält, und der Zeit, zu der eine Abteilung mit Lehrpersonal aus dem Land selbst besetzt werden kann[174].

3. *Forschung*. Beispiele für die verbreitetsten Schwierigkeiten bei der Durchführung von Forschungsarbeiten in Entwicklungsgebieten wurden oben im Abschnitt »Kulturelle Abweichungen« aufgeführt: Probleme, die durch das Analphabetentum und durch die Vermittlung von Begriffsbildungen entstehen, durch den Mangel an Buchführung, durch die Unangemessenheit des soziologischen Begriffsapparates in sich rasch verändernden Gesellschaften usw. Andere könnten erwähnt werden, die mehr sachlicher Natur sind. So ergibt sich der Mangel an Forschungspersonal in Ostpakistan teilweise aus der Tatsache, daß es wenige oder keine Institutionen gibt, die Forschungsarbeiten kontinuierlich durchführen: Für jedes Projekt müssen die Forscher neu ausgebildet werden. Die Folge davon ist, daß die gesammelte Erfahrung nicht akkumuliert wird. Es ist notwendig, eine Gruppe von Feldarbeitern aufzubauen, deren Erfahrung und Dienste ohne Verlust eingesetzt werden könnten[175].

172 Department of Social Sciences, Victoria University of Wellington, Replies to the Unesco Questionnaire, Msch., 1966.
173 *H. Friis,* Sociology in Denmark, in: Contemporary Sociology . . ., a.a.O., S. 153.
174 *M. A. De Franz,* Implanting the Social Sciences – a Review of Unesco's Endeavours, in: International Social Science Journal, 21 (3), 1969, S. 410.
175 *Habibullah,* a.a.O., S. 48.

In vielen Ländern, zum Beispiel in Ecuador[176], steht kein statistisches Material zur Verfügung. Dies macht in Wirklichkeit jede Forschungsarbeit von Bedeutung auf mehreren Gebieten unmöglich; folglich kennt man auch nicht den Gebrauch der Mathematik als soziologisches Werkzeug[177].

Eines der größten Hindernisse für die Entwicklung der soziologischen Forschung selbst in Ländern, in denen die materiellen Voraussetzungen weitgehend vorhanden sind, liegt in dem Versagen einer Gesellschaft, die Notwendigkeit der Anwendung solcher Forschungsergebnisse auf Probleme der Politik zu erkennen. Dies raubt der Soziologie die finanzielle Unterstützung und andere Ermutigungen von Seiten der Regierung und von privater Seite. Mol nimmt an, daß dies in Australien und Neuseeland der Fall ist, die nach seiner Behauptung »noch weit davon entfernt sind, Soziologen in großem Umfang in den Forschungsstäben der Regierung und der Industrie zu benutzen, wie das in den Vereinigten Staaten und den Niederlanden der Fall ist[178]«. Auch in Finnland wurde bemerkt, daß »der Mangel an Gelegenheiten für Soziologen in der Regierung und privaten Unternehmen Hindernisse für die Entwicklung wenigstens der angewandten soziologischen Forschung schaffen kann[179]«.

4. *Soziologie und Gesellschaft: politische Verwundbarkeit.* Wegen des Gegenstandes ihrer Forschungsbemühungen sind die Soziologie und ihre Vertreter oft in Konflikt mit Regierungen geraten, die gegenüber bestimmten Arten von sozialer Kritik empfindlich waren, die sie politischer Natur zu sein glaubten. Ein gutes Beispiel hierfür ist Griechenland, wo die Soziologie am Anfang dieses Jahrhunderts »als ein wissenschaftlicher Name für Sozialreform« eingeführt wurde[180]. Eines der Ziele der ersten soziologischen Gesellschaft (1908) war tatsächlich »die Organisierung der arbei-

176 Instituto Equatoriano de Sociología y Técnica »IESTIS«, Replies to the Unesco Questionnaire, UNESCO document SS/3.244.1/f/4, 1. Februar 1966, S. 2.
177 Ebd., S. 5.
178 *H. Mol,* Sociology in Australia, in: The American Sociologist, 3 (2), Mai 1968, S. 147.
179 Institute of Sociology, University of Helsinki, Replies to the Unesco Questionnaire, Msch., 1967.
180 *J. G. Peristiany,* Sociology in Greece, in: Contemporary Sociology ..., a.a.O., S. 264.

tenden Bevölkerung in wirtschaftliche Verbände und in eine eigenständige politische Partei[181]«. Es kann daher nicht überraschen, daß auf Grund ihres sozialen und politischen Aktivismus das Schicksal der Soziologie (und verwandter Disziplinen) oft mit der Veränderung der politischen Regime verbunden war. Dementsprechend war eine der Konsequenzen der Ereignisse von 1967 eine radikale Veränderung der Organisation des Zentrums für Sozialwissenschaften in Athen, das einige Jahre zuvor von der griechischen Regierung in Zusammenarbeit mit der UNESCO gegründet worden war. Die an dem Zentrum geübte Kritik (dessen Forschungsprojekte unter der wissenschaftlichen Leitung eines von der UNESCO benannten Soziologen standen) war hauptsächlich politischer Natur, und der Unterbrechung seiner Tätigkeit folgte 1968 seine Umwandlung in ein neues Nationales Zentrum für Sozialforschung, das vom Regierungspräsidenten gefördert wurde.

Ein anderer Kommentator hat das Beispiel der politischen Beschränkungen einer weiteren Entwicklung der Soziologie in Ungarn genannt[182]. In Argentinien, wo die Soziologie sowohl der Feindschaft des Establishments als auch der Radikalen auf der Linken begegnen muß – wie auch dem oben erwähnten akademischen Traditionalismus, haben jüngste Ereignisse

> zur wesentlichen Zerstörung des Fachbereichs und des Instituts für Soziologie an der Universität von Argentinien geführt, zur Schließung der Abteilung an der Katholischen Universität sowie zum Rücktritt mehrerer Professoren an anderen Universitäten. Das konfliktgeladene Klima, auf das die aufstrebende wissenschaftliche Soziologie in Argentinien stieß, war vor allem auf drei Faktoren zurückzuführen: 1) die intellektuellen Traditionen eines beträchtlichen Teils des akademischen Establishments und der literarischen Elite; 2) die tiefe Furcht und das Mißtrauen auf Seiten einiger Machtgruppen, besonders in der Armee und der hohen Hierarchie der katholischen Kirche; 3) die Opposition der Studenten und Intellektuellen der extremen Linken[183].

181 *A. Papanastasiou*, Meletai, Logoi, Arthra (Studien, Reden, Artikel), zitiert in: ebd., S. 273.
182 *Kiss*, a.a.O.
183 *G. Germani*, Sociology in Argentina, in: Contemporary Sociology . . ., S. 757.

# V DIE SOZIOLOGIE UND DIE ANDEREN SOZIALWISSENSCHAFTEN

Einige soziologische Ideen haben eine derart weite Verbreitung gefunden, daß sie Teil der modernen Sprache geworden sind. Wer ist sich nicht der Tatsache bewußt, daß große Organisationen auf die Familien ihrer Angestellten übergreifen, oder daß individuelle Persönlichkeiten von der Familienstruktur geprägt werden? Die Berufsausbildung von Ärzten und Juristen ist von soziologischen Elementen durchsetzt. Manche Romane lesen sich wie Abhandlungen über die soziale Schichtung.

Dieser Abschnitt ist ganz besonders der Feststellung bestimmter Bindeglieder zwischen der Soziologie und anderen Sozialwissenschaften gewidmet. Drei Interessenbereiche sind: a) die Bedeutung der neu entwickelten soziologischen Art zu analysieren, b) der tatsächliche Gebrauch, den andere Sozialwissenschaften von soziologischen Begriffen und Forschungstechniken gemacht haben, und ganz besonders c) das Gebiet zwischen Soziologie und Psychologie, das tatsächlich zu beiden Disziplinen gehört und das gewöhnlich unter dem Namen Sozialpsychologie läuft.

## *Die Sprache der Sozialforschung*

Man hat gesagt, daß nach der Erfindung der analytischen Geometrie und der Differentialrechnung sich die wissenschaftliche Sprache radikal veränderte, da jeder gezwungen war, auch dann mit größerer Klarheit zu schreiben, wenn sein Thema von der Mathematik weit entfernt war. Während das nicht immer zutrifft – wie man, sagen wir, an den existentialistischen Schriften sehen kann –, war dieser Trend sicherlich vorherrschend. Politikwissenschaftler und Sozialphilosophen schreiben heute anders als zur Zeit von Rousseau oder auch von Mills. Als Beispiel werde ich die öffentliche Meinung herausgreifen, die für eine Vielzahl von Disziplinen von Interesse ist.

Umfragen zur öffentlichen Meinung geben detaillierte Beschreibungen der Einstellungen von verschiedenen Sektionen der Bevölkerung zu verschiedenen Zeitpunkten. Es besteht große Uneinigkeit darüber, wie Umfragen gebraucht werden sollten, wie Ergebnisse von der Art der gestellten Fragen abhängen usw. Ich möchte darauf bestehen, daß die wachsende Klarheit dadurch möglich geworden ist, daß Umfragen ein Forschungsverfahren aufweisen, auf Grund dessen Streitpunkte formuliert und auf einer rationalen Ebene diskutiert werden konnten. Der Fortschritt wird durch ein Zitat des deutschen Historikers Hermann Oncken verdeutlicht, der einen Aufsatz über die Beziehung zwischen dem »Historiker, dem Staatsmann und der öffentlichen Meinung« schrieb[184]. (Die eingefügten Zahlen werden in der folgenden Diskussion Hilfe leisten.)

> Schwankendes und Fließendes wird dadurch nicht begriffen, daß es in eine Formel eingesperrt wird, und am wenigsten dann, wenn es für den Begriff gerade charakteristisch ist, daß sein Inhalt tausendfache Möglichkeiten des Verschiedenseins in sich schließt. Schließlich wird jeder, wenn er gefragt wird, genau wissen, was öffentliche Meinung bedeutet. Soll er die Antwort aber in Worte fassen, so kann sie günstigstenfalls nur von vielen Bedingungen erfüllt ausfallen: öffentliche Meinung ist ein Komplex von gleichartigen Äußerungen größerer oder geringerer Schichten eines Volkes über Gegenstände des öffentlichen Lebens (1, 2), bald spontan hervorbrechend, bald künstlich gemacht (3), in den verschiedenartigsten Organen sich ausdrückend, in Vereinen, Versammlungen, vor allem in der Presse und Publizistik, oder auch nur in dem unausgesprochenen Empfinden eines jeden (4), des gemeinen Mannes auf der Straße oder eines kleinen Kreises von Gebildeten (8), hier eine wirkliche Macht, auf die auch die Staatsmänner blicken, dort ein Faktor ohne politische Bedeutung (5), und immer anders zu werten in jedem Volk (5 oder 6); bald einheitlich wie eine gewaltige Flutwelle gegen die Regierenden und Sachverständigen sich erhebend, bald in sich zerteilt und die wiederstrebendsten Tendenzen bergend (7); einmal das einfache und natürliche Gefühl des Menschen zum Ausdruck bringend, das andere Mal ein lärmender und unsinniger Ausbruch wilder Instinkte (6); immer geleitet und doch immer führend (5, 3); von den Kennenden und Wissenden über die Achsel angesehen und doch wider den Willen der Menschen bezwingend (6, 5), ansteckend wie eine Epidemie (10), launisch und treulos (9), und herrschsüchtig wie die Menschen selber (6), und dann doch wieder nichts als ein Wort, mit dem sich die Machthaber betrügen (5).

184 Politik, Geschichtsschreibung und öffentliche Meinung, in: Historisch-politische Aufsätze, Berlin, 1914, Bd. I, S. 203–243, hier S. 236.

Was nun an dieser verwirrenden Formulierung interessant ist, ist, daß sie recht einfach entwirrt werden kann, sobald man sie dem gegenüberstellt, was man eine *vollständige Einstellungen*-Verteilung nennen könnte. Oncken gibt zweifellos eine Definition der öffentlichen Meinung. Sie ist eine statistische Verteilung von Äußerungen (Nr. 1 und Nr. 7), die von verschiedenen Segmenten der Bevölkerung gemacht werden (Nr. 2), und diese Segmente können und sollten nach dem Grad ihrer Kompetenz klassifiziert werden (Nr. 8). Aber mit dieser Definition sind eine Reihe empirischer Probleme vermischt, die in Untersuchungen angetroffen werden, die komplizierter als intersektionale Surveys sind. Welche Faktoren bestimmen eine gegebene Einstellungs-Verteilung zu irgendeinem gegebenen Zeitpunkt (Nr. 3)? Welche Wirkung hat sie auf Staatsmänner und auf den Gesetzgebungsprozeß im allgemeinen (Nr. 5)? Wie werden Meinungen kommuniziert und verbreitet (Nr. 10)?

Zwei weitere Elemente in dieser Passage weisen auf Themen hin, die für uns jetzt von großem technischen Interesse sind. Wie sollte man zwischen den verschiedenen Quellen und Anhaltspunkten auswählen, die benutzt werden können, um eine Einstellungs-Verteilung festzustellen? Oncken erwähnt Meinungen, die bei Versammlungen und in den gedruckten Massenmedien geäußert werden. Heute würden wir Umfragen und andere systematischere Forschungsverfahren hinzufügen. Und wir würden die Wendung »launisch, treulos« jetzt in die Terminologie der Panel-Techniken übertragen, die die Leute, die bei wiederholten Interviews konstante Einstellungen zeigen, von denen unterscheiden, deren Einstellungen fluktuieren. Schließlich (Nr. 6) beschäftigt sich Oncken offensichtlich mit dem normativen Problem, wie bestimmte Meinungen bewertet werden sollten.

Man wird bemerkt haben, wie diese Übersetzung in die Sprache der Sozialforschung es möglich macht, Definitionen von der Formulierung wesentlicher Probleme zu trennen, und eine Reihe vielversprechender Mutmaßungen hervorbringt, die sonst in dem ursprünglichen Amalgam begraben bleiben würden[185].

185 Weitere Beispiele für die Neuformulierung klassischer Literatur in modernen soziologischen Begriffen sind zu finden bei *H. L. Zetterberg,* On Theory and Verification in Sociology, 3. erw. Aufl., Totowa, N.J., Bedminster Press, 1965.

*Der wesentliche Beitrag der Soziologie*

Klarheit alleine reicht nicht aus; wir müssen auch zu konkretem Wissen kommen, mit dem sie schließlich verbunden werden kann. Bleiben wir bei den Surveys, da sie wahrscheinlich die ergiebigste Quelle für Beispiele sind. In einem kürzlich veröffentlichten Kompendium haben die beteiligten Mitarbeiter eine große Bibliographie über die Survey-Forschung in den Sozialwissenschaften zusammengetragen und zusammengefaßt[186].

Der *anthropologische* Überblick läßt drei Anwendungsbereiche vermuten (John Bennett und Gustav Thaiss). Einige Anthropologen haben bestimmte Techniken direkt übernommen; so stellte man fest, daß der Cornell-Index psychosomatischer Symptome unter primitiven Stämmen gebraucht werden kann. In anderen Fällen haben Surveys geholfen, die von Anthropologen gewonnenen vageren Eindrücke zu korrigieren. Stoetzel[187] benutzte eine Umfrage, um Ruth Benedicts Ideen vom *Giri* zu verfolgen, den Glauben an die Etikette, den sie ins Zentrum des japanischen Wertsystems stellte. Nach Stoetzels Meinung war sich nur ein kleiner Teil eines Querschnitts der japanischen Jugend des *Giri* überhaupt bewußt und unter den traditionellen ländlichen Bevölkerungsgruppen war es sogar noch weniger bekannt. In anderen Fällen übertragen die Autoren selbst einen allgemeinen Eindruck in ein präzises Forschungsinstrument. Florence Kluckhohn[188] verglich die Wertsysteme von fünf ethnischen Gruppen im amerikanischen Südwesten und stellte deutliche Unterschiede in ihren Zeitvorstellungen, ihrer Selbstidentifikation und anderen komplexen Charakteristika fest.

Die *Wirtschaftswissenschaft* (von James N. Morgan besprochen) ist wahrscheinlich der älteste Konsument der Survey-Forschung. Preisindices werden auf Samples von tatsächlichen Käufen gestützt, die aus Budgetaufzeichnungen hervorgehen. In der Wohlfahrtsökonomie ist das Problem des minimalen Lebensstandards wichtig, weil er den Punkt festsetzt, von dem an Unterstützung gewährt wird. Dieses Minimum ist ein soziologischer Begriff.

186 *C. Y. Glock*, Hg., Survey Research in the Social Sciences, New York, Russell Sage Fondation, 1967.
187 *J. Stoetzel*, Without the Chrysanthemum and the Sword, New York, Columbia University Press, 1955.
188 *F. R. Kluckhohn* und *F. Strodtbeck*, Variations in Value Orientations, Evanston, Ill., Row, Peterson, 1961.

(Heute wird der Besitz eines Radios als genauso unerläßlich angesehen wie eine bestimmte Menge Brot und Milch). Die jüngste Wirtschaftstheorie hat Begriffe eingeführt, die direkte Informationen von den wirtschaftlich Handelnden erfordern, wie etwa die Sparneigung und die Investitionsabsichten. Der Begriff der strukturellen Arbeitslosigkeit erfordert Kenntnis darüber, inwieweit die Leute gewillt sind, zu neuen Berufsmöglichkeiten abzuwandern. Oft entwickeln sich neue wirtschaftliche Phänomene, für die das *common sense*-Wissen nicht ausreicht: das Anwachsen des Kaufs auf Kredit, eine sich ständig ausweitende Ruhestandsperiode usw.

Der Rezensent der *psychologischen Forschung* (Daniel Katz) betont zwei Anwendungsbereiche. Einmal stellt er fest, daß wir zusätzlich zu den konventionellen demographischen Variablen psychologische Merkmale unserer Gesellschaft brauchen, etwa wie die Leute ihren Lebensunterhalt verdienen, wie stark sie an die Gruppen gebunden sind, zu denen sie gehören, welche Normen sie als legitim akzeptieren und welchen Normen sie in der Praxis folgen. All dies sind Themen, die für die psychologische Wissenschaft hilfreich sein würden. Ein Zehnjahres-Zensus des Glücks könnte sehr wichtig sein, und tatsächlich sind vorbereitende Arbeiten zu seiner Durchführung bereits vom National Opinion Research Center mit Unterstützung von Bundesgeldern geleistet worden. Der zweite Punkt von Katz ist, daß »einige der bedeutsamsten psychologischen Probleme Laboratoriumsuntersuchungen nicht zugänglich sind«. Er zählt hierzu den Sozialisationsprozeß, die Determinanten von Geisteskrankheiten und den Einfluß von Organisationen auf das Verhalten von Individuen. Die alte Unterscheidung zwischen »in vitro« im Gegensatz zu »in natura« taucht hier wieder auf. Sample-Surveys, besonders wenn sie mit der Zeit wiederholt werden, spielen eine den Verfahren ähnliche Rolle, die Männer wie Lorenz und Tinbergen in die Tierpsychologie eingeführt haben.

Die Entstehung der politischen Soziologie hat zu einer Teilung der *Politikwissenschaft* geführt. Ihre Vertreter unterscheiden zwischen einem neuen behavioristischen Zweig im Gegensatz zur institutionellen und normativen Tradition. Die Soziologie ist der behavioristischen Seite am nächsten. Survey-Untersuchungen zum Beispiel haben die Komplexität der Meinungsstrukturen enthüllt.

So erklären sich Leute mit allen Punkten des sozialistischen Programms einverstanden, wenn sie einzeln vorgebracht werden, aber sie widersetzen sich dem Sozialismus entschieden, wenn der allgemeine Ausdruck gebraucht wird. Die amerikanische obere Klasse ist in wirtschaftlichen Fragen konservativ und in bezug auf Rassenbeziehungen vorurteilslos eingestellt; bei den unteren Klassen ist es genau umgekehrt. (Eine große Anzahl von einschlägigen Untersuchungen wurden von Sozialpsychologen und Politikwissenschaftlern gemeinsam durchgeführt.) Bis vor kurzem stützten sich Politikwissenschaftler für ihre Analysen auf Gesamtwahlstatistiken. Zusammen mit dem wohlbekannten ökologischen Fehlschluß wurde es hierdurch unmöglich, das Wahlverhalten der verschiedenen Geschlechter oder Altersgruppen zu vergleichen. Die Parallele zur Arbeit der Volkswirtschaftler ist offenkundig. Ähnlich glaubten einst Politikwissenschaftler wie auch Volkswirtschaftler an eine fundamentale Rationalität der Entscheidung; jetzt haben Soziologen gezeigt, daß es in weiten Schichten der Bevölkerung einen Mangel an Information über politische Fakten (und über Preise) gibt. Dies hat zu beträchtlichen Veränderungen in der Demokratietheorie geführt.

Aber was gibt es zu anderen Verfahren zu sagen, bei denen der Soziologe sich mit seinen Kollegen aus anderen Sozialwissenschaften überschneidet? Wenigstens drei sind immer wieder von Bedeutung. Bei vielen der bisher erwähnten Themenbereiche spielt das Problem des *Messens* eine beachtliche Rolle. Hier besteht ein Unterschied zwischen der soziologischen und der psychologischen Tradition. Psychologen gebrauchen eine kleine Zahl von individuellen Variablen, die in vielen von ihren Untersuchungen erscheinen: Eignung, Angst, Erfolgsbedürfnis usw. Sie versuchen daher, ihre Skalen entweder durch Prognose-Gültigkeit *(predictive validity)* oder durch Vergleichs-Gültigkeit *(construct validity)* zu rechtfertigen. Soziologen brauchen einen sehr viel weiteren Bereich von Klassifizierungsinstrumenten, die jeweils zum untersuchten Objekt in Beziehung zu setzen sind. Die Treue einer Gewerkschaft gegenüber erfordert andere Indikatoren als die Verehrung für die katholische Kirche; eine radikale Haltung zu wirtschaftlichen Fragen muß anders gemessen werden als eine radikale Haltung zur Rassenintegration. Der Soziologe wird daher Skalen mit weniger Items nehmen und sich von ihrem manifesten Gehalt leiten lassen. Er weiß, daß die von ihm eingeführten Variate Teil eines äußerst komplexen Gebildes sind und jede nur ein kleines Korrelationselement ergeben wird. Selbst wenn er mathematische Modelle einführt, werden sie weniger strikt als die unter Psychologen üblichen sein; dies könnte sehr gut an dem Unterschied zwischen der Faktorenanalyse und der Analyse latenter Strukturen verdeutlicht werden. Die Grundprinzipien des Messens werden in einem anderen Teil der vorliegenden Untersuchung diskutiert[189]. Dieser Abschnitt ist eine soziologische Bemerkung über die Art, in der Psychologen und Soziologen die gleichen formalen Probleme betrachten.

Soziologische Untersuchungen von Wählern und Verbrauchern haben eine solide Grundlage für den Nachweis von Einflüssen erstellt, der auf viele andere Gebiete angewandt werden kann. Der Volkswirtschaftler ist daran interessiert zu wissen, was die Leute veranlaßt, eine Art des Investierens der anderen vorzuziehen; der Politikwissenschaftler möchte die Rolle von Sachfragen vom Einfluß der Persönlichkeit des Kandidaten getrennt wissen; der Demograph beschäftigt sich damit, wie Menschen das Land auswählen, in das sie auswandern. Um diese Informationen zu erhalten, sind direkte *Interviews* oft die geeignetste Technik. Die Kunst, »nach dem Warum zu fragen«, besteht darin, eine detaillierte Beschreibung des Entscheidungsaktes zu erhalten und dann die Kausalrollen der verschiedenen Faktoren bei der Entscheidung abzuwägen. Die Technik besteht aus zwei Hauptschriften. Zuerst wird ein formelles »Berechnungs-Schema« entwickelt, das getrennt die Merkmale des Handelnden, die anziehenden Merkmale des Zielobjekts, die Quellen für Information und Beratung usw. aufführt. Dann wird eine Technik spezifizierter Fragen gebraucht, die bei jeder vom Befragten erwähnten Episode allen möglichen Einflüssen nachspürt. Der Glaube, dem oft Ausdruck verliehen wird, daß die Menschen nicht sagen könnten, warum sie etwas tun, beruht auf einer mangelhaften Analyse des Problems. Während die zugrundeliegende Motivation durch keinen direkten Ansatz erforscht werden kann, kann die Einwirkung von Einflüssen aufgedeckt werden.

Das statistische Ergebnis einer solchen »Ursachen-Analyse« ist

189 Vgl. Mathematische Modelle und Methoden, von R. Boudon (a.a.O.)

manchmal zuverlässiger als Experimente oder Korrelations-Analysen. Die Untersuchungen des Bildungsfernsehens liefern ein gutes Beispiel. Laboratoriumsexperimente zeigen, daß die Leute aus solchen Programmen eine ganze Menge lernen. Aber in Wirklichkeit sind die, die am meisten daraus lernen, die, die außerhalb des Laboratoriums dem Fernsehen nicht zuschauen. Korrelationsstudien zeigen, daß die weniger gebildeten Schichten der Bevölkerung vor solchen Programmen zurückschrecken, aber trotzdem sind einige von ihnen willige Zuhörer. Was beeinflußte sie? Oft werden Soziologen herangezogen, um Reklamesendungen und andere Sorten von Propaganda zu bewerten. Die von ihnen entwickelten Techniken erlauben eine Übertragung auf ähnliche Probleme, denen sich Volkswirtschaftler und Politikwissenschaftler gegenübersehen. Nebenbei könnte die Entwicklung eines Grundaktionsschemas, das einer Vielzahl konkreter Auswahlen angepaßt werden kann, ein weiterer Teil der strukturalen Soziologie sein. Eine von Charles Kadushin geschriebene detaillierte Diskussion der »Reason Analysis« ist in der neuen *International Encyclopedia of the Social Sciences* zu finden.

Schließlich hat der Begriff der *informellen Strukturen* weite Anwendung gefunden. Formelle Strukturen sind im Rahmen der realen Interaktionen zwischen den Beteiligten analysiert worden. Croziers Untersuchungen der französischen Bürokratie, das Werk des Tavistock-Instituts über Wirtschaftsmanagement und die an der Universität von Chicago durchgeführten Untersuchungen von Geschworenenbänken sind typische Beispiele hierfür. Merton hat sich auf die Politik der Wissenschaft konzentriert: Zusammenarbeit und Eifersucht unter Wissenschaftlern, wie Nobelpreise errungen werden und die Konsequenzen, die sie für die Gewinner wie auch für die Verlierer haben. Innovationen sind in bezug auf die Strategie der Innovatoren untersucht worden. Bei der Gründung von größeren Bildungsinstitutionen (Collège de France, Universität von Berlin) waren »marginale Männer« entscheidend, d. h. solche, die gleichzeitig zu intellektuellen Zirkeln und solchen der Macht gehörten, ohne in einen von beiden vollkommen integriert zu sein. Die Zahl solcher Untersuchungen wächst ständig, und der Einfluß der soziologischen Denkart ist nicht zu übersehen. Es entstehen bereits Generalisierungen: z. B. Modifizierungen der Weberschen Bürokratietheorie oder Untersuchungen zur Berufssoziologie, die zu einem neuen Verständnis der ambivalenten Elemente führen, die allen gegenwärtigen Berufen anhaften[190].

*Sozialpsychologie*

Bis vor kurzem waren Diskussionen über die Beziehungen zwischen der Soziologie und der Sozialpsychologie von ziemlich undefinierter Art. Glücklicherweise ist der Trend jetzt auf eine geordnetere Analyse gerichtet. So zählt in einem viel gelesenen Kompendium über *Modern Sociological Theory (1957)* Kimball Young lediglich eine Anzahl von Themen auf, die die beiden Bereiche gemeinsam haben. Seine wichtigsten Untertitel spiegeln die Ziellosigkeit seines Überblicks: Interaktion, Rollentheorie, öffentliche Meinung, Überzeugungsapparat, Führerschaft usw. Im Jahr 1960 ging der von Gurvitch zusammengestellte *Traité de Sociologie* die Angelegenheit bereits in einer systematischeren Art an, indem er aufzeigte, wie die beiden Disziplinen ihre Kräfte vereinen könnten. Drei von den Aufsätzen konzentrieren sich auf soziale Einheiten. In einem behandelt Stoetzel die Psychologie der interpersonellen Beziehungen innerhalb eines weiten Zusammenhangs[192]. Er faßt drei Ansätze ins Auge: 1) die allgemeine Psychologie einschließlich der Philosophie; 2) die Soziologie und Ethnologie; 3) die

190 Der Nachweis des Einflusses der Soziologie auf andere Sozialwissenschaften ergibt notwendig ein einseitiges Bild. Man sollte eine umgekehrte Richtung des Einflusses erwarten, und die ist tatsächlich deutlich zu sehen. Der gesamte Trend zur Makrosoziologie wurde sicherlich durch die Kritik bestärkt, daß Soziologen a-historisch geworden wären. Die von den Volkswirtschaftlern aufgestellten Modelle haben die Anfänge einer mathematischen Soziologie beeinflußt. Das etwas vage Gerede der Soziologen über Systeme wird langsam durch die größere Strenge der Literatur zu simulanten Gleichungen und zur Kybernetik geläutert. Die Wanderung von begrifflichen Vorstellungen, wie etwa der Austausch, wurde bereits erwähnt. Einige Grundgedanken wie Bezugsgruppen wurden in der Sozialpsychologie entwickelt und dann von Soziologen zu einer wichtigen Position weitergeführt.
Die Literatur zu den allgemeineren Beziehungen zwischen der »Soziologie und den anderen Sozialwissenschaften« ist umfangreich; ein systematischer Überblick von *Smelser* ist in einem Buch über *The Uses of Sociology* enthalten, das im Auftrag der amerikanischen soziologischen Vereinigung von *P. F. Lazarsfeld, W. H. Sewell, H. L. Wilensky* herausgegeben wurde, New York, Basic Books Inc., 1967.

191 *K. Young* und *L. Freeman,* Social Psychology and Sociology, in: *H. Becker* und *A. Boskoff,* Hgg., Modern Sociological Theory in Continuity and Change, New York, Holt, Rinehart und Winston, 1957, S. 550–573.

192 *J. Stoetzel,* La psychologie des relations interpersonnelles, in: *G. Gurvitch,* Hg., Traité de Sociologie, Bd. II, Paris, Presses Universitaires de France, 1960, S. 339–352.

Sozialpsychologie. Dem Soziologen schreibt er die institutionellen und mehr oder weniger formalisierten Elemente in den interpersonellen Beziehungen zu. Die Objekte der sozialpsychologischen Untersuchungen sind für ihn die Wahrnehmung von Menschen, Partnerwahl, die Rolle der Macht in persönlichen Beziehungen und die Psychologie von Kleingruppen. Das letztere Thema wird von Bourricaud entwickelt[193]. Er wirft die Frage auf, ob die in der Kleingruppenforschung entwickelten Kategorien wirklich für größere soziologische Untersuchungen relevant sind; es ist klar, daß er dies im Grunde bezweifelt. Als wichtigstes Beispiel wählt er den Begriff der »Popularität«, den er so ausweitet, daß er Themen wie Führerschaft und Konsens umfaßt. Während er die Beiträge von Männern wie Bales würdigt, weist er darauf hin, daß »zwischen dem soziometrischen Modell und der sozialen Realität eine große Kluft besteht«. Soziale Schichtung und politische Legitimation gehören zu den Problemen, die von Kleingruppenuntersuchungen nicht behandelt werden können, stellt Bourricaud fest. Lefebvre ist anderer Meinung. In seinem Beitrag zur »Psychologie von sozialen Klassen[194]« argumentiert er, daß, obwohl der marxistische Klassenbegriff (den er unterstützt) kein psychologischer, sondern ein ökonomischer Begriff ist, es möglich ist, nach seiner richtigen Konzeptualisierung die Psychologie verschiedener sozialer Gruppen als Ableitung ihrer strukturellen Position zu beschreiben. Lefebvre macht kühne Bemerkungen über die kollektive Psychologie der Bourgeoisie, der Arbeiterklasse und des Bauern.

Der französische Versuch ist also um Ebenen sozialer Komplexität gruppiert. Aber innerhalb dieser Ebenen bleibt die Auswahl der Autoren für eine besondere Behandlung ziemlich willkürlich. Ein höherer Grad an Systematisierung – wenigstens im Prinzip – wird von W. Moore in einem neuen Aufsatz über »Sozialstruktur und Verhalten« erreicht[195]. Wie der Titel andeutet, gibt er der Beziehung zwischen Soziologie und Sozialpsychologie eine bestimmte Wendung. Die Handlungen der Menschen werden zum Teil durch Motivation und zum Teil durch die sozialen Zwänge be-

193 *F. Bourricaud,* Psychologie des groupes, in *G. Gurvitch,* Hg., a.a.O., S. 353–363.
194 *H. Lefebvre,* Psychologie des classes sociales, in: *G. Gurvitch,* Hg., a.a.O., S. 364–386.
195 *W. E. Moore,* Social Structure and Behavior, in: The Handbook of Social Psychology, 2. Aufl., Bd. IV, Reading, Mass., Addison-Wesley, 1969.

stimmt, die die Gesellschaft ausübt. Um die Terminologie unseres Abschnitts I zu gebrauchen, können wir sagen, daß Moore das relative Gewicht der kollektiven und individuellen Variate und ihr Zusammenspiel im Lauf der Zeit untersuchen möchte. Als einen Weg zur Ordnung dieses Materials schlägt er eine Anzahl von Kategorien vor, mit denen soziale Strukturen beschrieben werden können: ihr vorherrschendes Wertsystem, ihre soziale Schichtung, bestimmte »statistische« Kategorien, wie etwa Alter, Geschlecht, ethnische Zugehörigkeit, die das Individuum wenig kontrollieren kann, und schließlich Zeitfolgen, die jede Gesellschaft charakterisieren – saisonabhänginge Variationen, Altern, Berufspläne, die von der Art der Arbeit diktiert werden, usw. Nachdem er die wichtigsten Dimensionen aufgestellt hat, nach denen er gegebene Sozialstrukturen zu charakterisieren vorschlägt, wirft er die Frage auf, wie sie das menschliche Verhalten beeinflussen. (Ich übergehe hier eine Reihe wertvoller Beobachtungen – S. 288 bis S. 297 – in denen er den extremen Soziologismus à la Durkheim oder den extremen psychologischen Reduktionismus zurückweist, wie er wahrscheinlich am besten von dem Polen Malewski [196] repräsentiert wird, der in gewisser Weise von dem Amerikaner Homans inspiriert worden ist.)

Bei der Betrachtung der Tatsache, daß eine Gesellschaft ein vorherrschendes Normensystem hat, stellt Moore Fragen wie diese: durch welche Mechanismen wird die Übereinstimmung mit diesen Normen erreicht? Was kann man über abweichendes Verhalten außerhalb dieser Normen sagen? Wie folgerichtig sind diese normativen Systeme? Eine beträchtliche Anzahl konventioneller Themenbereiche wird auf diese Weise betroffen und durch eine Überschneidung zwischen der individuellen und der sozialen Welt enthüllt. So kann man innerhalb des Begriffs der sozialen Differenzierung die umfangreiche Literatur über soziale Unterschiede kategorisieren: Praktiken der Kindererziehung, Wirkungen der Klassenposition und die Wahrnehmung der Außenwelt, die Rolle sozialer Unterschiede für die Motivation oder die Erwartungsebene bei der Aufrechterhaltung einer Armutskultur usw.

Die gegenseitige Beziehung zwischen sozialen Abläufen und in-

196 *A. Malewski,* Verhalten und Interaktion, aus dem Polnischen übersetzt von W. Wehrstedt, Tübingen, J. C. B. Mohr, 1967.

dividuellem Verhalten wirft besonders interessante Fragen auf. Die persönliche Erfahrung einer beruflichen Laufbahn entspricht dem sozialen Phänomen des Erfolges. Indem neue Scharen von Individuen in Rollen einrücken, die nur vage umschrieben sind, werden sie beachtlichen sozialen Wandel hervorrufen. Der technologische Fortschritt, dessen Ablauf zum Teil durch immanente intellektuelle Regeln bestimmt wird, könnte die Fähigkeiten eines jeden einzelnen Menschen bei weitem übersteigen. (Man denke an einen Arzt zwanzig Jahre nach dem Examen.) So legt wiederum die Verflechtung von Lebenszyklus und sozialem Wandel eine weitere Gruppe von Forschungsbereichen fest, die die Soziologie und die Sozialpsychologie verbinden.

Dieser kurze Überblick kann es sich nicht zur Aufgabe stellen, die systematische Darstellung der besprochenen Probleme zu verbessern. Mein Ziel ist vielmehr, das auszuwählen, was ich für die beachtenswertesten jüngsten Trends in der Beziehung zwischen den beiden Disziplinen halte. Auf verschiedenen Ebenen haben im Verlauf der letzten 10 oder 15 Jahre Sozialpsychologen ihre Aufmerksamkeit auf bestimmte Prozesse gerichtet, die Unterstützung einiger soziologischer Probleme erwarten lassen, ohne daß sie sie verdrängen werden. Eine einleitende Bewertung des allgemeinen Stands des sozialpsychologischen Wissens wird weiterhelfen, bevor ein Versuch zur Identifizierung solcher Prozesse gemacht wird.

*Der Stand der Kunst*

Der auffälligste Eindruck ist die ungeheure Ausweitung des Gebietes. Im Jahr 1954 veröffentlichte Gardner Lindzey, ein amerikanischer Psychologe, ein *Handbook of Social Psychology* in zwei Bänden, das alle Gebiete der Disziplin erschöpfend behandelte. Die zweite Auflage (1968/1969) ist soeben in fünf gleich umfangreichen Bänden erschienen. Neue Gebiete sind hinzugefügt sowie ältere Themen in vieler Beziehung verfeinert worden. Die Mitarbeiter sind sich ihres Erfolges durchaus bewußt. Ein Autor betont, daß sich die Sozialpsychologen in einer sehr viel glücklicheren Lage befinden als ihre Kollegen unter den Soziologen, die sich in ihrem Kollektivwerk keiner ähnlichen Reichweite oder sich steigernden Tendenz rühmen können.

Am beachtlichsten ist der Fortschritt der *experimentellen Fertigkeiten* der Sozialpsychologen. Soziologen haben oft die Tatsache bedauert, daß sie wenig Gelegenheit zum eigentlichen Experimentieren haben. Wenn man zum Beispiel die Wirkung von besseren Wohnverhältnissen untersucht, könnte man entweder die Erfahrung der in das neue Wohnprojekt ziehenden Menschen mit ihrer früheren Wohnerfahrung vergleichen, oder aber sie mit einer Kontrollgruppe vergleichen, die nicht weggezogen ist. Offensichtlich wissen wir nicht, ob die Wegziehenden nicht auf jeden Fall andere Menschen sind. Im ersten Fall wissen wir nicht, ob sich nicht viele andere Faktoren gleichzeitig mit der Wohnung geändert haben. Im Prinzip ist das systematische Experiment bei weitem besser, weil Kontrollgruppen und experimentelle Gruppen zufällig ausgewählt werden.

Aber wenigstens zwei Schwierigkeiten bleiben ungelöst. Eine liegt darin, daß wir nicht wissen, wie viel von dem Laboratoriumsexperiment auf reale Situationen übertragen werden kann. So könnte man in einem Laboratoriumsexperiment feststellen, daß Menschen, die einem Bildungsprogramm des Radios ausgesetzt werden, dabei eine Menge lernen. In der Welt als Gesamtheit aber kann es sein, daß gerade die, die am meisten davon profitieren würden, in Wirklichkeit nicht zuhören, aus einer Vielzahl von wohlbekannten Gründen (diese Schwierigkeit kann teilweise durch die in Abschnitt I diskutierte Panel-Technik überwunden werden). Ein zweites Problem der experimentellen Methode ist die künstliche Schaffung relevanter Variate. Hierzu wurde die Erfahrung der Sozialpsychologen sehr gut von Aronson und Carlsmith zusammengefaßt[197], die detaillierte Selbstkritik leisten und davon konstruktive Verbesserungsvorschläge ableiten. Ihre Diskussion richtet sich hauptsächlich auf die folgenden Punkte:

*a.* Der Sozialpsychologe versucht, bestimmte Gruppenmerkmale wie Kohäsion oder individuelle Emotionen wie etwa einen Zustand der Apprehension herbeizuführen. Im letzteren Fall könnte der Psychologe einen elektrischen Schock benutzen oder einfach davor warnen, daß die Situation hart werden könnte; er kann sogar Helfer benutzen, die ängstlich und angespannt handeln. Mit anderen Worten, das vorgestellte Konzept kann durch eine Vielzahl von Indikatoren realisiert werden. Aber wie weiß man, daß die Versuchs-

197 *E. Aronson* und *J. M. Carlsmith,* Experiments in Social Psychology, in: The Handbook of Social Psychology, Bd. II, 1968, a.a.O.

personen die simulierten Variate nicht anders erfahren oder daß verschiedene Indikatoren nicht verschiedene Wirkungen haben? Die Autoren raten, eine Vielzahl von Indikatoren zu gebrauchen und dann zu sehen, ob das wesentliche Ergebnis gleich bleibt. (Dies ist wie bei einem Tierpsychologen, der Hunger durch eine Vielzahl von Indikatoren zu messen versucht: durch den Zeitabstand seit der letzten Fütterung; Magenkontraktionen; das Ertragen von Futtergeruch, usw.)

*b.* Ein weiteres Problem ist, die Glaubwürdigkeit eines Arrangements sicherzustellen. Wenn man die Suggestibilität untersuchen will, könnte man Helfer benutzen, die Äußerungen machen, die dem widersprechen, was naive Versuchspersonen wahrnehmen. Aber wie kann man sicher sein, daß die Testpersonen den Trick nicht nach einer gewissen Zeit bemerken?

*c.* Ein drittes Problem ist das, was die Wahl zwischen experimentellem und weltlichem Realismus genannt wird. Wenn man zum Beispiel wissen möchte, wie sich Testpersonen verhalten werden, wenn die Erfordernisse einer Aufgabe mit einer Affektreaktion in Konflikt geraten, können wir sie fragen, was sie tun würden, wenn sie in Eile wären, um zu einer wichtigen Verabredung pünktlich zu sein, und jemanden hilflos auf der Straße liegen sehen würden. Hier wird die Streitfrage konkret gestellt, aber wahrscheinlich hat die Geschichte selbst wenig Wirkung. Nehmen wir dagegen ein Experiment von Milgram[198]. Testpersonen wurden gebeten, bei der Untersuchung der Wirkung von elektrischen Schocks zu helfen. Sie glaubten, daß sie die Anwendung eines elektrischen Stromschlags ständig steigern würden, und beobachteten Leute, die mehr und mehr Schmerz und Belastung zeigten. Die Absicht lag darin, festzustellen, an welchem Punkt die Testpersonen aufhören würden, den Strom zu bedienen. In Wirklichkeit wurde überhaupt kein Strom gebraucht, und die angeblich leidenden Menschen waren Schauspieler. Aber wie konnte der Psychologe wissen, wieviel von dem Ergebnis davon abhing, wie gut die Schauspieler ihre Qual darstellten?

Demnach liegt hierin der Trend: man schafft durch glaubwürdige Arrangements »Einstellungen« in Menschen, die eine Verpflichtung

198 *S. Millgram*, Behavioral Study of Obedience, in: Journal of Abnormal and Social Psychology, 67, 1963, S. 371–378.

zulassen und daher wirklich ein Verhaltensmuster betreffen. Hoffentlich würde man ähnliche Wirkungen in der realen Welt feststellen. Die Ziele werden durch zwei technische Entwicklungen unterstützt: multivariate Pläne und, vor allem, Folgen von Experimenten. In den Anfängen der Psychologie bestand ein Experiment darin, die Wirkung eines Reizes zu überprüfen. In jüngsten Arbeiten wurde eine immer größere Zahl von Variaten eingeführt. Verschiedene Reize werden kunstvoll kombiniert, und die Testpersonen nach relevanten Variaten unterteilt. Zweitens haben Sozialpsychologen erfolgreich auf ein Experiment aufgebaut, um daraus ein neues zu entwerfen. Folgen von Experimenten haben die Interpretation von Ergebnissen sehr gestützt. Schachter demonstrierte, daß Menschen, die in einen Zustand der Angst versetzt worden waren, den verstärkten Wunsch verspürten, zusammenzubleiben. Aber warum war das so? Es gibt eine Reihe von alternativen Erklärungen, zum Beispiel die beiden folgenden: ist die Anwesenheit von anderen nur ein allgemeiner Trost, oder werden die anderen als Standard benutzt, an denen man den eigenen Grad der Angst mißt? Schachter weitete das Experiment aus, indem er der Wahl des »Zusammenbleibens« zusätzliche Alternativen hinzufügte, die das Sprechen über das Experiment oder das Sprechen überhaupt ausschlossen. Auf diese Art konnten bestimmte Interpretationen des allgemeinen Experiments ausgeschlossen werden und andere plausibler gemacht werden[199]. (Die Analyse ist zu komplex, um hier wiedergegeben zu werden.)

Schachter führte auch den Gebrauch von Drogen in die Welt des Sozialpsychologen ein. Durch die Injektion von Drenalin schuf er bei seinen Testpersonen einen allgemeinen Erregungszustand; unter solchen Bedingungen empfanden sie eine lustige Situation, die sie sahen, als viel lustiger als Testpersonen einer Kontrollgruppe. Seine These ist, daß Emotionen eine Konvergenz eines psychologischen Zustandes und die Wahrnehmung eines angemessenen Reizes sind[200]. Der Stolz der Sozialpsychologen auf ihr experimentelles Expertentum blieb nicht unangefochten. Rosenthal schrieb ein

199 *S. Schachter*. Anxiety and the Need for Affiliation, New York, J. Wiley, 1958.

200 *S. Schachter*, The Interaction of Cognitive Physiological Determinants of Emotional State, in: *L. Berkowitz*, Hg., Advances in Experimental Social Psychology, Bd. II, New York, Academic Press, 1964.

ganzes Buch, das zeigt, daß die Erwartungen des Experimentleiters seine Ergebnisse beeinflussen[201]. Obwohl nicht alle seine Daten überzeugend sind, ist die Abhandlung selbst eine Untersuchung der Rolle der Erwartungen in der sozialen Interaktion.

Während das Experimentieren einen solch großen Fortschritt machte, sind die Sozialpsychologen den Soziologen nicht voraus, was das *Messen* bestrifft. Wie in den Sozialwissenschaften üblich, werden drei Typen von Verfahren befolgt. Eines ist direktes Skalieren von dem Typ, der in Abschnitt I dieses Kapitels diskutiert wurde. Der zweite Ansatz besteht darin, ein allgemeines Konzept zu schaffen und es durch eine Vielzahl von Experimenten zu stützen, ohne ein direktes Messen zu versuchen. Man betrachte die vielen Untersuchungen um den Begriff der »Erwartungsebene«; ein Autor faßt das gegenwärtige Denken wie folgt zusammen[202]. »Die Tendenz, in einer konkreten Situation Erfolg zu erringen, wird als multiplikative Funktion eines allgemeinen Erfolgsbedürfnisses *vermutet*, das das Individuum von Situation zu Situation mit sich trägt, der Wahrscheinlichkeit des Erfolgs in einer konkreten Situation und des ›Profits‹, der sich aus dem Erfolg nach der eigenen Erfahrung ergeben würde« (meine Hervorhebung).

Ein dritter Begriffstyp ist auf einer so allgemeinen Ebene stehengeblieben, daß das Messen selbst in seinem allgemeinsten Sinn erst in den Kinderschuhen steckt. »Bezugsgruppen« geben ein gutes Beispiel. Wir wissen, daß Menschen eine Situation als befriedigend bewerten, indem sie sie mit anderen Situationen vergleichen oder sich selbst mit dem vergleichen, was andere Leute bekommen. Über die analytischen Verdienste dieses Konzepts von Bezugsgruppen gibt es viel Literatur, und Hyman hat recht lehrreich ihre Geschichte nachgezeichnet[203]. Aber das Konzept ist in einer allgemeinen, wahllosen Art übernommen worden. Wenig Versuche sind unternommen worden, um festzustellen, welche Bezugsgruppen in spezifischen Situationen relevant sind und was ein Individuum bestimmt, eine besondere Bezugsgruppe auszuwählen.

201 *R. Rosenthal,* Experimenter Effects in Behavioral Research, New York, Appleton-Century-Crofts, 1966.
202 *M. Deutsch,* Field Theory, in: The Handbook of Social Psychology, Bd. I, 1968, a.a.O., S. 455.
203 *H. H. Hyman* und *E. Singer,* Introduction, in: *H. H. Hyman* und *E. Singer,* Hgg., Reference Group Theory and Research, New York, The Free Press, 1968.

Bei der Entwicklung von detaillierten Beschreibungen sozialer Phänomene scheinen Europäer mehr Geduld als Amerikaner zu haben. So haben die Briten Argyle und Kendon Experimente durchgeführt und dann die allgemeine Literatur dazu zusammengefaßt, was sie soziale Veranstaltung genannt haben[204]. Die Idee ist den Aufgabenanalysen von Handarbeiter-Jobs angepaßt. Die soziale Kompetenz einer Person wächst in Beziehung zu den Kriterien, die er im Verhalten der anderen beobachtet, wie auch die Schnelligkeit, mit der er sie in Antizipationen dessen überträgt, was der andere als nächstes tun wird, und seine Fähigkeit, sein eigenes Verhalten, in Verfolgung seines eigenen Ziels, dem Modell anzupassen. Als Nebenprodukt solcher Untersuchungen ist viel von der Art zu lernen, in der Begegnungen zwischen Menschen beschrieben werden können. Die Autoren geben nach der folgenden Richtlinie einen Überblick über Untersuchungen (S. 62): es gibt feststehende Merkmale der Veranstaltung, wie etwa Haltung, Entfernung und Ausrichtung, die die physische Position der Teilnehmer charakterisieren; es gibt andererseits dynamische Merkmale – Äußerungen, Bewegungen und Merkmale des Aussehens, an denen sich jeder Teilnehmer an einer besonders untersuchten Interaktion wahrscheinlich beteiligen wird. Moscovici hat diese Arbeit ausgeweitet, indem er zeigt, daß die Positionselemente zwischen zwei in einer Unterhaltung begriffenen Menschen auch mit linguistischen Merkmalen ihres verbalen Austausches verbunden sind[205].

Die gegenwärtige Sozialpsychologie hat auch eine Verschiebung in der Art hervorgebracht, mit der Psychologen versuchen, das *menschliche Verhalten zu formalisieren.* In den 1930er Jahren herrschte unter dem Einfluß des Behaviorismus das S-R-Modell vor: die Umgebung lieferte die Reize (Stimulus), auf die die menschlichen Wesen reagierten (Reaktion). Bald wurde klar, daß verschiedene Menschen verschieden auf die gleichen Reize reagierten. S-O-R-Schemata wurden dann populär: Reize wirken auf Organismen, die unterschiedliche Dispositionen haben, und so werden ihre Reaktionen sowohl von S wie auch von O bestimmt. Obwohl das etwas zu stark vereinfacht, könnte man sagen, daß der Beitrag,

204 *M. Argyle* und *A. Kendon,* The Experimental Analysis of Social Performance, in: *L. Berkowitz,* Hg., a.a.O., Bd. III, 1967, S. 55–98.
205 *S. Moscovici,* Communication Processes and the Properties of Language, in: *L. Berkowitz,* Hg., a.a.O., Bd. III, S. 225–270.

den die Sozialpsychologie zur Soziologie liefert, in ein O-S-R-Modell gefaßt werden kann. Der Organismus hat seine eigenen Tendenzen, die den Menschen auswählen lassen, was er an seiner Umgebung wahrnimmt; er ist auch in dem Sinn selbstgetrieben, daß er nach neuen Reizen sucht, auf die er reagieren kann. In Wirklichkeit behandelt natürlich jede Sozialwissenschaft lange Ketten, die sich in gegenseitiger Interaktion verknüpfen. Der Organismus wählt die wirksamen Reize aus, aber antwortet oft auf Situationen, die nicht unmittelbar geändert werden können. Auf lange Sicht verändert die Akkumulation individueller Reaktionen die äußere Situation. Diese »entstehenden Qualitäten« übernehmen die Rolle der Reize.

Aus diesem aktiven Prozeß möchte ich gerne eine Reihe von jüngsten Trends in der Sozialpsychologie herausgreifen, die für diesen Bericht relevant sind. Mein Plan besteht darin, den oben erwähnten Ansatz von W. Moore zu ergänzen. Moore systematisierte bestimmte Dimensionen der Sozialstruktur, die Probleme des menschlichen Verhaltens ordnen halfen, aber er diskutierte nicht die Mechanismen, die die Sozialstruktur und das individuelle Verhalten verbinden könnten, noch zog er in Betracht, ob Sozialpsychologen neue Dimensionen entwickelt haben, die für die soziologische Forschung relevant sein könnten. Ich beginne mit einem Überblick einer solchen Variate, dem Begriff der Selbsteinschätzung. Ich werde mich dann einem spezifischen Prozeß zuwenden, der Vermeidung von Dissonanzen, der jetzt in der Literatur eine so prominente Rolle spielt. Da dies etwas ist, was man einen Mikro-Prozeß nennen könnte, werde ich mich dann einem Ablauf von größerer Reichweite zuwenden, der jetzt unter dem Namen »Erwachsenensozialisation« bekannt ist.

*Selbsteinschätzung*

Der Soziologe, der auf solche Variablen wie Geschlecht, Bildung und Alter beschränkt ist, verlangt nach einfallsreicheren Wegen, um die Themen zu charakterisieren, die in den Bereich seiner Untersuchungen fallen. Der Sozialpsychologe bietet ihm eine Variate an, die er in vielen Experimenten geformt hat und die für soziologische Probleme immer relevanter zu werden scheint: den Begriff der Selbsteinschätzung. In seinem Beitrag über »das Selbst« in der neuen *Encyclopedia* legt Sherif den Begriff auf die folgende Art fest. Das Kind macht zuerst ein »Selbst« ausfindig, indem es zwischen seinem eigenen Körper und Bewegungen und denen von anderen zu differenzieren lernt. Wenn er (oder sie) heranwächst, wird den Reaktionen von anderen Aufmerksamkeit geschenkt und das eigene Verhalten bewertet; das Selbst plus dieser Bewertung entwickelnd das »Ego«. Schließlich werden Fertigkeiten, Meinungen und dauerhaftere Ziele erworben, die die Persönlichkeit schaffen. Selbsteinschätzung, positiv oder negativ, liegt auf der mittleren Ebene des Ego, und bestimmt einen weiteren Bereich des sozialen Verhaltens mit.

In ihrem Buch über das Selbstverständnis gibt Ruth Wylie einen kritischen Überblick über eine große Anzahl von »Instrumenten zur Messung von Selbsteinschätzung[206]«. Menschen könnten gefragt werden, wie sie sich in verschiedenen Situationen fühlen, wie bei der Abnahme von Prüfungen, beim Zusammentreffen mit wichtigen Personen, bei der Konfrontation mit schwierigen persönlichen Situationen. Dies ist ein sehr direkter Weg, Selbsteinschätzung zu bewerten. Andere Autoren folgen abgelegeneren Wegen. Sie bitten um einen Bericht von vergangenen Fehlschlägen und Erfolgen in der Annahme, daß der Rückstand solcher Erfahrungen Selbsteinschätzung schafft und anzeigt. Andere Autoren bitten um Urteile von Gefährten einer Versuchsperson und nehmen an, daß sie gut informiert sind und daß außerdem deren gute oder schlechte Meinung auf die Selbsteinschätzung der Testperson einwirken könnte.

Das Vorzeichen der Selbsteinschätzung (positiv oder negativ) steht in engem Zusammenhang mit signifikanten anderen, und ich werde darauf später zurückkommen. Für den Soziologen ist die Beziehung zwischen Selbsteinschätzung und beruflicher Rolle eines Menschen von besonderem Interesse und hier folgen einige Beispiele.

Eine kleine Auswahl typischer Untersuchungen wird eine Vorstellung davon vermitteln, wie Sozialpsychologen an die Frage herangehen. Die einleitende Frage ist immer, in welchem Ausmaß, wenigstens in Kontakt mit anderen, Menschen von sich selbst als von Individuen denken oder als Rrepräsentanten eines sozialen

206 *R. C. Wylie,* The Self Concept, Lincoln, University of Nebraska Press, 1961.

Typs. Das bekannteste Verfahren auf dieser Linie ist der von Kuhn und McPartland entworfene »twenty statement test« (TST)[207]. Die Testperson erhält ein einzelnes Blatt Papier mit 20 numerierten weißen Feldern und Anweisungen, auf die weißen Felder 20 Antworten auf die Frage »Wer bin ich?« zu schreiben, so als ob sie die Antworten sich selbst gäben. Eine Inhaltsanalyse unterteilt die Antworten in unwillkürliche (die sich auf Gruppen und Klassen beziehen, deren Bedingungen für die Mitgliedschaft allgemein bekannt sind) wie etwa »Student«, »Mädchen«, »Ehemann« – und willkürliche (die sich auf Gruppen, Klassen, Wesensmerkmale beziehen, die eine Interpretation von Seiten des Befragten erfordern), wie etwa »glücklich«, »zu schwer«, »interessant«. Die Menschen unterscheiden sich sehr im Umfang und der Zusammensetzung ihrer Antworten, aber neigen dazu, zuerst unwillkürliche Antworten zu geben, die »das Individuum in ein soziales System stellen«.

Um das Selbstverständnis einer allgemeinen Bevölkerung festzustellen, haben Mulford und Salisbury einen modifizierten TST auf ein Sample angewandt, das die erwachsene Bevölkerung von Iowa repräsentierte[208]. Von 13 Kategorien der Selbstdefinition werden vier am häufigsten erwähnt: Familienstand und -rolle, alle Arten von Status und Rolle der Kleinfamilie, religiöse Zugehörigkeit und Beruf. Mit mittlerer Häufigkeit werden Geschlecht, Alter, weitere Familie und nicht-familiäre Gruppen erwähnt. Fast niemand erwähnt Bildung, Rasse, die ethnische oder Klassenherkunft. Diese Unterschiede bleiben auch dann bestehen, wenn die Daten nach Geschlecht, Alter, Geschlecht und Alter, Familienstand und Beruf analysiert werden.

Simpson and Simpson haben die Hypothese aufgestellt, daß Menschen mit Berufen von niederem Status irgendeinen Aspekt ihrer Arbeit herausgreifen können, der hoch angesehen wird, entweder in der Gesellschaft oder in der Subkultur der Arbeit, um ein

207 *M. H. Kuhn* und *T. S. McPartland*, An Empirical Investigation of Self-Attitudes, in: *J. Manis* und *B. Metzer*, Hgg., Symbolic Interaction, Boston, Allyn and Bacon, 1967, S. 120–133. Als dieser Bericht zum Druck fertig war, erfuhr ich von einer Gruppe von britischen Psychologen, die nach ähnlichen Richtlinien arbeiten. Eine grundlegende Äußerung findet sich in: *G. A. Kelly*, The Psychology of Personal Constructs, New York, Norton, 1955.

208 *H. A. Mulford* und *W. W. Salisbury*, Self Conceptions in a General Population, in: *J. Manis* und *B. Metzer*, Hgg., a.a.O., S. 268–278.

Selbstbildnis darauf aufzubauen[209]. Im Fall von Pflegepersonal in einer psychiatrischen Abteilung besteht die Basis, auf der ein günstiges berufliches Selbstbildnis aufrechterhalten wird, in einer Konzentrierung auf die »Sorge um den Patienten«. Eine Zufallsauswahl von 15 Prozent der Wärter in fünf Hospitälern von North Carolina wurde interviewt, um festzustellen, warum sie den Beruf gewählt hatten und warum sie bei dem Beruf geblieben waren. Die Antworten wurden nach inneren (zur Arbeit gehörenden) und nach äußeren (zu den Äußerlichkeiten des Jobs gehörenden) Gründen entschlüsselt. Die Interviews wurden nach ein paar Monaten wiederholt, und die Autoren stellten bei denen, die bleiben, einen allgemeinen Trend von den äußerlichen zu den inneren Gründen fest. Sie vermuten, daß das Selbstbildnis, das die Patientenfürsorge betont, aus der Subkultur des Hospitals übernommen wird, wo die Fürsorge für den Patienten die wichtigste Pflicht ist.

Das Selbstverständnis von Geschäftsführern und leitenden Angestellten werden in einer Untersuchung von Coates und Pellegrin einander gegenübergestellt, indem die Frage betrachtet wird, warum bestimmte Einzelpersonen mehr vertikale Mobilität und Berufserfolg als andere erreichen[210]. Standard-Interviews mit offenen Fragen und eine vorgefaßte Liste von Attributen wurden 50 hohen Geschäftsführern in 30 großen Unternehmen und 50 hohen Angestellten in den gleichen oder ähnlichen großen Städten des Südens vorgelegt. Eine Inhaltsanalyse der von mindestens 15 Personen erwähnten Attribute zeigte diese Selbstansprüche bei den Geschäftsführern: mehr Energie, Aufmerksamkeit, Initiative, Aggression, Verständnis für und Manipulation von Menschen. Von den Untergebenen glaubte man, daß sie weniger davon hätten. Angestellte billigten den Geschäftsführern die Qualitäten zu, die die Geschäftsführer sich selbst zuschrieben: die Mehrheit sagte, sie würde, falls sie von neuem beginnen würden, nicht gerne Geschäftsführer werden, da mit dem Job zu viel Ärger verbunden wäre. Die Autoren stellen fest, daß Vorgesetzte Untergebene im Rahmen ihres eigenen Selbst-Image beurteilen und daß Untergebene für ihre

209 *R. C. Simpson* und *I. H. Simpson,* The Psychiatric Attendant: Development of an Occupational Self-Image in a Low-Status Occupation, in: American Sociological Review, 22. April 1957, S. 217–220.
210 *C. H. Coates* und *R. J. Pellegrin,* Executives and Supervisors: Contrasting Self-Conceptions of Each Other, in: *J. Manis* und *B. Metzer,* Hgg., a.a.O., S. 423–428.

Ansichten das Image des Vorgesetzten benutzen. Untergebene führen die Differenz auf Punkte wie höhere Bildung und sozio-kulturelle Vorurteile zurück. Bei beiden sieht man, daß sie die Vorteile und Nachteile des Geschäftsführer-Daseins kennen, aber das beeinflußt die beiden Gruppen unterschiedlich in bezug auf ihre eigenen Erfolgswünsche.

Die methodologischen Probleme bei der Entwicklung von Skalen der Selbsteinschätzung wurden fachkundig in dem oben erwähnten Buch von Ruth Wylie beschrieben; sie liefert eine der konkretesten Diskussionen des Problems der Gültigkeit der Konstruktion (construct validity) – wie soll man entscheiden, ob eine Skala wirklich die Absicht eines Konzepts repräsentiert. Soziologen haben diese Skalen akzeptiert und die Frage aufgeworfen, in welcher Beziehung Selbsteinschätzung zu ihren konventionelleren Variaten steht. Die ausgedehnteste amerikanische Untersuchung ist Rosenbergs *Survey* von 5000 Highschool-Studenten im Staat New York[211]. Er maß deren Selbsteinschätzung auf Grund der Übereinstimmung oder fehlenden Übereinstimmung mit solchen Punkten wie »mit dem Selbst zufrieden«, »das Selbst ist nichts wert«, »stehen die Angelegenheiten gut«. Hohe Selbsteinschätzung wie sie in diesem Test widergespiegelt wird, »gibt dem Gefühl Ausdruck, daß man ›gut genug‹ ist«. Er stellte fest, daß je niedriger der Grad der Selbsteinschätzung einer Testperson war, um so wahrscheinlicher Berichte über physiologische Indikatoren von Angst waren. Partizipation und Führerschaft waren bei denen mit hoher Selbsteinschätzung größer, und es gab große Ähnlichkeit zwischen den Wertsystemen von Jungen und Mädchen. Auf Grund einer Prüfung der Daten stellt sich heraus, daß die Werte der höheren Klassen und die Werte des nationalen Erziehungssystems ähnlich sind.

Eine der wichtigsten Anwendungen dieser Variate entsteht, wenn man feststellt, daß Selbsteinschätzung die Art beeinflußt, in der Menschen auf eine Vielzahl von natürlichen oder experimentellen Situationen reagieren. Mehr zu diesem Punkt wird sich zeigen, wenn wir uns jetzt unserem nächsten Trend zuwenden.

211 *M. Rosenberg*, Society and Adolescent Self-Image, Princeton, Princeton University Press, 1945.

*Dissonanztheorien*

Wenn man von den philosophischen Höhen der Diskussion über Gesellschaft und das Individuum heruntersteigt, kann man sich auf verschiedene Ebenen der Konkretheit begeben. Wie wird in einem Staat Recht und Ordnung aufrechterhalten? Wie arbeiten Menschen in einer Organisation zusammen? Wie hält eine Familie zusammen? Auf allen diesen Ebenen der Allgemeinheit gibt es die Konstante, wie Individuen sich den Normen anpassen, denen sie zu gehorchen haben, dem Druck, den Propaganda und Reklame auf sie ausüben, oder den Forderungen ihrer Mitmenschen. In manchen Fällen unterwerfen sie sich einfach roher oder sanfter Gewalt. Aber wahrscheinlich öfters fügen sie sich einfach; sie ändern ihre Einstellungen, verringern ihre Forderungen, weichen auf Ersatzbefriedigungen aus usw. Auf dieser letzteren Linie liegt viel von der Arbeit, die Sozialpsychologen in den letzten Jahren geleistet haben. Ihre Studien und Theorien werden gewöhnlich unter der Überschrift der Notwendigkeit von Kongruenz oder des Wunsches, kognitive Dissonanz zu vermeiden, zusammengefaßt. Das Interesse an diesem Thema hat verschiedene Stufen durchlaufen. Es begann mit Heider, der fragte, was passiert, wenn ein Freund und ich über eine bestimmte Angelegenheit verschiedener Meinung sind? Wird einer seine Meinung ändern, wird unsere Freundschaft enden oder werden wir eine andere Form des Gleichgewichts finden? Heider glaubte tatsächlich, daß eine Tendenz zum Gleichgewicht existierte. Einige seiner Gefolgsleute haben seine Gedanken in die Mathematik der Graphen-Theorie übertragen. Später überprüfte eine Gruppe von Psychologen um Osgood die Sache in einer präziseren quantitativen Form. Nehmen wir an, ein Gesprächspartner, den ich schätze, sagt mir etwas, was einer meiner persönlichen Überzeugungen widerspricht. Osgood überzeugt uns durch seine Diskussion und Experimente, daß das folgende passieren wird: Ich werde einen Kompromiß schließen; ich mag den Gesprächspartner etwas weniger, aber nähere mich etwas seiner Meinung an. Das Ergebnis wird nicht das Mittel der beiden Meinungen sein, weil ich mich um einen etwas längeren Weg an weniger extremen Punkten meiner vorhergehenden Position bewegen werde. Schließlich kam Festinger zu einer allgemeinen Dissonanztheorie, die trotz ihrer etwas vageren Formulierung in ihrer Allgemeinheit so bestechend war, daß sie wahrscheinlich zu dem am meisten diskutierten und erforschten

Thema unter den Sozialpsychologen des letzten Jahrzehnts geworden ist. Tatsächlich ist die Literatur so umfangreich geworden, daß keine vollständige Zusammenfassung existiert. Mindestens ein halbes Dutzend der Beiträge zum neuen *Handbook of Social Psychology* widmen ihr Raum und zitieren dabei die gleichen 20 »klassischen Experimente« in verschiedenen Zusammenhängen. Für Leser, die mit dem Thema etwas vertraut sind, ist der Überblick von McGuire hilfreich[212]. Für Anfänger ist wahrscheinlich Kap. IV (S. 72–114) bei Malewski die beste Einführung[213].

Der Soziologe war seit langem mit dem Problem der Dissonanz vertraut. In seiner Literatur kommen häufig Begriffe wie Rollenkonflikt, Gegendruck, normative Inkonsequenz usw. vor. Der Sozialpsychologe analysiert, wie sich das Individuum in einer dissonanten Situation verhält. Aber man erinnere sich, daß der Gedanke die makrosoziologische Literatur seit langer Zeit durchdrungen hat. Makrosoziologen haben die Französische Revolution im Licht der Diskrepanz interpretiert, die die Bourgeoisie zwischen ihrer wirtschaftlichen und politischen Macht empfand. Deutsche faschistische Bewegungen nach dem Ersten Weltkrieg wurden durch den Gegensatz zwischen dem früheren Status und der Nachkriegserfahrung des Adels und der Armee erklärt.

Die nützlichste Klassifizierung jüngster Arbeiten zur Dissonanz stammt von Zajonc [214], der vier Quellen kognitiver Dissonanz annimmt, von denen die erste *Wirkungen nach der Entscheidung* genannt wird. Jede Wahl vermehrt die Dissonanz. Wenn es eine Wahl zwischen zwei Gegenständen ist, so hinterläßt die Ablehnung einer Alternative einen Rest von Bedauern. Wenn ein ausschlaggebender Gesichtspunkt uns zwingt, eine unerwünschte Wahl zu treffen, ist die Dissonanz klar. Was tun wir, um sie zu überwinden? In einem Experiment stuften Testpersonen Produkte nach ihrem persönlichen Geschmack ein. Man erlaubte ihnen dann, zwischen zwei Geschenken zu wählen. In einigen Fällen lagen die Alternativen auf der Einstufungsliste sehr nahe beieinander; in anderen bestand zwischen ihnen eine beträchtliche Distanz. Danach wurden alle ur-

212 *W. J. McGuire,* The Current Status of Cognitive Theories, in: *S. Feldman,* Hg., Cognitive Consistency, New York und London, Academic Press, 1966.
213 *A. Malewski,* Verhalten und Interaktion, a.a.O.
214 *R. B. Zajonc,* Cognitive Theories in Social Psychology, in: The Handbook of Social Psychology, Bd. I, a.a.O.

sprünglichen Produkte von neuem eingestuft. Die folgenden Ergebnisse liefern typische Beweise, die die Bemühungen des Individuums bestätigen, seine Einstellung der unternommenen Handlung anzupassen:

*a.* die Attraktivität der gewählten Alternative wuchs in Folge der Wahl;

*b.* die Attraktivität der abgelehnten Alternative schwand in Folge der Wahl;

*c.* diese beiden Veränderungen waren deutlicher, wenn die Testpersonen zwischen Produkten auswählten, die auf der Vorzugsskala nahe beieinander waren, als wenn sie zwischen weiter voneinander entfernten Produkten wählten;

d. in einer Kontrollgruppe, in der keine Wahl zwischen Geschenken getroffen werden mußte, ereigneten sich keine Veränderungen der Attraktivität der vorgestellten Produkte bei der Wiederholung der Einstufung.

Man hat oft vermutet, daß Leute Anzeigen aufmerksam lesen, nachdem sie einen Kauf getätigt haben. Experimente haben hierfür konkrete Beweise geliefert und haben zusätzlich interessante Modifizierungen zum Thema der Dissonanz erbracht.

Ein zweiter Typ bei Zajonc könnte *erzwungene Zustimmung* genannt werden. Erfahrungsgemäß ist es möglich, Menschen zu veranlassen, gegen ihre Überzeugung zu handeln. Auch dies würde Dissonanz veranlassen; eine systematische Diskussion führt zu überraschenden Vorhersagen, die durch ein anderes Experiment bekräftigt werden. Testpersonen wurden zuerst gebeten, eine langweilige Aufgabe zu erfüllen, und dann dafür bezahlt, neue Testpersonen für den Job zu werben und ihnen zu sagen, daß es wirklich ganz interessant wäre. Im folgenden wurden die »Lügner« interviewt, um zu sehen, wie sie sich an das ursprüngliche Experiment erinnerten. Die, denen man eine hohe Summe für die Anwerbungen bezahlte, hatten die ursprüngliche Erfahrung als langweilig in Erinnerung. Diejenigen, denen man nur einen kleinen Betrag bezahlte, werteten ihre Erinnerung an die ursprüngliche Aufgabe auf. Die Theorie ist wie folgt: das Unangenehme des Lügens wog bei weitem schwerer als die kleine Entlohnung; die Testpersonen mußten die Erinnerungen verändern, um eine ausgeglichene kognitive Struktur zu erreichen. Die Testpersonen, die für ihre Werbungstätigkeiten hohe Bezahlung erhalten hatten, machten keine

Erfahrung der Dissonanz zwischen der unangenehmen Aufgabe und der Belohnung. Ähnlich reagierten Studenten, die einen mühsamen Initiationsritus zu bestehen hatten, um sich an einer objektiv öden Diskussion zu beteiligen; sie fanden sie im Rückblick attraktiver als eine entsprechende Gruppe, die aus experimentellen Gründen ohne Schwierigkeiten dazu kam.

Vom soziologischen Standpunkt aus gesehen, sind Experimente aus dem Umkreis der Propaganda besonders interessant. Was passiert mit denen, die *Informationen* ausgesetzt werden, *die ihren eigenen Meinungen widersprechen?* Die experimentellen Beweise hierzu sind etwas vage. Manchmal suchen sie nach Informationen, die ihre alten Überzeugungen bestärken; und manchmal beginnen sie, die neuen Denkrichtungen zu erforschen. Besonders interessant sind in diesem Zusammenhang Experimente, in denen die Dissonanz experimentell vermehrt wird. Zum Beispiel können Testpersonen gezwungen werden, anderen Leuten eine Position darzustellen, die ihrer eigenen nicht entspricht – das kommt dem Fall der erzwungenen Zustimmung nahe. Die Implikationen dieses Materials für die Theorie der Einstellungsveränderung sind von einer Vielzahl von Autoren ausführlich diskutiert worden[215]. Das *Public Opinion Quarterly* hat dem augenblicklichen Stand der psychologischen Theorie zur Einstellungsveränderung eine ganze Ausgabe gewidmet (Band 23).

Eine letzte Gruppe von Experimenten wirft die Frage der *unbestätigten Erwartung* auf. Berühmt ist die Untersuchung von Festinger und seinen Kollegen, die zeigte, wie weit eine kleine religiöse Sekte gehen würde, als ihre Vorhersage des Weltendes sich nicht verwirklichte[216]. Die Geschichte wurde sogar in einem Roman von Allison Lurie unsterblich gemacht. Seit neuestem stehen präzisere Experimente zur Verfügung. Aronson und Carlsmith übergaben ihren Testpersonen Aufgaben, nachdem sie festgestellt hatten, wie gut die Testpersonen sie zu erfüllen erwarteten[217]. Man informierte die Testpersonen dann beiläufig, wie gut sie bei einem wirklichen Test abschnitten. Die Autoren diskutieren

215 *A. R. Cohen,* Attitude Change and Social Influence, New York, Basic Books, 1964.
216 *L. Festinger, H. Riecken* und *S. Schachter,* When Prohecy Fails, University of Minnesota Press, 1956.
217 Detaillierte Diskussion in ihrem in Anmerkung 197 zitierten Aufsatz.

sehr detailliert, wie die Studenten sich den Diskrepanzen anpaßten, die sich zwangsläufig ergaben. Diese Anordnung wurde von Malewski sehr verfeinert, der die Selbsteinschätzung als zusätzliche Variate einführte. Sein Aufsatz erschien in einer polnischen Zeitschrift, aber Malewski machte in seinem Buch über Verhalten und Interaktion eine detaillierte Zusammenfassung (S. 88–101). Am Ende eines Experimentes wurden die Testpersonen nach ihrer Meinung über den Sachverständigen gefragt, der ihre Leistung bewertete. Die Zusammenfassung der Ergebnisse ist ein gutes Beispiel für das, was oben das multivariate Experiment genannt wurde. Gleichzeitig zeigt es die wichtige Modifizierungsrolle der Selbsteinschätzung. Malewski legt den Ton auf Testpersonen, die von sich selbst eine niedrige Meinung hatten, sowie niedrige Erwartungen, aber deren Leistung von den Sachverständigen hoch eingestuft wurde. Anstatt die niedrige Selbsteinschätzung aufzuwerten, die tief in ihren Lebensgeschichten verwurzelt war, entschieden sie, daß die Sachverständigen nicht wußten, worüber sie sprachen.

Die energischen Verteidiger der Dissonanztheorie sehen die Suche nach kognitiver Konsonanz als ein Grundbedürfnis an, wie Hunger und Geschlechtlichkeit. Es ist daher nicht überraschend, daß sich um die Gegenpositionen eine beachtliche Kontroverse entwickelt hat, und zwar im Rahmen anderer Motivationstheorien. Malewski hat seinen Angriff auf einer recht allgemeinen Ebene vorgetragen. Er ist der Meinung, daß die konventionellen Theorien des Lernens durch Bekräftigung (Reinforcement-Theorien) die meisten der Ergebnisse subsumieren könnten. Andere Autoren haben sich an der Diskussion auf einer spezifischeren Ebene beteiligt. Einige Experimente zeigen, daß Menschen nach einem inkonsistenten Plan glücklich leben können, und andere Autoren haben darauf hingewiesen, daß Dissonanz ein angenehmer Erregungszustand sein kann, weil er zu neuen Erkundungen antreibt. Wieder andere haben vorgeschlagen, die Ergebnisse auf eine Theorie der Frustration zu übertragen. Diese Gegenargumente werden von Berkowitz einsichtig zusammengefaßt[218]. Vom soziologischen Standpunkt aus gesehen scheint diese Diskussion nicht allzu wichtig zu sein. Was aber wichtig ist, ist die Tatsache, daß der Sozialpsy-

218 *L. Berkowitz,* Social Motivation, in: Handbook of Social Psychology, Bd. III, 1969, a.a.O.

chologe eine Anzahl bisher nicht in Frage gestellter, interessanter Strukturen entdeckt hat.

*Sozialisierung von Erwachsenen*

Auf den vorhergehenden Seiten haben wir zwei Ideen jüngeren Datums ausgewählt, die Sozialpsychologen zur soziologischen Analyse beigetragen haben. Beide lieferten ziemlich kurzfristige Mechanismen: den Wunsch, die eigene Selbsteinschätzung zu erhöhen und Dissonanzerfahrungen zu vermeiden. Aber das Leben besteht nicht nur aus unzusammenhängenden Episoden. Es gibt auch einen kohärenten Trend, einen Lebenszyklus, in dem die Gesellschaft und das Individuum ineinandergreifen müssen. Philosophen haben versucht, die hypothetische Genesis dieser Beziehung zu rekonstruieren. Psychoanalytiker sind von der Annahme ausgegangen, daß es zwischen den individuellen Bedürfnissen und den Forderungen der Gesellschaft einen grundlegenden Antagonismus gibt. Sozialpsychologen haben hier einen Interaktionsprozeß gesehen, dem sie den Titel Sozialisierung gaben.

In seiner Allgemeinheit ist das Problem nicht neu. Die Art, in der Kinder in die Erwachsenenkultur hineinwachsen, war seit langem ein Problem der empirischen Forschung. Jüngeren Datums ist die Vorstellung, daß dieser Prozeß nicht mit der Kindheit beendet wird, genausowenig mit der Jugend. Erwachsene müssen sich ständig verändern, wenn sie sich im privaten oder beruflichen Leben neuen Aufgaben gegenüber sehen. Besonders in den Vereinigten Staaten stand diese Erwachsenensozialisierung im Brennpunkt der Aufmerksamkeit. Man hielt Konferenzen darüber und veröffentlichte Meinungen dazu. Einer der führenden Vertreter, Orville Brim, Präsident der *Russell Sage Foundation,* hat mit den folgenden Richtlinien das Programm dessen formuliert, was man sogar eine Bewegung nennen könnte[219]:

Wenn ein Individuum als Erwachsener Rollenerwartungen erfüllen soll, muß er sich drei Dinge aneignen: Wissen, Fertigkeit und Dispositionen in den beiden dominanten Gebieten von Verhalten und Werten. Sie werden in Brims Paradigma gezeigt:

219 *O. G. Brim, Jr.,* und *S. Wheeler,* Socialization after Childhood: Two Essays, New York, John Wiley, 1966

| | Verhalten | Werte |
| --- | --- | --- |
| Wissen | A | B |
| Fähigkeit | C | D |
| Motivation | E | F |

In jedem Fall bezieht sich die erste Kolumne (A, C, E) auf offenkundige Leistung, die zweite (B, D, F) auf Ziele und Zwecke. So bedeutet das Feld C, daß das Individuum sich in der erforderlichen Weise *verhalten kann,* während sich das Feld D auf die *Fähigkeit* des Individuums bezieht, *spezifische Ziele zu haben.* Brims allgemeine Prämisse ist, daß die Sozialisierung der Kindheit auf die Kolumne »Werte« konzentriert ist, während die Sozialisierung der Erwachsenen sich auf die »Verhaltens«-Kolumne verlagert. Brim geht sogar noch weiter, indem er die Kindheitssozialisierung am Feld F verdeutlicht, in dem das Kind lernt, seine grundlegenden biologischen Bedürfnisse in kulturelle Motive zu verwandeln, die von den Erwartungen von signifikanten Anderen hervorgerufen werden; das Feld A stellt den Kern der Aktivitäten der Erwachsenensozialisierung dar, wo die Gesellschaft die bewährten Wege lehrt, auf denen die Werte verfolgt werden können, die in der Kindheit gelernt wurden. Nur in Ausnahmefällen wird die Bemühung um Erwachsenensozialisierung auf Veränderungen von Motiven und Werten abzielen. So werden einige Besserungsinstitutionen errichtet, um Individuen zurückzuführen, die einen ernsten Mangel an angemessener Motivation für soziale Ziele gezeigt haben. Das Feld F bezieht sich jene auf Rebellen, Revolutionäre oder Andersgläubige, die womöglich in Gefängnissen oder Hospitälern landen.

Die Untersuchung von solchen Abweichlern wie Alkoholikern, Drogenabhängigen und Kriminellen konzentriert sich zum Teil auf frühe Erfahrungen – zerrüttete Elternhäuser, Banden von Jugendlichen usw. Zum Teil aber mag es als schiefgegangene Erwachsenensozialisierung angesehen werden, und charakteristischerweise wurde der Begriff der Resozialisierung eingeführt. Es ist daher nicht überraschend, daß das Brim-Schema gebraucht werden kann, um neue Ordnung in das Problem der Abweichung zu bringen.

Von den sechs Typen von Sozialisierungsinhalt können sechs Typen von Abweichungen abgeleitet werden. Feld C wird dann zum Individuum, das nicht in der Lage ist, das vorgeschriebene Verhalten einzuhalten, während Feld D das Individuum beschreibt, das den geforderten Wert nicht einhalten kann (obwohl man annimmt, daß er es möchte – anders als Feld F). Um der Illustration willen sind dies reine Typen, obwohl wahrscheinlich die meisten Abweichungen sowohl Verhalten als auch Werte wie auch Kombinationen von Wissen, Fähigkeit und Motivation beinhalten. Nehmen wir den Pazifisten in Kriegszeiten, der weiß, welches Verhalten von einem Soldaten erwartet wird, der aber weder gewillt ist, Waffen zu tragen, noch erfolgreich Feinde zu ermorden.

Die tatsächlichen Untersuchungen können nach bestimmten weit gefaßten Inhaltsgebieten klassifiziert werden. Eines ist um das Problem der Arbeit organisiert. Der Schweizer Kurt Lüscher hat viel von der einschlägigen Literatur in seiner Monographie über den Prozeß der beruflichen Sozialisation zusammengefaßt[220]. Amerikaner haben sich sehr für die Art interessiert, in der Berufe ihren Kandidaten die Einstellungen einschärfen, die für die Durchführung ihrer Arbeit notwendig sind – ein ganz anderes Problem als das, die Fertigkeit des Handwerks zu lernen. So hat Renée Fox festgestellt[221], daß Medizinstudenten auf die Tatsache vorbereitet sein müssen, daß sie sich vielen Krankheitsfällen gegenüber sehen werden, bei denen die Diagnose unbestimmt oder noch kein Heilverfahren bekannt ist. Ihr Aufsatz über »Training for Uncertainty«, der sich auf Beobachtungen in medizinischen Fakultäten und Tagebücher stützt, zeigt die vielen Arten, in der die Fakultäten dieses Problem angehen.

Sowjetische Sozialpsychologen scheinen an einem für ihre Gesellschaft charakteristischen Problem besonders interessiert zu sein. Ein sozialistischer Staat hat Interesse daran, dem Wachstum jeder individuellen Persönlichkeit den größten Spielraum zu geben. Trotzdem muß Arbeit geleistet werden, die an sich weder interessant noch befriedigend ist. In diesem Sinn sollten wir einen detaillierten Bericht über ein Symposium zu Rate ziehen, das 1966 in Moskau über »Die Persönlichkeit und die Arbeit« abgehalten wurde[222]. Die Hälfte der Teilnehmer kam aus dem Westen (ein-

220 *K. Lüscher*, Der Prozeß der beruflichen Sozialisation, Stuttgart, Ferdinand Enke Verlag, 1968.

221 *R. Fox*, Training for Uncertainty, in: The Student Physician, 2. Aufl., Cambridge, Harvard University Press, 1968.

222 The Personality and Labor, International Congress of Psychology, Symposium 38, Moskau, 1966.

schließlich der USA), die andere Hälfte aus kommunistischen Ländern. Die letzteren betonen die Notwendigkeit der Kreativität bei der Arbeit; Kreativität wird als Fähigkeit definiert, effizientere Arbeitsmethoden vorzuschlagen oder neue Produkte oder Techniken zu erfinden, alle auf das kollektive Wohl hin ausgerichtet. Man stellte zum Beispiel fest, daß, wenn junge Arbeiter dahingehend ausgebildet wurden, die soziale Bedeutung ihrer Arbeit zu erkennen, ihre kreative Produktion gesteigert wurde.

Ein anderes Gebiet konzentrierter Forschung betrifft die Wendepunkte im Lebenszyklus. Die Heirat ist zwangsläufig ein wichtiger Schritt der Erwachsenensozialisation. Verheiratete müssen lernen, sich den Partnern anzupassen. Das meiste Beweismaterial über Wandel in Lebensstrukturen ist indirekt. So zeigt Vincent [223], daß jung verheiratete Paare, als Folge der Heirat, ihre Punktwerte bei Testen zur Dominanz und Selbstbejahung verändern. Die Verschiebung ist bei denen am größten, die in jungen Jahren heiraten. Eine Kontrollgruppe von unverheirateten Individuen zeigte in einem vergleichbaren Zeitabschnitt nicht solche Veränderungen.

Die Geburt eines Kindes ist eine andere wichtige Stufe in der Erwachsenensozialisierung, da neue Eltern lernen müssen, als Lehrer und Verhaltensvorbilder zu handeln. Zu diesem Punkt existiert wenig konkrete Literatur. Vielleicht ist dies der Platz, um auf ein ungewöhnliches Buch von Toman hinzuweisen[224], der eine Art von Familienkalkül entwickelte, indem er die Menschen nach ihrer Geburtsposition innerhalb ihrer Familien klassifizierte. Von daher versuchte er, den Erfolg bei ihrer Heirat vorauszusagen: Zum Beispiel fuhr der Mann, der mit einer jüngeren Schwester aufwuchs, am besten mit einer jüngeren Frau, die mit einem älteren Bruder aufwuchs. Goode hat darauf hingewiesen, daß eine Scheidung besonders für Frauen komplexe Sozialisationsprobleme aufwirft; wenig Normen existieren für ihre soziale und sexuelle Lebensführung[225].

Die nächste Lebensphase, die gut dokumentiert ist, ist die Phase des Ruhestandes. Wegen der fortwährenden Verlängerung des physischen Lebens über das Alter der üblichen beruflichen Be-

223 *C. Vincent*, Socialization Data in Research on Young Marriers, in: Acta Sociologica, 8. August 1964.
224 *K. Toman*, Familienkonstellation, München, Beck, 1965.
225 *W. Goode*, After Divorce, Glencoe, Ill., The Free Press of Clencoe, 1956.

schäftigung hinaus hat dieses Thema ausgedehnte Aufmerksamkeit erfahren. Es ist unmöglich, einen Überblick über diese weite Literatur zu geben sowie zu den Kontroversen um das Problem, wie ältere Menschen zu gebrauchen und wie der Ruhestand produktiv zu machen seien. Glücklicherweise hat ein österreichischer Wissenschaftler einen guten Überblick über die einschlägigen Untersuchungen erstellt[226]. Um eine etwas makabre Anmerkung hinzuzufügen, auch die letzte Stufe der Erwachsenensozialisierung, der Tod, ist Thema wenigstens einer Untersuchung gewesen, die gemeinsam von einem Soziologen und einem Sozialpsychologen durchgeführt wurde[227].

Einige abschließende Kommentierungen beziehen sich auf die Bemühungen, für die Aktivitäten der Erwachsenensozialisierung eine theoretische Grundlage zu liefern. Der älteste und rein psychologische Ansatz stammt von Charlotte Bühler, die im Jahr 1932 ein Buch über das menschliche Leben als psychologisches Problem schrieb[228]. Sie hatte die Stufen untersucht, in denen Kinder lernten, mit ihrer physischen Umgebung und den sie umgebenden sozialen Wesen fertigzuwerden. Ihre Absicht war, diese Ergebnisse in deren Leben als Erwachsene zu projizieren. Wie lange war ein Individuum lediglich daran interessiert, seine Betätigungssphäre auszudehnen? Wann begann er sein Leben unter dem Gesichtspunkt von dessen Bedeutung für ihn zu überblicken? Wann erreichte er den Punkt der Einschränkung und schließlich Abrechnung? Ihre Rohmaterialien waren veröffentlichte Biographien. Aber viele ihrer Studenten begaben sich auf so interessante Nebenwege wie Interviews mit Insassen von Altersheimen oder die Korrespondenz von öffentlichen Persönlichkeiten auf dem Höhepunkt ihrer Laufbahn.

Ein eng mit der Soziologie verbundener Ansatz sieht die Sozialisierung von Erwachsenen als die Veränderungen, die in Menschen stattfinden, wenn sie durch die verschiedenen institutionellen Umweltstrukturen hindurchgehen. In neuen Situationen treffen wir neue Menschen, die über uns verschiedene Erwartungen haben; wir

226 *L. Rosenmayer,* Soziologie des Alters, in: Handbuch der empirischen Sozialforschung, Bd. II, Stuttgart, Enke, 1969.
227 *B. G. Glaser* und *A. L. Strauss,* Time for Dying, Chicago, Ill., Aldine Publishing Co., 1968.
228 *C. Bühler,* Psychologie des menschlichen Lebenslaufs, Leipzig, Hirzel, 1932.

werden mit neuen Erfordernissen konfrontiert, denen wir uns anpassen müssen. Die Aufgabe der Forschung ist es, im Detail zu untersuchen, wie irgendeine soziale Organisation, von welchem Umfang und von welcher Komplexität auch immer, Wirkungen auf das Selbst von denen ausübt, die in ihr arbeiten[229]. Für westliche Leser besonders aufschlußreiche Beispiele werden wahrscheinlich aus Ländern mit ungewöhnlichen sozialen Kombinationen kommen sowie aus denen, wo sich rascher sozialer Wandel vollzieht. Nach der Meinung von de Vos ist in Japan das Bedürfnis nach Leistung nicht mit einem Streben nach persönlichem Erfolg, sondern eher mit einem starken Solidaritätsgefühl mit der weiteren Familie verbunden[230]. In der UdSSR berichtete man über dramatische Veränderungen, als »zurückgebliebene« ethnische Gruppen von der Industrialisierungspolitik der Regierung ergriffen wurden, und eine Anzahl spektakulärer Untersuchungen über den Wandel des Status der Frauen in verschiedenen Teilen des Landes wurden beim Internationalen Kongreß für Psychologie 1966 präsentiert[231].

Eine dritte Gruppe kritischer Situationen ist von Heinz Hartmann »horizontale Sozialisierung« genannt worden: die Hin- und Herbewegungen von Menschen zwischen öffentlichem Dienst und privaten Jobs und von Frauen zwischen Arbeit und Ehe, die Erfahrung der Wanderung, die Bewältigung von Zyklen von Erfolg und Niederlage. All dies sind Themen, die die Aufmerksamkeit sowohl von Soziologen wie Sozialpsychologen erfordern.

Ich habe aus diesem Bericht die Diskussion der Kindererziehung ausgeklammert. Aber einer ihrer Aspekte ist hier von Relevanz: Klassenunterschiede. Das Kind aus unteren Klassen lebt in einer Welt mit weniger äußeren Anregungen und einem beschränkten Vokabular – Faktoren, die eine folgende intellektuelle Entwicklung erschweren. Das Kind aus der Mittelklasse wird wahrscheinlich stärker durch Liebesentzug bestraft, was die Entwicklung von »intrapunitiven« Charakterzügen begünstigt. Eine sorgfältige Klas-

229 Die Zitate sind einem Aufsatz von *H. S. Becker* entnommen, der eine sehr bündige Darstellung seiner Position gegeben hat, The Self and Adult Socialization, in: *E. Norbeck, D. Price-Williams und W. M. McCord, Hgg.*, The Study of Personality, New York, Holt, Rinehart and Winston, 1968, S. 194.
230 *G. A. de Vos,* Achievement and Innovation in Culture and Personality, in: *E. Norbeck,* u. a., Hgg., a.a.O., S. 340.
231 Zum Beispiel *A. Takhmasib,* The Change of the Azerbaidzleanese Womens' Personality under the New Social Conditions.

sifizierung der Literatur enthüllt viele solcher Erziehungsmerkmale, die wahrscheinlich die Sozialisierung des Erwachsenen beeinflussen.

*Gruppendynamik*

Für viele Experimente der Sozialpsychologie wird eine kleine Anzahl von Menschen versammelt, so daß Unterschiede in den Reaktionen analysiert werden können. Wenn den Interaktionen zwischen Mitgliedern solcher Gruppen und der Art, in der sie zumindest zeitweilig »Organisationen« bilden, besondere Aufmerksamkeit geschenkt wird, dann spricht man gewöhnlich vom Problem der Gruppendynamik. Die Arbeit in dieser Richtung ist für Soziologen potentiell wichtig. Immerhin kann eine Kleingruppe als Miniaturgesellschaft gesehen werden, wo man soziologische Probleme wie unter einem Mikroskop untersuchen kann. Aber bei einer Durchsicht der Literatur der letzten 10 oder 15 Jahre wird man von der Zersplitterung des gesamten Gebietes verwirrt. Ein Experiment der Gruppendynamik ist für eine Doktorarbeit ideal; folglich haben wir eine große Anzahl verstreuter Untersuchungen, die sich der systematischen Integration zu widersetzen scheinen. Eine solche Synthese ist schwierig, aber wirklich produktiv, wenn sie Erfolg hat. Ein brillantes Beispiel ist Roger Browns 60 Seiten lange Diskussion eines einzigen experimentellen Ergebnisses[233].

Sein Ausgangspunkt war wie folgt: Menschen, die eine Wahl zwischen mehr oder weniger riskanten Entscheidungen treffen müssen, gehen größere Risiken ein, wenn sie ihre Wahl in einer Gruppe treffen, als wenn sie alleine sind. Er ging dann dazu über, diese Hypothese im Licht alles anderen Wissens zu interpretieren, das in der Literatur zur Gruppendynamik zur Verfügung steht. Wenn die verschiedenen Alternativen diskutiert werden, so sind die prominenteren Mitglieder der Gruppen wahrscheinlich zu Risiken bereite Persönlichkeiten. Aus diesen Überlegungen ist offensichtlich, daß ein vernünftiges Maß an Risikobereitschaft im amerikanischen Zusammenhang als angemessen angesehen wird; die »Rhetorik« der

232 Für den vorliegenden Bericht wurde ein das Hintergrundmaterial aufarbeitender Aufsatz von *Charles Turner* vorbereitet; er ist über das Bureau of Applied Social Research der Columbia University erhältlich, 605 W. 115th Street, New York, N.Y., 10027.

233 *R. Brown*, Social Psychology, New York, Free Press, 1965 (Kap. XIII, »Group Dynamics«, S. 654 ff).

Risikobereitschaft findet wahrscheinlich eher Anklang als der Appell an Vorsicht usw. Nicht überraschend kommt Brown zu dem Schluß, daß die Experimente noch durchgeführt werden müssen, die diesen Punkt vollkommen klären könnten. Ein paar weitere ähnliche Bemühungen könnten das ganze Gebiet stark verändern.

Trotzdem gibt es auf diesem etwas wuchernden Feld der Gruppendynamik einen Trend, der respektvolle Aufmerksamkeit verdient. Mehr und mehr haben Sozialpsychologen versucht, sich von der Untersuchung statistischer Korrelationen zwischen den verschiedenen Dimensionen des Kleingruppenverhaltens zu lösen. In wachsendem Maß versuchen sie, das *Entstehen* relevanter Merkmale zu enträtseln, und die Betonung der Art, in der Dinge sich entwickeln, ist auf allen traditionellen Gebieten der Gruppendynamik zu beobachten. Ich werde kurz Beispiele aus den Gebieten a) der Problemlösung, b) der Führerschaft und c) der sozialen Wahrnehmung anführen. Das wichtige Thema der Einstellungsveränderung wurde bereits behandelt; dessen wesentliches Merkmal ist die Betonung der kognitiven Dissonanz und der Versuche, sie zu lösen.

a. Die Frage, ob Gruppen Probleme besser als Individuen lösen können, hat einen Hang zur Ideologie – abgesehen von der Tatsache, daß sie von rein wissenschaftlichem Interesse ist: der Wert der Kooperation würde erhöht werden, wenn sich Gruppenunternehmungen als überlegen erweisen würden. Da dies offensichtlich nicht unter allen Umständen so ist, hat sich die Aufmerksamkeit auf die Bedingungen verlagert, unter denen eine Gruppe besser als ein Durchschnitt isolierter Individuen arbeiten würde. Ein fruchtbares Experiment von Bavelas inspirierte einige Zeit lang verwandte Forschungen von anderen. Durch verschiedene technische Vorrichtungen kontrollierte er die Art, in der Gruppenmitglieder miteinander kommunizieren würden; dies beeinflußte die Fähigkeit der Gruppe, gemeinsam ein Problem zu lösen.

Jüngere Untersuchungen haben zu klären geholfen, *wie* dieser »topologische Effekt« entsteht. Die wichtigste intervenierende Variable scheint darin zu bestehen, wie Gruppen ihre Arbeit organisieren. Dies wurde in einer Vielzahl von Arten gezeigt. Wenn zum Beispiel isolierte Individuen Informationen erhalten, die für ihre Hauptaufgabe irrelevant sind, verbessert sich die Leistung nicht;

aber eine solche Verbesserung findet im Fall von Gruppen statt. Die Interpretation besteht darin, daß die Absorption irrelevanter Information es der Gruppe erlaubt, ihre Arbeit zusammen zu verbessern. Auch verschwindet die bessere, bestimmten Kommunikationsnetzen zuzuschreibende Leistung im Lauf der Zeit; wieder scheint dies zu beweisen, daß der Unterschied zwischen verschiedenen topologischen Arrangements eher auf die Schwierigkeit der Organisation von Zusammenarbeit als auf die Effizienz in der Lösung des Problems selbst zurückzuführen ist.

Eine weitere Entwicklung kann als ein Teil dieses dynamischen Trends betrachtet werden. Eine frühe Verfeinerung in der Untersuchung der Problemlösung durch Gruppen nach dem Bavelas-Experiment bestand in der sorgfältigen Analyse der Aufgabe, die gelöst werden sollte – ob sie die Aggregation partieller Lösungen zuließ, die von Gruppenmitgliedern getrennt geleistet wurden, ob das überlegene Wissen einiger weniger Mitglieder eingesetzt werden konnte usw. (zum Beispiel, die Arbeit von Moscivici)[234]. In jüngeren Untersuchungen ist die Motivation der Gruppenmitglieder in den Vordergrund getreten. Der wichtigste experimentelle Plan ist, eine Situation »gemischter Emotion« zu schaffen. Die ganze Gruppe wird für den Erfolg belohnt; gleichzeitig stehen Belohnungen für die Leistung individueller Mitglieder zur Verfügung. Es ist möglich, das Experiment so aufzubauen, daß die individuellen Belohnungen im Konflikt mit der Leistung der gesamten Gruppe stehen. Durch eine Veränderung der Mischung kann die Bereitschaft zum Austausch von Information und die Struktur der gegenseitigen Beeinflussung verändert und dadurch beobachtet werden. Kelley und Thibaut haben die einschlägigen Untersuchungen gekonnt zusammengefaßt[235].

b. Fragen der Führerschaft stellen ein besonders strategisches Feld für die Suche nach der »Entstehung« von Merkmalen in Kleingruppen dar. In diesem Fall müssen Menschen, die sich nie-

234 Ein hervorragendes Beispiel ist *C. Facheux* und *S. Moscovici*, Etude sur la créativité des groupes: tâche, structure des communications et réussite, in: *P. F. Lazarsfeld* und *R. Boudon*, Hg., Vocabulaire des Sciences Sociales, Bd. I., Collections »Mêthodes de la Sociologie«, Paris, Mouton & Co, 1965.
235 *H. H. Kelley* und *J. W. Thibaut*, Group Problem Solving, in: The Handbook of Social Psychology, Bd. IV, a.a.O. Diese Autoren geben weitere Details zu den Entstehungsaspekten der Problemlösung an, die ohne besondere Angaben in den vorhergehenden Abschnitten angesprochen wurden.

mals vorher gesehen haben, *de novo* für die Arbeitsteilung sorgen. Zwangsläufig müssen rudimentäre Formen von Schichtung und Führerschaft entstehen. Ein Beispiel sollte genügen, um zu zeigen, wie dieses Konzept den mehr statistischen Ansatz bereichert. Es ist seit langem bekannt gewesen, daß man Personen in Machtpositionen auf allen möglichen Gebieten überlegene Qualitäten zuschrieb. Aber was bedeutet das? Würden nicht attraktivere Personen auch die sein, die in führende Positionen kommen? Mulder schuf Kommunikationsnetze, in denen er willkürlich und zufällig verschiedene Menschen in Positionen bringen konnte, die ihnen überlegenes Wissen vermittelten[236]. Durchwegs betrachteten die anderen Teilnehmer jeden »Machtinhaber« als attraktiver, um mit ihm in seiner neuen Position zu arbeiten.

Die verschiedenen Experimente auf dieser Linie sind von dem Australier Gibb zu dem integriert worden, was er eine interaktionistische Theorie der Führerschaft nennt[237]. Er faßt diese Gedanken und Materialien in einer Anzahl von Punkten zusammen, von denen wir zwei zitieren:

2. Eine Gruppe ist ein Interaktionssystem, innerhalb dessen durch die Entwicklung von relativ stabilen Erwartungen zum Verhalten von jedem Mitglied eine Struktur entsteht. Solche Erwartungen sind ein Ausdruck der interaktionellen Beziehungen eines jeden Mitglieds mit allen anderen und sie werden natürlich von den Wahrnehmungen der anderen Mitglieder über seine persönlichen Eigenschaften und durch seine Leistung bei einer früheren Gelegenheit bestimmt.
5. Führerschaft ist nur eine Facette, wenn vielleicht auch die am ehesten sichtbare Facette dieses größeren Prozesses anderer Differenzierung. Führerschaft ist einfach dieses Konzept auf die Situation angewendet, die in einer Gruppe besteht, wenn die Rollendifferenzierung dazu führt, daß eine oder mehrere der an der Interaktion beteiligten Parteien die Aktionen von anderen in einem gemeinsamen Vorgehen zu gemeinsamen und zu vereinbarten Zielen beeinflussen.

236 *M. Mulder,* Group Structure Motivation and Group Performance, Den Haag, Paris, Mouton & Co., 1963.
237 *C. A. Gibb,* An International View of the Emergeence of Leadership, in: Australian Journal of Psychology, 10, S. 101–110.

Einiges von Bales' Arbeiten sollte hier erwähnt werden[238]. Er stellte fest, daß es in vielen Gruppen zwei Arten von Führern gibt – die tüchtige Person und die freundliche, entgegenkommende Person. Er fand heraus, daß zu Beginn einer Aufgabe der tüchtige Führer bevorzugt wird, aber daß später der Status des zuvorkommenden Führers gewinnt. Hier liegen die Elemente einer psychologischen Grundlage für die »Zirkulation von Eliten«. In einer spekulativeren Art hat Bales auch ein verwandtes Problem sozialen Gleichgewichts reflektiert: eine fortgeschrittene Arbeitsteilung machte die Gruppe leistungsfähiger, aber die individuellen Mitglieder unsicherer. Welches ist die optimale Balance? Wie kann sie entdeckt werden? Wie erreicht werden[239]?

Die Weitschweifigkeit, aber auch die Fülle der Arbeiten über Führerschaft und Problemlösung durch Gruppen führt zu der Erwartung, daß jeder, der Arbeitsteams zu organisieren oder die Aktivitäten von Komitees zu leiten hat, gut daran täte, dieses Material zu gebrauchen. Aber so weit ich weiß, hat niemand solche Beiträge zusammengestellt und zusammengefaßt. Es wäre auch schwierig, einen Stil zu entwickeln, der kein Kochbuch wäre, sondern Anwendbarkeit mit der Dokumentation des Beweismaterials kombinieren würde[240].

c. Schließlich haben wir das Gebiet der sozialen Wahrnehmung: wie Menschen sich gegenseitig und selbst sehen. Wie das Verstehen der Gefühle von anderen Menschen und wie unsere Selbsteinschätzung durch das Verhalten der anderen Menschen uns gegenüber beeinflußt werden, ist seit langem untersucht worden. Es ist daher keine Überraschung, daß wenig wirklich neue Ideen in den letzten

238 *R. F. Bales,* The Equilibirium Problem in Small Groups, in: *T. Parsons, R. F. Bales* und *E. A. Shils*, Hgg., Working Papers in the Theory of Action, Glencoe, Ill., The Free Press of Glencoe, 1953, S. 111–161.

239 Obwohl es einer früheren Periode angehört, sollte man immer auf das klassische Werk von *F. Merei* zurückgreifen. Zunächst erlaubte er Spielgruppen von Kindern, ihre eigene Führungsstruktur und Spielnormen zu entwickeln; er tauschte dann die natürlichen Führer zwischen Gruppen aus und beobachtete die sich ergebende Kombination von Führerschaft und Gruppenformen (Human Relations, 1949).

240 Etwas in dieser Art wurde auf dem Gebiet der Ausbildung und Beratung getan, aber ich meine nicht kompetent zu sein, dessen Wert zu beurteilen: *L. P. Bradford, J. R. Gibb* und *K. D. Benne,* Hgg., T-Group Theory and Laboratory Method Innovation in Re-Education, New York, John Wiley, 1964.

zwei Jahrzehnten entwickelt worden sind. Aber auch hier haben sich die Autoren von der Beschreibung beständiger Interaktionseigenschaften weg und dem Interesse an fortlaufenden Prozessen zugewandt; sie konzentrieren sich auf die »ablaufenden gib- und nimm-Eigenschaften der Interaktion«, und ihr Interesse richtet sich auf die »Entdeckung der Ordnung und Regelmäßigkeit, die diesem fließenden Prozeß zugrunde liegen[241]«. So gab Rosenthal Lehrern fiktive Informationen darüber, welche ihrer Schüler große potentielle Lernfähigkeiten besaßen[242]. Ein folgender Test zeigte, daß die Schüler im Durchschnitt viel bessere Leistungen aufwiesen als vorher. Die Erklärung ist, daß die Lehrer diese Schüler in einem neuen Licht sahen und ihnen besondere Aufmerksamkeit widmeten. In ähnlicher Weise scheinen klinische Arbeiten anzuzeigen, daß ein beachtlicher Unterschied dadurch entsteht, wie Menschen mit psychiatrischen Schwierigkeiten von anderen »eingestuft« werden, ob dies nun ihre persönlichen Gefährten oder Berufsspezialisten wie Berater oder Ärzte sind[243].

Das interaktivistische Element ist auch als ein Trend in den Forschungstechniken offensichtlich. Morenos soziometrische Verfahren stellten die frühesten Methoden zur Beschreibung sozialer Beziehungen in einer Gruppe zur Verfügung. Individuen wurden gefragt, welche Mitglieder einer Gruppe sie mochten, mit welchen sie am liebsten arbeiten würden usw. Diese Technik ist stark ausgebaut worden. Nach der neuen Version werden jetzt Fragen wie die folgenden hinzugefügt: meinen Sie, daß die Person Ihrer Wahl Ihre Vorliebe kennt? Erwidert Sie sie? Die sich daraus ergebenden statistischen Probleme sind unter anderem von Maucorps und seinen Mitarbeitern untersucht worden[244].

Eine Gruppe von britischen Psychologen hat diesen Gedanken

241 Die Zitate sind entnommen aus *C. W. Backman* und *P. F. Secourd*, Hgg., Problems in Social Psychology. In dieser sorgfältig edierten Sammlung können weitere mit diesem Thema verwandte Beispiele gefunden werden.
242 Eine kurze Zusammenfassung ist in dem Buch zu finden, das in Anmerkung 201 zitiert wurde.
243 Obwohl sie nicht auf Experimenten beruhen, liefern die zahlreichen brillanten Aufsätze von Erving Goffman viele einschlägige Beispiele.
244 *P. H. Maucorps* und *R. Bassoul,* Le dialogue du moi et d'autrui, und *P. F. Lazarsfeld* und *R. Boudon,* Remarques sur la signification formelle de deux indices, in: *P. F. Lazarsfeld* und *R. Boudon,* Hgg., a.a.O.

zu einem recht komplexen System entwickelt[245]. Sie holen diese Tischtennis-artige Information sowohl vom Ehemann wie auch von der Frau ein, was eine praktisch unbegrenzte Kombination von Daten erlaubt. Nach ihrer Meinung ist derartiges Material auch in der Eheberatung nützlich. Sehr voneinander abweichende soziale Wahrnehmungen zwischen Mann und Frau sind mit Eheschwierigkeiten korreliert; Information über diese Diskrepanzen kann für Eheberater hilfreich sein.

245 *R. D. Laing, H. Phillipson* und *A. R. Lee,* Interpersonal Perception, London, Tavistock Publications; New York, Springer, 1966.

*Abschließende Bemerkungen*

Die Gruppendynamik hat in anderen westlichen Ländern viel Interesse hervorgerufen und ist offensichtlich oft in einen besonderen lokalen Zusammenhang eingebettet. Der Franzose Maisonneuve ist besonders an deren Anwendungen für die Berufsausbildung und Therapie interessiert[246]. Der Deutsche Hofstätter widerlegt Le Bons Theorie von der hilflos der Gnade eines Führers ausgelieferten Masse – ganz offensichtlich eine Beschäftigung mit der jüngsten Erfahrung mit Hitler[247]. Der Brite Sprott diskutiert »experimentelle Gruppen« als Parallele zu »permanenten Kleingruppen« wie die Familie, das Dorf und die Nachbarschaft – ein Interesse, das in deutlichem Zusammenhang mit dem britischen Interesse an regionalen Planungen steht[248]. Der Inhalt selbst aber ist stereotypisiert: Kommunikation in Kleingruppen, Kohäsion, Führerschaft, kollektive Problemlösung usw. Die einschlägigen Monographien der eben genannten drei Autoren tendieren dazu, sich auf genau die gleiche Gruppe von Untersuchungen zu beziehen. Außerdem stammen die Beispiele überwiegend aus den Vereinigten Staaten. Um einen spezifischen Fall herauszugreifen, Anzieu und Martin berichten über die hauptsächlichsten Begriffsbildungen zu *»groupes restreints«* und führen 80 Nachweise an, von denen 60 amerikanisch sind; zudem beziehen sich mehrere der französischen auf Zusammenfassungen, die sich ihrerseits auf das gleiche ausländische Material stützen[249]. Stoetzel widmet 23 Seiten seiner *Psychologie Sociale* dem *»comportement dans les petits grupes«*, und alle außer sieben seiner 44 Nachweise betreffen amerikanische Publikationen[250]. Selbst Sprott, der einwendet, daß die amerikanischen Ergebnisse nicht vollständig auf die britische Erfahrung anzuwenden sein könnten, kann diesem Trend nicht entgehen; von seinen 70 Nachweisen stammen nur 20% von außerhalb der Vereinigten Staaten – obwohl er betont, daß er die Situation in der UdSSR und

246 *J. Maisonneuve,* La Dynamique des Groupes, Paris, Presses universitaires de France, 1968.
247 *P. R. Hofstätter,* Gruppendynamik. Die Kritik der Massenpsychologie, Hamburg, Rowohlt-Taschenbuch-Verlag, 1957.
248 *W. J. Sprott,* Human Groups, Baltimore, Pelican Books, 1962.
249 *D. Anzieu* und *J. Y. Martin,* La Dynamique des Groupes Restreints Paris, Presses universitaires de France, 1968.
250 *J. Stoetzel,* La Psychologie Sociale, Paris, Flammarion, 1963.

in China untersucht hat.

Dieses Mißverhältnis ist auch in vielen anderen Sektoren der Literatur zur Sozialpsychologie zu finden. Es besteht die offensichtliche Gefahr, daß die spezifische Kultur der Vereinigten Staaten die Ergebnisse von Experimenten und *Surveys* beeinflußt. Wir brauchen eine wiederholende Durchführung der gleichen Untersuchungen in vielen Ländern wie auch neue Arbeiten, die aus den spezifischen nationalen Situationen erwachsen. Glücklicherweise gibt es bereits gute Ansätze dazu, wie man aus dem Überblick von Tajfel ersehen kann, dem britischen Mitarbeiter am neuen *Handbook of Social Psychology*[251]. Als amerikanisches Mitglied eines internationalen Komitees freue ich mich, daß der Marshall-Plan einer soziologisch orientierten Sozialpsychologie seinen Beitrag geleistet hat. Man braucht trotzdem kein Gaullist zu sein, um zu hoffen, daß dessen Zeit vorbei ist, und daß wir den Aufstieg souveräner nationaler Gruppen erwarten können, von denen sich jede auf eigene Art um ein gemeinsames Ziel bemüht.

251 *H. Tajfel,* Social and Cultural Factors in Perception, in: Handbook of Social Psychology, Bd. II, a.a.O.

# Hauptströmungen der sozialwissenschaftlichen Forschung

Herausgegeben von der UNESCO

Folgende Bände sind bisher erschienen:

ein Ullstein Buch

**Stein Rokkan**
**Vergleichende Sozialwissenschaft**
Die Entwicklung der inter-kulturellen, inter-gesellschaftlichen und inter-nationalen Forschung
Ullstein Buch 2918

**O. Lange / W. Brus / T. Kowalik / I. Sachs**
**Wirtschaftswissenschaft**
Ullstein Buch 2919

**W. J. M. Mackenzie**
**Politikwissenschaft**
Ullstein Buch 2923

**Raymond Boudon**
**Mathematische Modelle und Methoden**
Ullstein Buch 2942

# Heinrich Heine

# Beiträge zur deutschen Ideologie

Mit einer Einleitung
von Hans Mayer

*Ullstein Buch 2822*

ein Ullstein Buch

Aus dem Inhalt:
Zur Geschichte der Religion und Philosophie in Deutschland (1834)
Die romantische Schule (1832 bis 1835)
Der Schwabenspiegel (1838)
Ludwig Börne: Eine Denkschrift (1839)
Einleitung zu »Kahldorf über den Adel in Briefen an den Grafen M. von Moltke« (1831)
Zeitgenössische Rezensionen und Stellungnahmen.

Georg Wilhelm Friedrich Hegel

# Phänomenologie des Geistes

Mit einem Nachwort von Georg Lukács

*Ullstein Buch 2762*

ein Ullstein Buch

Aus dem Inhalt:
Text der Erstausgabe (1870) mit den Varianten der »Werke« (1832/1841) und der Ausgabe von Johannes Hoffmeister (1952, 6. Auflage). Nachwort von Georg Lukács. Hegels Selbstanzeige. Rezensionen von Karl Joseph Windischmann und Karl Friedrich Bachmann. Texte von Karl Marx und Rudolf Haym. Bibliographie. Vergleichendes Inhaltsverzeichnis der wichtigsten Ausgaben.

# Michail Bakunin

# Staatlichkeit und Anarchie und andere Schriften

Herausgegeben und
eingeleitet von
Horst Stuke

*Ullstein Buch 2846*

ein Ullstein Buch

Aus dem Inhalt:
Horst Stuke: Vorwort und Einleitung · Michail Bakunin: Werke (1866–1871)
Der Sozialismus; Die Prinzipien der Revolution; Beiträge zur Genfer Zeitung »Egalité«; Das Knuto-germanische Kaiserreich und die soziale Revolution; Drei Vorträge vor den Arbeitern des Tals von St. Imier im Schweizer Jura u. a.
Staatlichkeit und Anarchie (1873; erstmals aus dem Russischen übersetzt) · Briefe (1847–1875), u. a. an Herzen, Marx, Ogarjow) · Bibliographie

# Anton Semjonowitsch Makarenko

# Ein pädagogisches Poem »Der Weg ins Leben«

Mit einer Einführung
von Oskar Anweiler

*Ullstein Buch 2871*

ein Ullstein Buch

A. S. Makarenkos »Pädagogisches Poem« – 1925–35 entstanden und auch unter dem Titel »Der Weg ins Leben« veröffentlicht – zählt zu den klassischen Werken sozialistischer Pädagogik. Makarenko wurde 1920 beauftragt, die Organisation eines Jugend-Kollektivs für Rechtsverletzer aufzubauen. In romanhafter Form wird berichtet, wie das Kollektiv entsteht, wie die Prinzipien herausgearbeitet werden, wie durch menschlichen Zusammenhalt die Gruppenmitglieder aus ihrer chaotischen Wirklichkeit herauswachsen.